依据教师资格考试大纲编写

幼儿园教师资格考试

面试一本通

YOU'ERYUAN JIAOSHI ZIGE KAOSHI

MIANSHI YIBENTONG

第2版

主　编　张　晗　杨　俐　龚玉洁
副主编　刘　玮　范雪飞　任慧娟
编　者　周　莱　吴　敏　席雯婷
　　　　刘若诗

苏州大学出版社
Soochow University Press

图书在版编目(CIP)数据

幼儿园教师资格考试面试一本通 / 张晗，杨俐，龚玉洁主编. --2 版. --苏州：苏州大学出版社，2023. 3（2025.7重印）
ISBN 978-7-5672-3809-1

Ⅰ. ①幼… Ⅱ. ①张… ②杨… ③龚… Ⅲ. ①学前教育-幼教人员-资格考试-自学参考资料 Ⅳ. ①G615

中国版本图书馆 CIP 数据核字(2021)第 262612 号

幼儿园教师资格考试

面试一本通(第 2 版)

张　晗　杨　俐　龚玉洁　主编
责任编辑　冯　云

苏州大学出版社出版发行
（地址:苏州市十梓街 1 号　邮编:215006）
广东虎彩云印刷有限公司印装
（地址：东莞市虎门镇黄村社区厚虎路20号C幢一楼　邮编：523898）

开本 787 mm×1 092 mm　1/16　印张 16　字数 380 千
2023 年 3 月第 2 版　2025 年 7 月第 4 次印刷
ISBN 978-7-5672-3809-1　定价:48.00 元

若有印装错误，本社负责调换
苏州大学出版社营销部　电话:0512-67481020
苏州大学出版社网址　http://www.sudapress.com
苏州大学出版社邮箱　sdcbs@suda.edu.cn

幼儿园教师资格考试指导用书

编 委 会

前言

PREFACE

幼儿园教师资格考试是严格实施幼儿园教师职业准入制度,保障幼儿园教师队伍质量的重要举措,是促进幼儿园教师队伍建设的重要手段。幼儿园教师资格考试是评价申请幼儿园教师资格人员是否具备从事幼儿园教师职业所需的教育教学基本素质和能力的考试。

幼儿园教师资格考试包括笔试和面试两部分。面试主要考查考生的职业认知、心理素质、仪表仪态、交流沟通、思维品质等幼儿园教师必须具备的基本素养及其教学活动设计、实施、评价等实践能力。面试主要考查考生走向幼儿园教师工作岗位的必备能力和基本素质,如果考生在面试中合格,说明其已经具备作为一名幼儿园教师的准入资格。

幼儿园教师资格考试面试采取规定问题问答、活动试讲(或技能演示)、答辩与反思等方式,重在考查考生是否具备从事幼儿园教师职业所需的综合能力与发展潜质。这既需要考生长期的专业积累与准备,又需要考生在教育教学方面的实践与反思。

《幼儿园教师资格考试面试一本通(第2版)》一书,是为考生迎接幼儿园教师资格考试面试所撰写的。本书共包括六个部分:第一单元,面试须知(张晗,苏州幼儿师范高等专科学校);第二单元,规定问题回答(龚玉洁,常州幼儿师范高等专科学校;刘玮,盐城幼儿师范高等专科学校;范雪飞,南通师范高等专科学校);第三单元,活动试讲(或技能演示)(杨俐、吴敏、席雯婷,苏州幼儿师范高等专科学校;周莱,幼儿园教师资格考试面试培训讲师);第四单元,答辩与反思(任慧娟,苏州幼儿师范高等专科学校);第五单元,模拟考题与解析(张晗、刘若诗、杨俐,苏州幼儿师范高等专科学校);附录和参考文献(张晗,苏州幼儿师范高等专科学校)。本书通过真题解析、答题技巧和模拟考试等内容,向考生全面地介绍了面试流程、面试要求、考核内容、考核方式、评分标准,为考生系统、全面地准备面试做好充分的准备。

本书的编写人员大多来自幼儿师范高等专科学校,既有长期辅导考生参加幼儿园教师资格考试面试的丰富经验,又有作为面试考核人员的亲身体验与反思。本书是编写人员长期从事幼儿园教师资格考试面试教学、研究与考核的经验总结,具备较强的应考价值。

由于编者自身水平有限,疏漏在所难免,请广大读者指正,我们将真诚感谢并不断予以修正和完善。本书在编写过程中参照了大量前人的研究成果,在此一并予以感谢。

编者

目 录

CONTENTS

第一单元 面试须知

第一节 面试的目的与构成要素

一、面试的目的

幼儿园教师资格考试面试属于从业资格类考试，一般由考生所在省（直辖市、自治区）的教育考试院统一组织考试。已经通过幼儿园教师资格考试笔试的人员，需要经过身份确认、随机抽题、备考准备（教育活动设计或专业技能练习）、规定问题回答、活动试讲（或技能演示）、答辩与反思等环节的考核。幼儿园教师资格考试面试主要考查考生是否具备幼儿园教师的基本素养、职业发展潜质、专业知识和教育教学实践能力等。

幼儿园教师资格考试面试只考核考生是否具备从事幼儿园教师职业的素养，不做横向比较，也不限定过关比例且无人数要求。其目的是考查考生是否具备成为合格幼儿园教师的最低从业资格，以及是否具备成为优秀幼儿园教师的内在发展潜力。幼儿园教师资格考试面试实现了把好幼儿园教师准入关口的目的，为幼儿园挑选合格的教师提供了基本参照，为提升幼儿园教育质量及达成学前教育的目标提供了师资保障。

幼儿园教师资格考试面试具体考核目标：是否具备良好的职业认知、心理素质和思维品质；仪表仪态是否得体；是否具有一定的交流沟通能力；是否具备从事幼儿园教师所需的基础知识、基本技能；是否能够恰当地运用教学方法与教学手段；教学环节是否规范、完整；能否较好地实现教学目标。

二、面试的构成要素

（一）面试试题

幼儿园教师资格考试面试试题主要由以下三部分构成。

1. 规定问题回答。

考官从面试测评系统的题库中随机抽取 2 道题目，考生根据自己的理解作答。该部分主要考查考生对幼儿的理解、对职业的态度、基本人文素养、心理素质及应变能力等。

2. 活动试讲（或技能演示）。

考生在备考前登录测评系统，计算机会从试题库中随机抽取1组试题，考生任选其中1道试题并确认。考生确认试题后，根据指定试题内容及考核要求，在规定时间内完成相应的准备工作，即教学活动方案的设计、故事或儿歌的配图、弹唱活动的练习等。当考生进入面试现场后，方可进行活动试讲（或技能演示）。

3. 答辩与反思。

考官一般会针对考生在活动试讲（或技能演示）中存在的问题、不足及表达不清楚的内容进行提问，有时考官也会根据测评系统指定的固定问题要求考生作答。

（二）面试考官

幼儿园教师资格考试面试实行测评小组对考生成绩进行评定的考核制度，测评小组由3名考官组成，设主考官1名，负责主持本组面试工作及综合评分，并在评分表上签字。考官一般由高校专家、中小学和幼儿园优秀教师、教研机构专家等组成，须经过省级或以上教育考试机构统一培训后持证上岗。每间面试室除3名考官之外，还专门配备1名行政秘书，负责考生面试分数的录入、面试材料的存档等工作。

（三）面试时长

幼儿园教师资格考试面试时长40分钟，分为2段：备考时长20分钟，面试时长20分钟。

1. 备考时长20分钟。

考生持试题清单、备课纸进入备考室，撰写活动试讲方案（或技能演示方案）。

2. 面试时长20分钟。

（1）考生听取并回答2个规定问题，时长5分钟。

（2）考生按照准备的内容和材料进行活动试讲（或技能演示），时长10分钟。

（3）考官围绕考生活动试讲（或技能演示）内容或测试项目规定问题进行提问，考生答辩时长5分钟。

考生须注意，活动试讲（或技能演示）时间为倒计时，如果在规定时间结束后未完成活动试讲（或技能演示），考官也会叫停。因此，考生要合理利用时间，特别是活动试讲（或技能演示）环节。

（四）面试考场

幼儿园教师资格考试考场由人员、场所与物品两部分组成。

1. 人员。

门口一般有1名负责引导考生入场的学生或教师。考生进入考场后会看到3名考官和1名行政秘书，这4人会坐在一排桌椅前，主考官和行政秘书会分坐在计算机两侧，方便其提问和记录。

2. 场所与物品。

（1）考场一般为教室，具备光线充足、卫生整洁、方便活动试讲（或技能演示）的条件。

（2）每间教室配备1台计算机并能联网。

（3）配备活动试讲（或技能演示）的基本材料和设备，诸如报纸、笔、球、绳子、钢琴或电子琴等。

第二节　面试考核内容与要求

一、职业认知

职业认知主要考核内容与要求：

1. 热爱幼儿教育事业，有较强的从教愿望，正确认识和理解幼儿园教师的职业特征、基本工作内容和职责要求。

2. 关爱儿童，尊重儿童，公正、平等地对待每一名儿童，具有爱心、耐心、诚心和责任心。

3. 具有正确的职业观、儿童观、教育观、教师观，将教育事业作为自己的终身追求。

4. 明确党和国家对幼儿园教师职业道德的要求，能正确认识、分析、处理学前教育教学实践中的师德问题。

新时代幼儿园教师职业行为十项准则

教师是人类灵魂的工程师，是人类文明的传承者。长期以来，广大教师贯彻党的教育方针，教书育人，呕心沥血，默默奉献，为国家发展和民族振兴作出了重大贡献。新时代对广大教师落实立德树人根本任务提出新的更高要求，为进一步增强教师的责任感、使命感、荣誉感，规范职业行为，明确师德底线，引导广大教师努力成为有理想信念、有道德情操、有扎实学识、有仁爱之心的好老师，着力培养德智体美劳全面发展的社会主义建设者和接班人，特制定以下准则。

一、坚定政治方向。坚持以习近平新时代中国特色社会主义思想为指导，拥护中国共产党的领导，贯彻党的教育方针；不得在保教活动中及其他场合有损害党中央权威和违背党的路线方针政策的言行。

二、自觉爱国守法。忠于祖国，忠于人民，恪守宪法原则，遵守法律法规，依法履行教师职责；不得损害国家利益、社会公共利益，或违背社会公序良俗。

三、传播优秀文化。带头践行社会主义核心价值观，弘扬真善美，传递正能量；不得通过保教活动、论坛、讲座、信息网络及其他渠道发表、转发错误观点，或编造散布虚假信息、不良信息。

四、潜心培幼育人。落实立德树人根本任务，爱岗敬业，细致耐心；不得在工作期间玩忽职守、消极怠工，或空岗、未经批准找人替班，不得利用职务之便兼职兼薪。

五、加强安全防范。增强安全意识，加强安全教育，保护幼儿安全，防范事故风险；不得在保教活动中遇突发事件、面临危险时，不顾幼儿安危，擅离职守，自行逃离。

六、关心爱护幼儿。呵护幼儿健康，保障快乐成长；不得体罚和变相体罚幼儿，不得歧视、侮辱幼儿，严禁猥亵、虐待、伤害幼儿。

七、遵循幼教规律。循序渐进，寓教于乐；不得采用学校教育方式提前教授小学内容，不得组织有碍幼儿身心健康的活动。

八、秉持公平诚信。坚持原则，处事公道，光明磊落，为人正直；不得在入园招生、绩效考核、岗位聘用、职称评聘、评优评奖等工作中徇私舞弊、弄虚作假。

九、坚守廉洁自律。严于律己，清廉从教；不得索要、收受幼儿家长财物或参加由家长付费的宴请、旅游、娱乐休闲等活动，不得推销幼儿读物、社会保险或利用家长资源谋取私利。

十、规范保教行为。尊重幼儿权益，抵制不良风气；不得组织幼儿参加以营利为目的的表演、竞赛等活动，或泄露幼儿与家长的信息。

二、心理素质

心理素质主要考核内容与要求：

1. 有较强的情绪调控能力，能较快地进入正常的情绪状态。
2. 情绪稳定，遇到挫折与问题，能冷静分析与处理。
3. 非常乐观开朗，能正面看待教育教学与工作实践中的问题。
4. 自信心强，能积极应对个人职业与工作中的问题。

三、仪表仪态

仪表仪态主要考核内容与要求：

1. 行为举止自然大方，注意文明礼貌与礼节。
2. 精神饱满，态度亲和，语言富有感染力。
3. 衣着服饰整洁得体、方便运动，符合幼儿园教师职业特点。
4. 形象清新自然，不浓妆艳抹，不染头发，不戴各种首饰。

四、交流沟通

交流沟通主要考核内容与要求：

1. 普通话标准，口齿清晰，表达流畅。
2. 语言表达富有逻辑性，条理清楚。
3. 善于表达，有一定的亲和力和感染力。
4. 善于倾听，能正确理解幼儿的语言；乐于与幼儿交流，能以适宜幼儿的语言、语气、语调、语速等与幼儿谈话。
5. 擅长与同事、领导及幼儿园外部相关人员交流沟通，不卑不亢、举止得体、用语文明，积极协调各种关系。

6. 了解与家长交流沟通的基本方法,正确理解家长的诉求与问题,能积极、专业、耐心地指导幼儿,能做好家园共育工作。

五、思维品质

思维品质主要考核内容与要求:

1. 能从表面现象中看到问题本质,问题找得准确。
2. 能从多维度、多视角分析问题,问题分析透彻。
3. 逻辑思维能力强,善于探索解决问题的方法与策略,迅速形成解决问题的方案。
4. 应变能力强,能从多种解决问题的方法或方案中快速做出最佳选择。

六、了解幼儿

了解幼儿主要考核内容与要求:

1. 全面掌握幼儿身心发展的年龄特征。
2. 准确把握幼儿身心发展的特点,了解幼儿的兴趣、需要及已有经验。
3. 正确理解幼儿学习的特点,能提供适宜、有效的教育。
4. 关注幼儿个体差异,做到因材施教。

七、技能技巧

技能技巧主要考核内容与要求:

1. 具有弹琴、唱歌、跳舞、讲故事等基本专业技能。
2. 能根据儿歌、故事的内容进行配画。
3. 能根据教学需要或流程图进行手工制作。
4. 能根据保教活动需要灵活、熟练地运用上述基本技能。

八、评价与反思

评价与反思主要考核内容与要求:

1. 能从专业视角对自己活动试讲(或技能演示)及活动场景中幼儿的表现进行科学、客观、全面的分析与评价。

2. 能根据活动场景进行分析并做出有效调整。

3. 能根据考官的提问,对自己活动试讲(或技能演示)及活动中出现的问题与不足提出适宜的改进意见。

第三节　面试的基本流程与评分标准

一、面试基本流程

（一）报到候考

考生面试当日持个人身份证件和面试准考证(两证缺一不可)，提前30分钟到达面试考点报到，并进入候考室。面试考点工作人员会核对考生身份证件和面试准考证信息，核对无误后进行分组，并确定考生进入考场的顺序。有的考点会先抽分组签，再抽顺序签；有的考点会一次性抽取小组组号和进场顺序。考生根据小组组号和进场顺序在候考室等候。候考室的考务人员会按照分组和进场顺序，及时提醒考生去备考室进行备考。在该环节中，考生要严格遵守面试时间进行报到，并做好相应材料的准备，特别是身份证件和面试准考证。考生进入候考室后不要随意外出，要遵守考场纪律。

（二）抽题

考生根据面试考点安排，在引导员指引下登录面试测评软件系统。系统会随机抽取一组活动试讲(或技能演示)试题，一般为2道题目，考生须在1分钟之内从中选取自己擅长的1道题目，否则系统会默认第一题选项。抽题完成后，系统会打印试题清单和备课纸，考生可以开始备考。

（三）备考

考生带上试题清单和备课纸进入备考室进行备课，一般情况下，考生不准携带其他任何相关资料(含手机)进入考场，否则会按照作弊处理。考生根据抽取的题目撰写教学活动方案、故事表演方案及进行画图准备等。准备时长约20分钟。考生在此环节一定要认真读题，理解题目要求和考核重点，有针对性地备考。

（四）进场面试

考生备考时间结束，引导员会到备考室宣布："请××考生入场。"引导员一般会按顺序叫考生的编号，而不叫名字，所以考生要记住自己的编号。考生跟随引导员来到面试考场门口，如果门是敞开的，考生可以直接进入；如果门是关着的，考生需要敲门获得考官允许后，方可进入考场。考生进入考场后，须上交自己的身份证件和面试准考证，考场的行政秘书或考官会核查考生身份，核查无误后，考生可持自己的试题清单和备课纸走到考生席，然后向各位考官问好。考生可以站着或坐着回答问题。

（五）面试现场

面试开始后，考官会宣读提示语："同学，你好！欢迎参加幼儿园教师资格考试面试。本次面试时长共计20分钟，面试流程主要分为2个步骤，即你先回答2个规定问题，然后进行活动试讲（或技能演示）。下面我们随机抽取2个问题，请你认真听清题目并稍加思考后作答，时长5分钟，注意把握时间。好，请听题。”

首先，考官从面试测评软件系统题库中随机抽取2道结构化面试题目，考生必须全部进行回答，有的考官会同时宣读2道题目，有的考官会分别读题。考生需要认真听题，不要急于回答，必须想清楚后再回答，如果没听清楚题目，可以请考官再读一遍，但是考官读题的时间会计入面试总时长之中。因此，针对规定问题回答，考生不可用时太长，回答清楚即可，不需要拓展延伸。

其次，规定问题回答结束后，考生可以直接说：“考官，我的回答完毕。下面我是否可以直接进行活动试讲（或技能演示）？”考官同意后，考生进入活动试讲（或技能演示）环节。考生须按照准备好的活动试讲方案（或技能演示方案）进行相应的活动试讲（或技能演示），时长10分钟。由于该环节不可超时，因而考生不仅要根据题目要求有针对性地作答，尽量做到逻辑连贯、条理清晰、重点突出、效果凸显，还要注意吐字清晰准确、仪容仪表整洁大方，避免絮叨、拘谨，而要认真审题，避免跑题。

最后，在答辩环节中，考生可根据考官的问题和现场的情况，采取站着回答或坐着回答的方式答题。该环节主要考查考生的反思能力、分析能力，针对其活动试讲（或技能演示）中的问题和不足进行答题。因此，考生一定要弄清楚考官问的问题是什么、重点在哪里，不要谈得过多，以免失言。

二、面试评分表（表1-1-1）

表1-1-1　幼儿园教师资格考试面试评分表

考试姓名：__________　准考证号：__________　科目名称（代码）：__________　考试时间：__________

序号	测试项目	占比	分值	评分标准	考官评分（0~10分）
1	职业认知	10%	5	爱幼儿，尊重幼儿	
			5	有热情，有责任心	
2	心理素质	10%	5	能较好地调控情绪与情感	
			5	开朗、乐观、善良	
3	仪态仪表	10%	6	五官端正，行为举止大方，有礼貌	
			4	服饰得体，符合幼儿园教师职业特点	
4	交流沟通	15%	8	有较好的语言表达能力，普通话标准，口齿清楚，表达流畅，语速适当，有感染力	
			7	善于倾听、交流，有亲和力	
5	思维品质	15%	8	能条理清晰地分析、思考问题	
			7	有一定的应变能力，在活动设计与实施、环境创设上表现出一定的新意	

续表

序号	测试项目	占比	分值	评分标准	考官评分（0～10分）
6	了解幼儿	10%	5	有了解幼儿兴趣、需要、已有经验和个体差异的意识	
			5	能通过观察来了解幼儿	
7	技巧技能	20%	10	熟悉一些幼儿喜欢的游戏和故事	
			10	具有弹、唱、画、跳、讲故事、手工制作等基本技能	
8	评价与反思	10%	5	能对教育活动和教育行为进行较为客观的评价	
			5	能根据评价结果提出改进意见	
考评组意见				组长签名：　日期：	总分

第二单元 规定问题回答

考核要点

一、职业认知

1. 爱幼儿，尊重幼儿。(5 分)

2. 有热情，有责任心。(5 分)

该项目主要考查考生对幼儿园教师这一职业的理解、对幼儿认识的了解、对尊重幼儿的做法进行评价，是对幼儿园教师专业理念与师德基本水平的评估。幼儿园教师资格考试面试中的规定问题回答、抽题回答、模拟活动试讲、教具制作、方案设计、评价与反思等都可以体现考生的“职业认知”水平，应首先加以重视。

二、心理素质

1. 能较好地调控情绪与情感。(5 分)

2. 开朗、乐观、善良。(5 分)

该项目主要考查考生回答问题时呈现出来的个性品质，是否乐观开朗，是否积极向上，是否有较强的情绪控制能力。考生的心理素质贯穿于整个面试过程，考官将通过观察考生的状态，倾听考生的回答，与考生交流，对考生心理素质水平进行评价。该项目要求考生做好充分的准备，以积极、自信、乐观的心态面对考试。

三、交流沟通

1. 有较好的语言表达能力，普通话标准，口齿清楚，表达流畅，语速适当，有感染力。(8 分)

2. 善于倾听、交流，有亲和力。(7 分)

该项目主要考查考生在面对幼儿、同事、家长、领导等不同对象时，是否具备一定的语言表达能力和沟通能力，是否能做到言语恰当、沟通顺畅。考生的语言表达贯穿着整个面试过程，是考官考核考生教育教学水平的重要内容之一。

四、思维品质

1. 能条理清晰地分析、思考问题。（8 分）

2. 有一定的应变能力，在活动设计与实施、环境创设上表现出一定的新意。（7 分）

该项目主要考查考生在答题时能否正确审题、条理清楚地答题，能否针对考官的提问较快地做出反应，能否提出行之有效的解决办法。考生的思维品质是较长时间学习或工作积累形成的，是考官考查考生的“教育智慧”的核心所在。考生需要在平时努力学习、理论联系实际，培养和训练正确解决问题的能力，在面试时沉着冷静，落落大方地展示自己，将思维过程、分析解决问题的能力较好地展示在考官面前。

五、了解幼儿

1. 有了解幼儿兴趣、需要、已有经验和个体差异的意识。（5 分）

2. 能通过观察来了解幼儿。（5 分）

该项目主要考查考生对不同年龄段幼儿的生理、心理特点的了解程度，对幼儿个体的关注程度及能否采用恰当的教育方法。考生具备了解幼儿的意识是开展教育工作的必要条件，考官会从考生规定问题回答、教学设计和情景模拟中考查考生是否了解幼儿自我意识发展的特点。

评分说明

综合以上五个方面的考核要点，考官会根据考生的回答进行综合评分，评分分成“良好”“一般”“较差”三个等次：“良好”等次表现为富有责任心，熟悉该方面情况，分析问题准确、深入，表述清晰；“一般”等次表现为有责任心，知道该方面情况，分析问题较准确、较深入，表述较清晰；“较差”等次表现为没有责任心，不了解该问题，分析问题不够深入，表述不够清晰。

第一节　职业认知与态度（职业态度、情感、应急应变中的职业素养）

一、仿真题与解析

1. 某幼儿园教师让幼儿提前学习小学教材，并认为如果不这样做，家长就会给孩子转园。对此，你怎么看？

【解析】 幼儿园教师的做法是不合理的。因为幼儿园教育应当尊重幼儿身心发展规律和学习特点，以游戏为基本活动。过早地让幼儿学习小学教材不符合幼儿身心发展规律，不利于其富有个性的发展。如果家长对此有意见，幼儿园应向家长解释清楚，并提供科学的育儿指导。

【评价】 这名考生了解幼儿园教育的目标，了解幼儿园教师的职业要求，回答问题条理清楚。评分为良好。

2. 某幼儿园负责人为了提高教师收入，决定创办午餐小饭桌，并为附近的小学生提供午餐。对此，你怎么看？

【解析】 幼儿园负责人的行为不可取。创办午餐小饭桌涉及很多具体的问题：一是幼儿园的安全管理问题，二是人员、场地的安排问题，等等。这肯定会分散幼儿园教职工的工作精力。如果幼儿园负责人为了提高教师收入，而忽视幼儿园的保育教育质量，这是不可取的。

【评价】 从这名考生的答题情况来看，他对幼儿园的任务是了解的，对创办午餐小饭桌的后果分析得比较到位，且有理有据。评分为良好。

3. 你认为自己作为一名幼儿园教师的优势和不足是什么？

【解析】 我认为自己作为一名幼儿园教师的优势有两方面：一方面，我喜欢小孩，觉得他们十分可爱，和他们待在一起很快乐；另一方面，我拥有责任心、耐心和细心，能像妈妈一样照顾他们。我的不足在于对幼儿教育专业的了解还不够深入，我会仔细地观察幼儿、研究幼儿，发现并遵循幼儿的成长规律，尽力给幼儿以适当的保育教育，不断提升自己的专业能力。

【评价】 这名考生对幼儿园教师的职业认知定位准确，懂得以师德为先，能坦诚地说出自己的不足，知道提升幼儿园教师职业能力的重要性，并以能力为重，具有不断学习和持续发展的意识。评分为良好。

4. 某幼儿园教师工作2年后就失去了工作热情，在幼儿园里整天无精打采的。对此，你怎么看？

【解析】 幼儿园的工作琐碎、繁杂，幼儿园教师如果缺乏爱心和耐心，没有提高教育教学能力的意识，是很容易失去工作热情的。我认为这位幼儿园教师应该好好反思一下，多看看书，尽力去发现工作中的乐趣，做一些有意义的事，如：仔细地观察幼儿，写观察记录，根据自己所长进行教育教学研究，等等。我相信坚持一段时间后，这位幼儿园教师就会发现幼儿园工作是非常有意义的。

【评价】 从这名考生的答题情况来看，他对幼儿园教师专业理念要求和职业理解是比较透彻的。只有养成终身学习的习惯，幼儿园教师才能不断发现工作中的问题，永葆工作热情。评分为良好。

5. 有人说，“爱是教育的基础，没有爱就没有教育”。对此，你怎么看？

【解析】 这句话是苏联著名教育家马卡连柯说的，意思是教育要以爱为前提。我觉得这句话非常有道理。教育以爱为基础，就会刺激大脑分泌一种让人愉快的激素，这有助于提升人的记忆力，同时能使人更好地支配大脑开展行动。如果教师只是单纯地教授幼儿枯燥的知识，不以爱为基础，久而久之，幼儿就会产生厌学的情绪。所以说，“爱是教育的基础，没有爱就没有教育”。

【评价】 这名考生熟悉教育家的名言，且回答问题时有理有据。评分为良好。

6. 幼儿园教育应该坚持保教并重的原则。对此，你怎么看？

【解析】 保教并重是《幼儿园教育指导纲要（试行）》（以下简称《纲要》）中总则第五条的规定，意思是保育和教育同等重要。我认为这是非常正确的。幼儿园的小朋友身心柔嫩，需要幼儿园教师的照顾、保护、养育和促进，这是保；同时，幼儿对周围世界开始有了好奇心，需要幼儿园教师遵循幼儿身心发展的规律，把握幼儿的年龄特点和我国的教育目标，有目的、有计划地对幼儿进行德智体美劳全面发展的引导，这是教。只有坚持保教并重的原则，做到保中有教、教中有保、保教结合，才能实施好素质教育，为幼儿一生的发展打好基础。

【评价】 这名考生对“保教并重”的理解十分透彻，熟悉《纲要》《幼儿园工作规程》（以下简称《规程》）等幼儿园教育法规，回答清楚，且有理有据，用词规范。评分为良好。

7. 根据《幼儿园教师专业标准（试行）》（以下简称《专业标准》），幼儿园教育要“以幼儿为本”。对此，你怎么看？

【解析】 “以幼儿为本”就是把幼儿作为一切教育行动的根本。既尊重幼儿权益，以幼儿为主体，充分调动和发挥幼儿的主动性；又遵循幼儿身心发展特点和保教活动规律，提供适合的教育，保障幼儿健康快乐成长。我觉得这个理念是非常正确的。作为一名幼儿园教师，要热爱幼儿，尊重幼儿，在日常工作中面向全体，关注个别，创设丰富且适合幼儿成长的环境，及时满足幼儿健康成长的需要；作为一名幼儿园教师，不能把个人情绪带到工作中，只关注自己的需要而忽视幼儿的需要，要带着美好的心情与幼儿一起游戏、学习，真正成为幼儿发展的“支持者、合作者和引导者”。这就是我理解的“以幼儿为本”。

【评价】 这名考生熟练运用《专业标准》中“以幼儿为本”的内容，并加入了自己对“以幼儿为本”的思考，对幼儿园教师的职业要求有着朴实、深刻的理解。评分为良好。

8. 韩愈在《师说》中言道：“师者，所以传道受业解惑也。”请谈谈你对这句话的理解。

【解析】 这句话的意思是教师是传授给学生道理、教给学生学业、解决学生疑难问题的人。我觉得“道”不仅是指自然规律、事物原理，而且是指一个人头脑中的人生理念、道德准则；“业”是指知识和技能；“惑”是指疑难问题。可见，作为教师不仅要为学生传授知识，还要让学生明白道理，让其做个有道德、懂道理的人，同时教师也要帮助学生解开迷惑，为其指引方向。

【评价】 这名考生给考官的印象是文化素养较高，对教师的职责有着较为深刻的理解，适合做幼儿园教师。评分为良好。

9. 早餐时，幼儿发现所发的饼干与往常的不一样，有的说饼干的形状像月亮，有的说饼干有橘子味……他们一边吃一边议论，一时间，教室失去了往日的宁静。对此，你该怎么办？

【解析】 幼儿发现饼干与往常的不同而议论纷纷，这是很正常的现象。因为幼儿注意的特点是无意注意占优势，注意的稳定性较差，容易受外界的干扰。作为一名幼儿园教师，我会先听一下小朋友议论的内容，然后找一个鸡妈妈的布偶，用游戏的口吻说：“小朋友刚刚发现了许多饼干的秘密，真聪明！现在让鸡妈妈找一找，哪个小朋友在安静地吃早餐？”这样可以使幼儿的注意力快速地回到吃早餐上面来。

【评价】 幼儿吃早餐虽然需要保持安静，但是这名考生并没有僵化地执行规则，十分值得肯定。幼儿发现饼干与往常的不同而议论纷纷，这是好奇心的表现。这名考生了解幼儿的特点，包容幼儿的想法，同时巧妙地运用游戏的手段让幼儿重新安静地吃早餐。这不仅做到了尊重幼儿，而且具备一定的教育智慧。评分为良好。

10. 蔡老师要求幼儿安静地玩玩具，小伟因搭出了一架飞机而高兴地大叫。蔡老师立即制止道："说了不让说话，怎么还这么吵！"这时，邻班的李老师来了，两个人一边说一边笑。对此，你怎么看？

【解析】 我认为蔡老师不仅对幼儿不够尊重和爱护，而且在上班期间和同事聊天，对工作缺乏责任心和敬业精神。作为一名幼儿园教师，应该主动了解和满足有益于幼儿身心发展的不同需求，成为幼儿游戏的支持者、合作者和引导者，而不是简单粗暴地制止幼儿的行为；作为一名幼儿园教师，应该具有良好的职业道德修养，为幼儿做好表率。

【评价】 这名考生的回答较为全面，分析清楚，且有理有据，对幼儿园教师职业具有正确的认知，并熟悉相关法规政策。评分为良好。

二、答题要点

幼儿园教师这个职业既具有一般教师的职业特点，又具有其专业性和独特性。考生希望从事幼儿园教师这一职业，就必须了解和接纳幼儿园教师的专业性和独特性。

• 《规程》总则中第三条规定，幼儿园的任务是贯彻国家的教育方针，按照保育与教育相结合的原则，遵循幼儿身心发展特点和规律，实施德智体美等方面全面发展的教育，促进幼儿身心和谐发展。幼儿园同时面向幼儿家长提供科学育儿指导。

• 《规程》第七章第四十一条规定，幼儿园教师必须具有《教师资格条例》规定的幼儿园教师资格，并符合本规程第三十九条规定。幼儿园教师实行聘任制。幼儿园教师对本班工作全面负责，其主要职责如下：

1. 观察了解幼儿，依据国家有关规定，结合本班幼儿的发展水平和兴趣需要，制订和执行教育工作计划，合理安排幼儿一日生活。

2. 创设良好的教育环境，合理组织教育内容，提供丰富的玩具和游戏材料，开展适宜的教育活动。

3. 严格执行幼儿园安全、卫生保健制度，指导并配合保育员管理本班幼儿生活，做好卫生保健工作。

4. 与家长保持经常联系，了解幼儿家庭的教育环境，商讨符合幼儿特点的教育措施，相互配合共同完成教育任务。

5. 参加业务学习和保育教育研究活动。

6. 定期总结评估保教工作实效，接受园长的指导和检查。

• 《纲要》第一部分总则第五条规定，幼儿园教育应尊重幼儿的人格和权利，尊重幼儿身心发展的规律和学习特点，以游戏为基本活动，保教并重，关注个别差异，促进每个幼儿富有个性的发展。

- 《专业标准》基本内容如下（表2-1-1）：

表2-1-1 《专业标准》基本内容

维度	领域	基本要求
专业理念与师德	（一）职业理解与认识	1. 贯彻党和国家教育方针政策，遵守教育法律法规。 2. 理解幼儿保教工作的意义，热爱学前教育事业，具有职业理想和敬业精神。 3. 认同幼儿园教师的专业性和独特性，注重自身专业发展。 4. 具有良好职业道德修养，为人师表。 5. 具有团队合作精神，积极开展协作与交流。
	（二）对幼儿的态度与行为	6. 关爱幼儿，重视幼儿身心健康，将保护幼儿生命安全放在首位。 7. 尊重幼儿人格，维护幼儿合法权益，平等对待每一位幼儿。不讽刺、挖苦、歧视幼儿，不体罚或变相体罚幼儿。 8. 信任幼儿，尊重个体差异，主动了解和满足有益于幼儿身心发展的不同需求。 9. 重视生活对幼儿健康成长的重要价值，积极创造条件，让幼儿拥有快乐的幼儿园生活。
	（三）幼儿保育和教育的态度与行为	10. 注重保教结合，培育幼儿良好的意志品质，帮助幼儿养成良好的行为习惯。 11. 注重保护幼儿的好奇心，培养幼儿的想象力，发掘幼儿的兴趣爱好。 12. 重视环境和游戏对幼儿发展的独特作用，创设富有教育意义的环境氛围，将游戏作为幼儿的主要活动。 13. 重视丰富幼儿多方面的直接经验，将探索、交往等实践活动作为幼儿最重要的学习方式。 14. 重视自身日常态度、言行对幼儿发展的重要影响与作用。 15. 重视幼儿园、家庭和社区的合作，综合利用各种资源。
	（四）个人修养与行为	16. 富有爱心、责任心、耐心和细心。 17. 乐观向上、热情开朗，有亲和力。 18. 善于自我调节情绪，保持平和心态。 19. 勤于学习，不断进取。 20. 衣着整洁得体，语言规范健康，举止文明礼貌。
专业知识	（五）幼儿发展知识	21. 了解关于幼儿生存、发展和保护的有关法律法规及政策规定。 22. 掌握不同年龄幼儿身心发展特点、规律和促进幼儿全面发展的策略与方法。 23. 了解幼儿在发展水平、速度与优势领域等方面的个体差异，掌握对应的策略与方法。 24. 了解幼儿发展中容易出现的问题与适宜的对策。 25. 了解有特殊需要幼儿的身心发展特点及教育策略与方法。
	（六）幼儿保育和教育知识	26. 熟悉幼儿园教育的目标、任务、内容、要求和基本原则。 27. 掌握幼儿园各领域教育的学科特点与基本知识。 28. 掌握幼儿园环境创设、一日生活安排、游戏与教育活动、保育和班级管理的知识与方法。 29. 熟知幼儿园的安全应急预案，掌握意外事故和危险情况下幼儿安全防护与救助的基本方法。 30. 掌握观察、谈话、记录等了解幼儿的基本方法和教育心理学的基本原理和方法。 31. 了解0—3岁婴幼儿保教和幼小衔接的有关知识与基本方法。

续表

维度	领域	基本要求
	（七）通识性知识	32. 具有一定的自然科学和人文社会科学知识。 33. 了解中国教育基本情况。 34. 具有相应的艺术欣赏与表现知识。 35. 具有一定的现代信息技术知识。
专业能力	（八）环境的创设与利用	36. 建立良好的师幼关系，帮助幼儿建立良好的同伴关系，让幼儿感到温暖和愉悦。 37. 建立班级秩序与规则，营造良好的班级氛围，让幼儿感受到安全、舒适。 38. 创设有助于促进幼儿成长、学习、游戏的教育环境。 39. 合理利用资源，为幼儿提供和制作适合的玩教具和学习材料，引发和支持幼儿的主动活动。
	（九）一日生活的组织与保育	40. 合理安排和组织一日生活的各个环节，将教育灵活地渗透到一日生活中。 41. 科学照料幼儿日常生活，指导和协助保育员做好班级常规保育和卫生工作。 42. 充分利用各种教育契机，对幼儿进行随机教育。 43. 有效保护幼儿，及时处理幼儿的常见事故，危险情况优先救护幼儿。
	（十）游戏活动的支持与引导	44. 提供符合幼儿兴趣需要、年龄特点和发展目标的游戏条件。 45. 充分利用与合理设计游戏活动空间，提供丰富、适宜的游戏材料，支持、引发和促进幼儿的游戏。 46. 鼓励幼儿自主选择游戏内容、伙伴和材料，支持幼儿主动地、创造性地开展游戏，充分体验游戏的快乐和满足。 47. 引导幼儿在游戏活动中获得身体、认知、语言和社会性等多方面的发展。
	（十一）教育活动的计划与实施	48. 制订阶段性的教育活动计划和具体活动方案。 49. 在教育活动中观察幼儿，根据幼儿的表现和需要，调整活动，给予适宜的指导。 50. 在教育活动的设计和实施中体现趣味性、综合性和生活化，灵活运用各种组织形式和适宜的教育方式。 51. 提供更多的操作探索、交流合作、表达表现的机会，支持和促进幼儿主动学习。
	（十二）激励与评价	52. 关注幼儿日常表现，及时发现和赏识每个幼儿的点滴进步，注重激发和保护幼儿的积极性、自信心。 53. 有效运用观察、谈话、家园联系、作品分析等多种方法，客观、全面地了解和评价幼儿。 54. 有效运用评价结果，指导下一步教育活动的开展。
	（十三）沟通与合作	55. 使用符合幼儿年龄特点的语言进行保教工作。 56. 善于倾听，和蔼可亲，与幼儿进行有效沟通。 57. 与同事合作交流，分享经验和资源，共同发展。 58. 与家长进行有效沟通合作，共同促进幼儿发展。 59. 协助幼儿园与社区建立合作互助的良好关系。
	（十四）反思与发展	60. 主动收集分析相关信息，不断进行反思，改进保教工作。 61. 针对保教工作中的现实需要与问题，进行探索和研究。 62. 制定专业发展规划，积极参加专业培训，不断提高自身专业素质。

• 重要概念介绍：

1. 保教结合。

幼儿的身心发展尚不完善，因此幼儿园教师在工作中要坚持保教并重的原则，做到保中有教、教中有保、保教结合。幼儿园教师既要安排好、照顾好幼儿的一日生活，诸如入园、进餐、如厕、盥洗、睡眠、饮水、运动、学习等；又要在照顾好幼儿生活的同时实施教育，培养幼儿的生活自理能力和自我保护能力；还要开展好一系列的教育教学活动，培养幼儿的学习兴趣，促进幼儿的全面发展。

2. 以游戏为基本活动。

幼儿园教师的教育对象是幼儿，教育活动的开展应符合幼儿的年龄特点和兴趣需要。因此，幼儿园教育以开展各类游戏为主要形式，注重生活性、趣味性、操作性和经验性。幼儿园教师要时刻观察、掌握幼儿的发展表现，设计并实施丰富多彩的游戏方案，科学地投放游戏材料，引导幼儿积极主动地参与游戏活动。

3. 以幼儿为本，尊重幼儿。

幼儿园教师尊重幼儿必须落实到幼儿的一日生活之中，以身作则，尊重幼儿的生存权、受保护权、发展权和参与权，尊重幼儿的年龄特点及其差异性，以幼儿为主体，引导幼儿主动、活泼地发展。

4. 爱岗敬业，终身学习。

幼儿园教师的教育对象是发展中的人，因此必须不断地学习，提高自身专业水平。幼儿园教师应该对学前教育政策法规有所熟悉，对幼儿卫生学、心理学和教育学有所了解，对教育家名言有所体会，树立起爱岗敬业、为人师表的良好形象。

第二节　幼儿身心发展

一、仿真题与解析

面试提问中有关幼儿发展方面的问题，主要考查考生对幼儿身心发展的表现、特点、规律的认知，运用有关知识解决实际问题，做好针对幼儿年龄段特点普遍的和个别的适宜性教育。考题涉及的内容主要包括以下几种类型。

（一）个性特点

1. 幼儿园的小朋友想看彬彬从家里带来的立体恐龙绘本，但彬彬不肯，还说其他人会把绘本弄坏的。作为幼儿园教师，你该怎么办？

【解析】 彬彬将立体恐龙绘本带来幼儿园，体现出他喜欢炫耀的心理。作为幼儿园教师，我会先对材料进行简单的分析，然后提出对策：彬彬可以先拿着绘本向其他小朋友介绍，让大家“一饱眼福”;再在公平的基础上,让其他小朋友轮流翻看;最后可以把绘本放在阅读区,让大家一起遵守规则,有序地借阅,并注意保护绘本。

【评价】 这名考生了解幼儿的个性特点,分析出彬彬喜欢炫耀和不愿意分享的个性特征。在策略上,还可以从彬彬的立场上去考虑问题,使其相信其他小朋友会爱惜他的立体恐龙绘本。评分为良好。

2. 4岁的小刚总喜欢在集体教育互动时插嘴。作为幼儿园教师,你该怎么办?

【解析】 该年龄段幼儿的特点是活泼好动、好奇好问,且缺乏自制力的。小刚则表现得更为突出。从个性特点上来说,他属于冲动型、外向型。作为幼儿园教师,我会这样做:不在集体场合当众批评小刚,保护他的自尊心和求知欲;在个别交流时,对小刚进行引导教育,指导他遵守集体活动的规则;利用故事等形式对小刚进行启发,借助生动有趣的故事情节,暗示他插嘴的人在其他人心中的评价;与小刚约定“暗号”,当他参加集体活动,又控制不住要插嘴时,给他以眼神、动作的暗示;在集体活动时,尽量满足小刚的发言需求,提供机会让他尽情表达。

【评价】 这名考生了解幼儿的性格特点,有正确的儿童观,其策略具有针对性和适宜性。评分为良好。

3. 户外活动结束了,果果还要继续在操场上玩沙子,不肯回教室。作为幼儿园教师,你该怎么办?

【解析】 爱玩、会玩、任性,这是大多数孩子的特点,同时大多数父母对孩子往往是有求必应的。因此,只要是自己喜欢的东西和活动,幼儿就不肯轻易放手。作为幼儿园教师,我会这样做:把果果玩沙子的成果拍下来,让他回教室和其他幼儿分享自己的经验;利用其他活动吸引果果的注意力,诸如引导他玩堆积木的游戏;与果果一起整理沙地,让他知道游戏结束了。

【评价】 这名考生能正面引导幼儿的行为,其策略具有针对性和适宜性。评分为良好。

(二)社会性发展

1. 小强和露露玩医院游戏时吵架了,小强希望露露做护士,他认为护士大多是女生,但露露并不乐意。作为幼儿园教师,你该怎么办?

【解析】 这是一个反映幼儿性别意识发展特点的问题。小强对性别的认知处在“刻板的性别概念”阶段,即认为护士只能由女生来担任,而露露可能是不愿意扮演护士,也可能是认为护士也可以由男生来担任。作为幼儿园教师,我会这样做:让小强和露露各抒己见,充分表达自己的想法;启发他们“护士是做什么工作的”“什么时候病人需要的是女护士”“什么时候男护士更能做好工作”;培养他们的发散思维,丰富性别概念的内涵;通过增加游戏角色、投入新材料、丰富游戏情节等方式来解决他们在角色分配上的冲突。

【评价】 这名考生能抓住问题的关键,并能从发展的角度对幼儿进行教育。评分为良好。

2. 洋洋画了两只乌龟，小云跑去跟王老师说："洋洋画的两只乌龟在谈恋爱呢！"面对这种情况，作为幼儿园教师，你该怎么办？

【解析】 这是幼儿性别认知发展中常见的问题。受生活环境、影视剧、媒体宣传等方面的影响，幼儿对性别认知存在片面性，往往会把所有两性的交往行为都当作恋爱的举动。作为幼儿园教师，我会这样引导：对小云的说法并不感到惊讶，以免令其认为谈及两性的问题是不道德的行为，从而使其蒙上羞愧的心理阴影；让小云说说"为什么觉得两只乌龟在谈恋爱"，并以此对其进行引导，使其认识到谈恋爱是长大以后的事情，小时候两性之间是伙伴和朋友的关系；做好表率，不在小云面前直接表露自己与异性过分亲昵；与小云的家长沟通，统一教育理念，对恋爱、结婚、生子等孩子感到神秘的问题不刻意回避，而是用科学的方式让孩子了解有关生命的话题。

【评价】 恋爱是美好的事情，幼儿受生活环境、影视剧、媒体宣传的影响，对恋爱已有朦胧的概念。这名考生能正面引导幼儿看待两性的交往行为，有正确的儿童观。如果能把幼儿对友情、爱情的朦胧认识转化为培养幼儿对爱的理解的萌芽，效果会更好。评分为良好。

3. 杰杰喜欢找小朋友们玩，但他每次和别人打招呼时都喜欢用拳头捶一下对方，小朋友们很不喜欢他。作为幼儿园教师，你该怎么办？

【解析】 这是儿童人际交往方面常见的问题。由于幼儿时常以自我为中心，缺乏语言交流的能力，表达自己的想法时喜欢采取直接的行为，这往往会使对方产生厌恶感。作为幼儿园教师，我会这样做：教给杰杰语言表达的技能，让他学会对别人说出自己的想法，并和对方友好地打招呼；开展主题教育活动，创造让孩子一起游戏和活动的机会，让大家学着接纳杰杰的改变，在交往中提升大家的移情能力，营造温馨愉悦的集体氛围；与杰杰的家长沟通，在家庭环境中鼓励孩子多和大人交流、友好相处，既不简单粗暴地对待孩子的要求，又不让孩子任性、骄横。

【评价】 这名考生能准确地抓住杰杰身上的问题，即缺乏人际交往的技巧，通过对其问题行为的讨论、交往策略的示范等方式，对杰杰进行教育，与杰杰的家长沟通，其策略具有针对性。评分为良好。

（三）行为问题

1. 最近，红红总是咬指甲，把指甲都咬坏了。作为幼儿园教师，你该怎么办？

【解析】 这是典型的强迫性行为，原因有多个方面，带有阶段性的特点，如果不加以重视，有可能会发展成某种癖好。作为幼儿园教师，我会从两方面进行引导：一方面，针对红红的行为本身对症下药，分散红红的注意力，让她不要过分关注自己的指甲，一旦发现她有咬指甲的行为，立即予以指正，并给予她适当的替代物；运用代币奖励的方法，一旦发现红红能坚持一段时间不咬指甲就予以奖励强化，并引导她说出咬指甲的原因。另一方面，针对该行为产生的原因解决问题，先观察红红近期的生活状况，找到让她紧张而频频咬指甲的原因，从源头上解决问题；然后引导红红观察被咬坏的指甲，使其了解该行为对身体的危害；最后与红红的家长沟通，共同分析原因，寻找对策，统一教育方法。

【评价】 这名考生分析问题比较透彻,解决问题的策略具有针对性。评分为良好。

2. 彬彬又打人了,李老师生气地说:"我也打你,看你好受不好受。"作为幼儿园教师,你该怎么办?

【解析】 这是典型的攻击性行为,对待幼儿这样的行为问题,幼儿园教师切不可以暴制暴,所以李老师的说法不正确。作为幼儿园教师,我会这样做:及时制止彬彬打人的行为,并教育他向被打的人赔礼道歉;分析彬彬攻击性行为发生的原因,如果是工具性攻击,重点引导他学习用正确的方法与他人进行言语沟通,合理表达自己的想法,并与他人进行友好的协商;如果是敌意性攻击,重点培养彬彬的移情能力,让他学会换位思考,并进行适当的强化,一旦发现他有明显的进步就及时给予表扬。

【评价】 这名考生的观点鲜明,对幼儿的攻击性行为有着深刻的了解,其策略运用得当。评分为良好。

3. 搭积木时,涛涛搭的楼房太高,不慎倒塌了,他声称是旁边的小朋友推倒的,并且对其进行辱骂。作为幼儿园教师,你该怎么办?

【解析】 这是典型的说谎行为,并且伴有骂人的不文明举止,主要是由家长一味溺爱的教育方式造成的。作为幼儿园教师,我会这样做:及时阻止涛涛的哭骂行为,告诉他有话好好说,骂人是不文明的表现;和涛涛试着重新搭建楼房,证实楼房倒塌不是由旁边的小朋友造成的;分析楼房倒塌的原因,找到解决问题的方法,引导涛涛主动和小朋友沟通,并让其邀请小朋友加入自己的游戏一同解决问题。

【评价】 这名考生能看清问题的本质,能分析出涛涛说谎的目的在于推卸责任,能通过教育的方式让涛涛认识到说谎、骂人是错误的行为。评分为良好。

(四)情绪问题

1. 4 岁的小天只要不高兴,就在地上打滚,如果幼儿园教师尝试阻止,他就滚得越厉害。作为幼儿园教师,你该怎么办?

【解析】 这是典型的情绪失控的行为,主要是由家长一味溺爱的教育方式造成的。作为幼儿园教师,我会这样做:在小天闹情绪在地上打滚时采取"冷却法"来处理,既不要上前劝阻,又不要通过附加条件让他不打滚,而是要让他学会自己慢慢冷静下来;通过专门的活动,引导小天理解如何正确表达自己的情绪,并进行适当的训练;与小天单独交流,让他选择用适当的方法向教师和同伴表达自己的情绪;与小天的家长沟通,满足孩子的合理要求,对其不合理的要求要明确拒绝。

【评价】 这名考生基本分析出了问题的成因,认识到 4 岁的小天出现这一行为是家长一味溺爱的教育方式造成的,并能针对问题提出具有针对性的解决策略。评分为良好。

2. 刚入园的小明每天都要李老师抱,李老师要是抱了其他小朋友,他就不高兴。作为幼儿园教师,你该怎么办?

【解析】 这是比较黏人的幼儿在建立师幼依恋中的行为。在入园适应的过程中,幼儿把亲子依恋的模式照搬到了幼儿园,与教师建立的依恋关系也具有排他性,妒忌的表现比较明显。作为幼儿园教师，我会这样引导：改变与小明亲近的方式，通过多种形式表达自己对他的关爱，而不仅仅是拥抱他；开展丰富多彩的活动，让小明融入集体游戏之中，使其转移注意力；与小明的家长沟通，给他更多的安全感，让他的家长多带他参加一些与同龄人交往的活动。

【评价】 这名考生的策略具有针对性与适宜性，但对幼儿出现的问题行为，分析得不够深入。评分为良好。

3. 4岁的小雨上课时因为紧张不知如何回答教师提出的问题，着急得哭了起来。作为幼儿园教师，你该怎么办？

【解析】 这是幼儿情绪过分焦虑的表现。教师应着力缓解幼儿的紧张心理，作为幼儿园教师，我会这样做：安慰因紧张而哭泣的小雨，通过摸摸头的方式，帮助她缓解压力，告诉她没有回答出来问题没有关系；试着与小雨一起回顾需要回答的问题，帮助她梳理思路，让她在比较放松的状态下说出自己想回答的内容；利用游戏等形式，鼓励小雨积极参加集体活动，并让她在集体场合表达自己的想法，引导她以系统脱敏法克服紧张心理；与小雨的家长配合，营造温馨愉悦的氛围，让她想说、敢说和愿意说。

【评价】 这名考生了解幼儿的个性特点，能提出多种策略与方法去解决问题。评分为良好。

（五）生活习惯

1. 4岁的小明午睡前总是忘记上厕所，常常一躺下就吵着要去小便。作为幼儿园教师，你该怎么办？

【解析】 这是一个调皮活泼的孩子经常做的事情，教师要弄清楚孩子是真的忘记还是故意的。作为幼儿园教师，我会这样做：对于小明提出上厕所的要求应尽量满足，并告知他不要在这个时间点上厕所，以免影响到其他孩子；午睡前提醒孩子做好准备，并有意识地关注小明，询问他有没有准备好午睡；如果小明是故意为之，不想睡午觉，而是想借机活动一下，就与小明约定，一周只能有一次午睡时上厕所的机会，而且要自己悄悄地去上厕所，以此打消他想引起关注的心理；当小明没有忘记上厕所时，要及时予以表扬和鼓励，以强化这样的行为。

【评价】 这名考生基本分析出了问题的成因，认识到4岁的小明由于缺乏任务意识才未能养成良好的行为习惯，并能针对问题提出相应的解决策略。评分为良好。

2. 孩子总喜欢穿着毛衣睡觉，即使热得满头大汗也不肯脱毛衣。作为幼儿园教师，你该怎么办？

【解析】 这是幼儿缺乏安全感的表现，也许幼儿还存在一定的恋物倾向。作为幼儿园教师，我会针对不同情况区别对待：有的孩子缺乏安全感，喜欢穿着自己最熟悉的衣服睡觉，我会多和他亲近，适当多给予陪伴，让他感觉脱了衣服会睡得更加安稳；有的孩子存在恋物倾向，我会及时和家长沟通，了解孩子在家里的生活状况，尝试用玩具吸引孩子的注意力等方式慢慢纠正孩子的行为；还有的孩子在生活习惯上存在问题，可能在家睡觉就是这样，我会与家长一同努力，改变教育的方法。

【评价】 这名考生对幼儿的了解比较深入，也能从儿童的视角分析问题，提出具有针对性与适宜性的多元策略。评分为良好。

3. 新入园的文文口渴，不肯喝白开水，而要喝饮料。作为幼儿园教师，你该怎么办？

【解析】 这种现象主要是家庭养育方法的不科学造成的。有的家长爱买饮料，做了错误的示范；还有的家长一味地迁就孩子，任由孩子喝饮料。作为幼儿园教师，我会这样做：告诉文文，幼儿园里的小朋友都喝白开水，白开水既健康又好喝，鼓励文文喝白开水；开展专门的教育活动，让包括文文在内的孩子多了解一些喝饮料不利于健康的知识；利用游戏的方式，把健康饮食的知识编成儿歌让文文反复朗读；与文文的家长沟通，一同帮助文文树立正确的健康理念，并使其养成健康的饮食习惯。

【评价】 这名考生了解幼儿，问题分析透彻，并能提出多种具有针对性的策略与方法。评分为良好。

二、答题要点

考生要想回答好上述几种类型的题目应把握以下几个方面的要点：

1. 对问题中的现象和行为进行正确的分析，找到问题的症结所在，以科学的教育观和儿童观来辩证地看待儿童的行为，切忌“一刀切”。

2. 在给出具体的解决方案时，要从影响儿童发展的多个方面的因素着手，不仅要考虑学校教育和教师的作用，还要考虑家庭环境、家长教育、社会环境等因素。

3. 教育的措施要以引导为主，尊重儿童的个体差异，不求一步到位；教育的方法要符合幼儿的年龄特点，以直观形象的方式进行启发，提供具体的做法让幼儿模仿，对幼儿正确的行为要及时予以表扬和强化。

三、知识链接

（一）儿童观

儿童观是对幼儿的本质属性、特点及其在教育过程中所处位置和作用的看法。

1. 幼儿是发展中的人，要用发展的观点认识幼儿。

（1）幼儿的身心发展是有规律的。

（2）幼儿具有巨大的发展潜能。

（3）幼儿是处于发展过程中的人。

（4）幼儿的发展是全面的发展。

2. 幼儿是独特的人。

（1）每个幼儿都有自身的独特性，要促进幼儿的个性化发展。

（2）幼儿与成人之间存在着巨大差异。

3. 幼儿是学习的主体，有学习的需要。

(1) 幼儿在教育活动中处于主体地位。

(2) 幼儿具有个体独立性，不以教师的意志为转移 。

4. 幼儿是责权主体。

(1) 幼儿是人。

(2) 幼儿既是法律上的责权主体，也是伦理上的责权主体。

(二) 育人为本的儿童观基本要求

1. 在教育活动中，坚持以人为本，必须以幼儿作为教育活动的出发点。

2. 在教育活动中，坚持以人为本，必须以促进幼儿全面发展为目标。

3. 在教育活动中，坚持以人为本，必须面向全体幼儿。

(三) 幼儿的身心发展规律

1. 个体身心发展的顺序性。

教学启示：在对幼儿进行教育时，必须遵循由具体到抽象、由浅入深、由简到繁、由低级到高级的顺序，否则就不能收到应有的效果，甚至会损害幼儿的身心健康。

2. 个体身心发展的不平衡性。

教学启示：教育要遵循幼儿身心发展的不平衡性，要适时而教，即要在幼儿发展的关键期或最佳期及时地对其进行教育。

3. 个体身心发展的阶段性。

教学启示：不同发展阶段之间是相互关联的，上一阶段影响着下一阶段发展方向的选择，因此人生的每一阶段对于个人的发展来说，不仅具有本阶段的意义，而且具有人生全程性的意义。

4. 个体身心发展的互补性。

教学启示：教育应结合幼儿实际，扬长避短，注重发现幼儿自身的优势，促进幼儿的个性化发展。

5. 个体身心发展的个别差异性。

教学启示：教育必须因材施教，充分发挥每个幼儿的潜能和积极性，有的放矢地进行教育，使每个幼儿都得到充分的发展。

(四) 学前儿童发展的影响因素

1. 前提条件——遗传因素。

2. 物质基础——环境因素。

3. 主导作用——教育因素。

4. 决定作用——主观能动性。

我们应当综合地、辩证地分析，不能孤立地看待和忽视任何因素，应结合学前儿童成长过程中的具体实例和表现特点进行分析。

（五）学前儿童心理发展的趋势

学前儿童心理发展的趋势为：从简单到复杂；从被动到主动；从具体到抽象；从不稳定到稳定。

（六）3—6 岁儿童身心发展特征

1. 3—4 岁儿童身心发展特征：生活范围扩大；认知依靠行动；情绪作用大；爱模仿。

2. 4—5 岁儿童身心发展特征：活泼好动；思维具体形象；开始接受任务；能够自己组织游戏。

3. 5—6 岁儿童身心发展特征：好问、好学；抽象能力明显萌芽；开始掌握认知方法；个性已具雏形。

（七）学前儿童的攻击性行为

攻击性行为是一种以伤害他人或他物为目的的行为，是一种不受欢迎但经常发生的行为。攻击性行为最大的特点是其目的性。

攻击性行为的种类：言语性攻击与生理性攻击、工具性攻击与敌意性攻击、可接受的攻击与不可接受的攻击等。

（八）孤独症

孤独症的主要特点：漠视情感、拒绝交流、语言发育迟滞、行为重复刻板及活动兴趣范围的显著局限性。幼儿一般会在 3 岁前表现出来。

孤独症的表现：社会交往障碍、交流障碍、兴趣狭窄及刻板重复的行为方式、其他症状。

（九）多动症

多动症又称“注意缺陷多动障碍”，是儿童期常见的一类心理障碍。多动症是多动、注意力不集中、参与事件能力差，常伴有认知障碍、学习困难、品行障碍等表现的一组综合征。

多动症的表现：注意缺陷、活动过多、冲动性、学习困难、神经系统异常等。

第三节　人际沟通与合作

一、仿真题与解析

1. 当你在示范绘画时，小朋友大声说：“老师你画得不像！”作为幼儿园教师，你该怎么办？

【解析】 作为幼儿园教师，当小朋友说我画得不像时，我会和孩子交流：“是吗？你觉得老师哪里画得不像？”我会耐心地倾听幼儿的回答，和他们进行交流，支持、鼓励他们大胆表达，形成合作探究式的师生互动，努力成为幼儿学习活动的支持者、合作者、引导者。

【评价】 这名考生的回答比较恰当，能倾听幼儿的心声，以接纳、尊重的态度与幼儿交往，努力理解幼儿的想法与感受，具备与幼儿沟通交流的意识和能力。评分为良好。

2. 李老师教育幼儿要保护环境，不要乱扔垃圾。燕燕说："没有垃圾箱，把垃圾拿在手里太脏了！我看到大人也是随地乱扔的！"作为幼儿园教师，你该怎么办？

【解析】 作为幼儿园教师，我会对燕燕说："大人随地乱扔垃圾，对不对？我们要不要学？如果没有垃圾箱，我们就随手乱扔垃圾，我们的环境会干净吗？燕燕，你要动动脑筋，有什么好办法既不破坏环境，又不弄脏自己的手？"幼儿能大胆地提出自己的想法是很好的，幼儿园教师应该敏锐地察觉他们的需要，把握时机，予以积极引导，以适当的方式应答，形成合作探究式的师生互动，使幼儿得到全面的发展。

【评价】 这名考生的回答体现了幼儿园教师与幼儿之间的有效互动。他能在倾听幼儿的回答后迅速地做出反应，挖掘其中蕴含的教育价值，引导幼儿大胆地思考和表达。可见，这名考生与幼儿的交流沟通能力是很强的。评分为良好。

3. "六一"儿童节快到了，许多家长向你反映，希望让自己的孩子在节目中担任主角。作为幼儿园教师，你该怎么办？

【解析】 家长希望孩子在节目中有表现自己的机会，这种心情是可以理解的。但作为幼儿园教师，我会做好家长工作，尽量让孩子们在"六一"儿童节中都有表演节目的机会。但节目的主角毕竟不多，我会尽量做到公平，让孩子们通过讨论、评比等方式获得在节目中表演的机会，让家长看到自己的孩子的精彩表现，也让他们意识到一个精彩的节目光有主角是不够的，自己的孩子能否担任主角并不重要，重要的是其能否通过表演节目得到锻炼和成长。

【评价】 这名考生的回答既考虑了家长的感受，又考虑到了幼儿的成长需要。他本着尊重、合作的原则，理解家长，对待幼儿民主、公平，努力使每一个幼儿都能获得满足和成功，这样的做法是适宜的。评分为良好。

4. 幼儿园家长会上妈妈来得多，爸爸来得少。作为幼儿园教师，你该怎么办？

【解析】 家长会上妈妈来得多，说明当今社会存在一个教育误区，即认为教育小孩主要是妈妈的事情。作为幼儿园教师，我认为可以开一个爸爸家长会，让爸爸们意识到教育孩子的重要性。爸爸家长会可以这样开：先邀请之前参加家长会的爸爸谈谈教育孩子的乐趣和心得，然后分析爸爸教育孩子的优势，再播放一些爸爸教育孩子的视频案例，让爸爸树立起和妈妈共同教育孩子的意识，可以组织一些诸如爸爸沙龙的活动，积极支持爸爸交流教育心得，帮助其提高教育能力。

【评价】 这名考生的回答体现了他对家庭教育有一定的认识，对幼儿园家长工作也比较了解，能意识到家庭是幼儿园重要的合作伙伴，能采用多种形式吸引家长参与幼儿教育，帮助家长提高教育能力。评分为良好。

5. 一个家长问你："孩子5岁了，该不该给他零花钱？"作为幼儿园教师，你该怎么办？

【解析】 我先会了解家长为什么给孩子零花钱，然后帮助家长分析，孩子到了5岁是否知道零花钱的用处，是否知道怎样合理地使用零花钱。如果孩子不懂得如何合理地使用零花钱，那么家长给孩子零花钱就是在害孩子。家长缺乏教育孩子的能力，这是很常见的现象。我觉得幼儿园教师应该积极地指导家长提升教育能力，实现家园共育，共同促进幼儿的发展。

【评价】 这名考生首先能了解家长的想法，然后帮助家长分析何时该给孩子零花钱，这是幼儿园教师积极指导家长教育孩子的行为。说明这名考生与家长交流沟通的能力较强，能在理解家长的基础上，做到有效沟通。评分为良好。

6. 蔡老师带着班里一半的孩子去排练节目，让你带着另一半的孩子在教室里看动画片。作为幼儿园教师，你该怎么办？

【解析】 我会和蔡老师沟通，建议她带着另一半的孩子在教室里开展区角游戏，而不是看动画片。因为幼儿园一日活动皆是学习，幼儿园教师应该根据幼儿身心发展特点为其提供适合的教育，而不是让这一半的孩子在教室里看动画片打发时间。

【评价】 这名考生能与同事积极沟通，合理安排幼儿的活动，表现出较强的沟通交流能力。评分为良好。

7. 刘老师认为你为活动准备的 PPT 不够生动、美观，需要使用图片和背景音乐进行优化。作为幼儿园教师，你该怎么办？

【解析】 我会虚心地接受刘老师的意见，并根据活动的目标要求和幼儿的兴趣爱好，尽可能地采用直观的图片和背景音乐对 PPT 进行优化，培养幼儿的想象力，发掘幼儿的兴趣爱好。只要刘老师的意见有利于幼儿活动，我觉得就应该认真听取并采纳。

【评价】 这名考生的回答表现出能正确处理好与同事之间的关系，能以学习的心态对待自己的工作，坚持以幼儿为本，具有学习意识和沟通合作能力。评分为良好。

8. 幼儿园建立 QQ 群，要求教师只能利用休息时间回答家长的问题，教师觉得很疲惫。如果是你，你该怎么办？

【解析】 幼儿园的要求可能考虑到教师如果在 QQ 群上回答家长的问题可能会影响到保教工作。我觉得可以与幼儿园领导沟通，提出教师在 QQ 群上回答家长的问题能否选择中午 1 点和下午 4 点 30 分之后各半个小时，这样既不会影响教师工作，又不会占用其太多的休息时间。

【评价】 这名考生的沟通交流能力较强，既能考虑到幼儿园管理工作的出发点，又能考虑到教师正当的休息要求。评分为良好。

二、答题要点

俗话说，“人之相知，贵在沟通”。对于一名幼儿园教师来说，沟通交流具有非常重要的意义。作为一名人类灵魂的工程师，如果没有良好的沟通交流的能力，如何让教导直达灵魂？在现代教育中，我们的幼儿园教师既要有爱幼之心，又要有良好的沟通交流的能力。因此，考生要根据幼儿园教育指导要求，具体问题具体分析，把握好人际关系的沟通技巧。

- 《纲要》第三部分“组织与实施”中第八条的第三、第四款指出：教师的态度和管理方式应有助于形成安全、温馨的心理环境；言行举止应成为幼儿学习的良好榜样。家庭是幼儿园重要的合作伙伴。教师应本着尊重、平等、合作的原则，争取家长的理解、支持和主动参与，并积极支持、帮助家长提升教育能力。

- 《纲要》第三部分“组织与实施”中第十条指出：教师应成为幼儿学习活动的支持者、合作者、引导者。具体条款如下：

1. 以关怀、接纳、尊重的态度与幼儿交往。耐心倾听、努力理解幼儿的想法与感受，支持、鼓励他们大胆探索与表达。

2. 善于发现幼儿感兴趣的事物、游戏和偶发事件中所隐含的教育价值，把握时机，积极引导。

3. 关注幼儿在活动中的表现和反应，敏感地察觉他们的需要，及时以适当的方式应答，形成合作探究式的师生互动。

4. 尊重幼儿在发展水平、能力、经验、学习方式等方面的个体差异，因人施教，努力使每一个幼儿都能获得满足和成功。

5. 关注幼儿的特殊需要，包括各种发展潜能和不同发展障碍，与家庭密切配合，共同促进幼儿健康成长。

- 《3—6岁儿童学习与发展指南》（以下简称《指南》）中指出：家庭、幼儿园和社会应共同努力，为幼儿创设温暖、关爱、平等的家庭和集体生活氛围，建立良好的亲子关系、师生关系和同伴关系，让幼儿在积极健康的人际关系中建立安全感和信任感，发展自信和自尊，在良好的社会环境及文化的熏陶中学会遵守规则，建立基本的认同感和归属感。

- 根据以上要求，教师必须具备与幼儿、家长、同事、领导等人沟通交流的意识与能力。面试时，考生需注意语言流畅、口齿清楚、语速和语调适宜、普通话标准、有一定的感染力。在与不同对象交流时，应重点关注以下几个方面。

第一，与幼儿沟通。教师应耐心倾听，努力理解幼儿的想法与感受，支持、鼓励他们大胆探索与表达；把握时机，积极引导，及时以恰当的方式应答，形成合作探究式的师生互动，努力使每一个幼儿都能获得满足和成功。（参考“仿真题与解析”第1—2题）

第二，与家长沟通。首先，教师应做到理解家长，尽量缩短与家长之间的心理距离，使家长对自己产生信任，为家庭和幼儿园之间的良好沟通打下基础。其次，教师要以“爱”为基础，围绕幼儿，运用灵活的沟通策略，引导家长理解和认同教师的教育。教师要找到家长产生意见的根源所在，是不满意幼儿园的工作，还是不满意幼儿的问题得不到解决，教师要针对不同原因思考如何正确处理问题。在处理时，教师要抓住“一切为了孩子”这个中心，兼顾家长、幼儿、幼儿园三方利益。如果是在自己的权限范围内可以解决的，教师要尽快与家长协调解决；如果是自己无法解决的，可以通过向幼儿园领导汇报，请领导协调，并及时对家长做出适当的答复。（参考仿真题与解析第3—5题）

第三，与同事沟通。该类型主要包括以下四点。

（1）同事的误解。

教师应以沟通为核心解决问题，应先表明态度，冷静地看待同事对自己的误会，不要与其争辩；然后认真反思同事为何误会，找出问题的根源，并加以改正；最后，适时地与同事沟通，消除误会，并表明自己的立场。

（2）同事的错误。

教师应尽最大努力帮助同事，以减少同事的损失。同时，教师还可以在适当场合提醒同事，避免同类问题再次发生。

（3）同事的意见。

教师应先表明态度，冷静分析，妥善处理；然后根据具体情况做出差异化的处理。教师对待合理的意见，要虚心接受，及时修正；对待不合理的意见，要征求同事的建议，做好解释和说服工作。

（4）面对老同事。

一般来说，老同事工作经验丰富、行事稳重。在日常生活和工作中教师要尊重老同事，向老同事多请教、多学习，理解老同事的脾气与个性。（参考"仿真题与解析"第6—7题）

第四类，与领导沟通。教师先应本着以工作为重、幼儿园利益为重的原则，尊重领导下达的指令，表明自己爱岗敬业的态度和立场；然后正确地对待领导的做法与看法，一旦发现其有违背教育原则的做法，就要适时提出意见和建议。（参考"仿真题与解析"第8题）

第四节　教育观念

一、仿真题与解析

1. 你怎么看待留守儿童这个现象？

【解析】 随着社会经济的发展，很多家长为了改变生存状况外出务工，但受经济条件的影响无法将子女带在身边，由此引发了留守儿童的问题。由于留守儿童多由其祖辈照顾，父母监护教育角色的缺失，对留守儿童的健康成长造成了不良影响。

首先，留守儿童更需要父母的关爱、指导和家庭早期教育的支持。如果在这个时期，父母一方甚至双方"缺席"，就会使孩子与父母缺乏正常的情感交流和亲子互动。长此以往，父母与子女将会产生心理上的隔阂，孩子也会丧失基本的心理归属和心理依恋。因此，亲子关系作为一种教育因素直接影响着教育的质量和孩子的发展水平。其次，一部分留守儿童由于缺乏父母的管教而变得任性妄为，不仅学习不努力，而且容易形成比较严重的性格缺陷与行为偏差。最后，在家庭教育不健全的情况下，学校就成为留守儿童社会化过程中一个极其重要的场所。学校应千方百计地加强对留守儿童教学、生活、安全等方面的管理，通过加强日常管理，对留守儿童开展丰富多彩的活动，建立与留守儿童家庭的联系，调动其父母参与对留守儿童进行教育的积极性。

总之，留守的经历对于正处在成长阶段的儿童来说影响较大。作为幼儿园教师，我们应当积极发挥学校教育的主导作用，调动各方面的力量，促进留守儿童的健康成长。

【评价】 留守儿童的现象是当今社会的热点话题。这名考生对这类社会现象有一定的了解和思考，掌握心理学、教育学的基础知识，分析问题思路清晰，具备良好的思维品质。评分为良好。

2. 小朋友们互相攀比，看谁的爸爸更有钱。一个小朋友输了，回家要求换爸爸。作为幼儿园教师，你怎么看？

【解析】 现如今，“拼爹”“攀比”早已不是新鲜的话题。但低龄化拼爹，不仅会拼掉孩子的童真，也会拼掉祖国的未来。所以，对于这个现象，我们应该引起高度的重视。

小朋友们为何会如此攀比呢？我认为主要有三个方面的原因：一是成人世界潜在的“阶层意识”已侵蚀孩子的心灵，造成其价值观的扭曲；二是有些家长与同事、朋友相互攀比，无意中成为孩子模仿的对象，于是孩子在无形中产生了这种攀比心理；三是有些幼儿园教师作风不端正、言行有失，对不同家境的孩子做出一些不恰当的比较，也可能促使其攀比心理的形成。

面对幼儿之间的攀比，首先，家长必须小心检视自己的行为，在教养方式上，以民主、开放的态度对待孩子。其次，幼儿园要营造以德育人的人文环境，幼儿园教师要严于律己，引导幼儿形成正确的价值观。最后，社会要为幼儿正确的价值观的形成和发展提供良好的环境。

【评价】 低龄化“拼爹”“攀比”是当今社会出现的普遍现象，这名考生对此现象产生的原因和应对策略提出了自己的看法，不仅思维缜密，而且回答问题条理清晰。评分为良好。

3. 在幼儿时期，很多家长为了不让孩子输在起跑线上，给孩子报了大量的兴趣班。作为幼儿园教师，你怎么看？

【解析】 很多家长都有望子成龙、望女成凤的心态，希望孩子从小就一专多能。加之，社会竞争激烈，家长便给孩子报了大量的兴趣班。这种行为虽然可以理解，但我并不支持。

在幼儿阶段，家长和教师都应当尊重幼儿的身心发展规律，以游戏为基本活动，促进每个幼儿的个性发展。因此，上述家长的这种行为不符合幼儿的身心发展规律，是一种急功近利的做法。长此以往，容易使幼儿产生厌学、畏学等不良情绪，不利于幼儿的长远发展。

作为幼儿园教师，我们应该帮助家长改变传统的教育观念，帮助家长树立更加科学的教育观念，让他们意识到培养幼儿良好的习惯更加重要，引导他们尊重幼儿的发展规律。

【评价】 家长“望子成龙”“望女成凤”的心态是可以理解的，正因为有这样的心态，他们才会产生“不让孩子输在起跑线上”的思想。这种思想其实是一种“拔苗助长”的教育观念，是对幼儿的身心发展规律不尊重的表现。这名考生准确地把握了这一现象背后的教育观念的问题，答题思路清晰。评分为良好。

4.《庄子》中说，“吾生也有涯，而知也无涯”。请谈谈你对这句话的理解和实践。

【解析】《庄子》中“吾生也有涯，而知也无涯”的意思是生命是有限度的，而知识是无穷尽的。因此，在人的一生之中，需要不断地学习，也就是我们今天讲的终身学习。（可以结合自身，举个例子）

【评价】 这名考生熟悉庄子的这句名言，对名言阐述“终身学习”的理念把握准确。评分为良好。

5. 有的老师担心小朋友在户外活动中受伤，所以刻意减少户外活动。作为幼儿园教师，你怎么看？

【解析】 幼儿园保障幼儿安全、防止幼儿意外伤害的发生无可厚非，但因此减少户外活动，难免有因噎废食之嫌，此举不可取。

户外活动是幼儿认识客观世界和获得身心各方面发展的基本手段。丰富多样的户外活动不仅可以让幼儿获得身体技能和认知的发展，还有助于培养幼儿动脑能力、语言能力、运动能力等多方面的能力。因此，为了保障安全而牺牲幼儿发展的做法是不合理的。幼儿园教师在组织户外活动时，要兼顾安全性与娱乐性：一方面，培养幼儿在活动中的自我保护意识和保护能力；另一方面，活动的内容和场所的选择也要具有一定的安全性，幼儿园教师应做好组织工作，让幼儿在户外活动中玩得开心。

【评价】 此题从表面上看是考查考生对“户外活动的意义及组织”的理解，实际上是考查考生是否具备正确的教育观、活动观。为了避免幼儿受到伤害而减少户外活动，显然是不可取的做法。这名考生的回答体现出他具备正确的教育理念，且思路清晰。评分为良好。

6. 做游戏的时候，班里有一个小朋友速度特别慢，张老师走过去对他说：“你要快一点儿，你看别人都比你棒，他们已经到达终点了。”作为幼儿园教师，你怎么看？

【解析】 世界上没有两个相同的幼儿，也不可能出现发展速度一致的幼儿。这位张老师不应该将幼儿进行横向比较，她没有认识到幼儿的身心发展是存在个体差异的。张老师的这种做法只会让幼儿感到自责和自卑，不利于幼儿的健康成长。

当我们在工作中遇到类似状况时，一定要学会等待幼儿，要对幼儿有耐心。作为幼儿园教师，我们应当了解这个小朋友的特点，多鼓励他，多帮助他，组织其他小朋友一起为他加油，让他感受到老师、同伴、集体的关怀。同时，我们也可以在其他方面寻找这个小朋友的闪光点，让他不会因为这一个方面的落后而影响其自信心和自尊心。我们应该始终牢记自己的使命，不断以更高的标准要求自己，做一名合格的幼儿园教师。

【评价】 《纲要》《指南》中均指出，幼儿园教师要尊重幼儿的个体差异，切忌横向比较。这位张老师的做法显然违背了这一教育理念。这名考生的观点正确，能运用相关理论解释问题，且回答思路清晰。评分为良好。

7. 在区域活动中，有个孩子向其他小朋友乱扔玩具，教师看到后很生气，于是让这个孩子到角落里一个人待着。作为幼儿园教师，你怎么看？

【解析】 惩罚既是一种教育手段，也是一种微妙的教育艺术。只有拥有了惩罚幼儿的智慧，才能真正达到教育幼儿的目的。这位教师的做法我认为是可取的，但要注意方式方法。

这位教师采取“让这个孩子到角落里一个人待着”的做法，其实采用的是“暂时隔离”的惩罚方法。“隔离”可以使幼儿感觉到自己与别的孩子不一样，被区别对待就会促使其做出改变，这样既可以及时制止幼儿的错误行为，又可以促进幼儿反思自己的行为，使其学会控制自己的情绪，还能帮助幼儿学会遵守规矩，使其学会提升自我约束的能力。但是，过度的惩罚会适得其反，不利于幼儿的身心健康发展。因此，为了让此种做法发挥出良好的效果，幼儿园教师还应当注意以下两个方面：一是教师应明确好“隔离”的时间，即通过“计时隔离”的方法使幼儿平静下来，让其进行自我反思；二是隔离之后一定要对幼儿进行教育或引导，使其明白受罚的原因并懂得自己的行为对其他孩子造成的影响，以此达到惩罚的目的。切忌将幼儿“隔离”后不管不问，甚至因疏忽大意而引发伤害性事故。

【评价】 此题主要考查考生对“惩罚”的理解。惩罚是一种必要的教育手段，但使用的时机、方式和方法不同，取得的效果也不同。这名考生能辩证性地看待和理解考题中呈现的问题，能运用相关的理论解释问题，且思路清晰，回答流畅。评分为良好。

8. 孩子们在进行区域活动的时候乱扔材料，而教师并不加以管理，让孩子们自由活动。作为幼儿园教师，你怎么看？

【解析】 教师让幼儿自由活动的理念是符合幼儿教学要求的，但当幼儿乱扔材料时，教师应当适时介入引导，而不是放任自流，否则就失去了区域自由活动的意义。

教师开展区域活动的目的是让幼儿在活动中充分地表现自己，如果教师过于限制幼儿的自由，就无法发挥区域活动的作用。但是，教师也不能让幼儿在活动中过于“自由发挥”。所谓“无规矩不成方圆”，盲目地给幼儿自由，会导致活动秩序混乱，无法达到在活动中培养幼儿规则意识和团队合作意识的目的，也无法实现活动的意义。所以，在活动中，幼儿园教师必须让自由和规则并存，在制定规则的基础上让幼儿充分地发挥自己的想象力和创造力。例如，合理地创设区域活动的空间位置，制定活动的时间和规则，做好活动的合作者、引导者，这样才能真正开展好区域活动。

【评价】 此题主要考查考生对“自由活动”的理解。这名考生的观点正确，具备一定的教育理论知识，且回答思路清晰。评分为良好。

9. 一些幼儿家长觉得自己的孩子已经5岁了，但认识的字很少，也不怎么会算术，便要求幼儿园教师教孩子拼音和识字。作为幼儿园教师，你怎么看？

【解析】 家长提出这一要求是缺乏正确的幼儿教育观的表现。幼儿园是以游戏为基本活动的，而不是像小学一样上课。因此，让幼儿提前学习拼音、汉字、算术等小学知识，很容易使幼儿产生抵触心理，甚至会使其失去对学习的兴趣。幼儿园教师应培养孩子良好的习惯和品性，这比让孩子学拼音、学识字、学算术更重要。所以，面对家长的要求，我会积极应对，妥善处理。

首先，我会对家长的心情表示理解，并讲明利害关系。例如，首先，我会告诉家长，孩子在这种小学化的教育过程中得不到快乐，会对学习产生恐惧和厌恶的心理，甚至会产生厌学的情绪。其次，我可以以此为契机，与园长商量，在召开家长会时邀请育儿专家进行家庭教育指导。通过“案例分享”和“互动答疑”的方式，让家长明白幼儿教育小学化既违背了教育发展规律，又会令孩子活泼好动的个性受到压抑、摧残，不利于孩子的健康成长。最后，我会让家长了解幼儿园的教育理念，真诚地邀请家长参与亲子课堂，让他们亲身感受孩子在幼儿园的学习和生活状态，充分肯定幼儿园科学的育儿方式。我相信，在我们真诚地引导和帮助下，家长一定可以转变教育观念，成为幼儿园教师的好帮手，与幼儿园合作，共同培养好孩子。

【评价】 幼儿园虽然是以游戏为基本活动,但在现实生活中,很多家长不能理解,因此有些幼儿园教师会迫于家长的压力,对幼儿进行小学化的教育。此题主要考查考生是否具备正确的幼儿园课程观,同时也考查考生与家长沟通的能力。这名考生的教育理念科学,并展现出良好的思维品质和与家长沟通的能力。评分为良好。

10. 在幼儿园,教师是和孩子们一起做游戏还是让孩子们自己做游戏?

【解析】 3—6 岁的幼儿正处于自控力培养的阶段,还没有明确、稳定的角色意识。为了更好地达到游戏的目的,我认为幼儿园教师应该和孩子们一起做游戏,融入孩子们的世界,更好地引导和教育他们。如果幼儿园教师完全脱离孩子们的游戏,只是做一个单纯的组织者和看护者,既不能很好地保障孩子们在游戏过程中的安全,又不能很好地在游戏过程中通过观察每个孩子的表现而有针对性地做出引导和教育,更不能达到培养孩子们的兴趣、丰富他们的想象力的目的。因此,幼儿园教师和孩子们一起做游戏,既能调动孩子们参与游戏的积极性,又能帮助他们在游戏时集中注意力。幼儿园教师在参与游戏时,应全情投入,明确游戏目的,在游戏中对孩子们进行教育引导,以达到活动的效果。当然,随着幼儿年龄的增长,游戏的难度会不断提高。因此,在游戏过程中,幼儿园教师要充分尊重幼儿的自主性,选择恰当的时机,用科学的方式介入,切不可因为自己的介入而影响幼儿游戏的进程和质量。

【评价】 此题主要考查考生对"幼儿与教师在游戏活动中的地位及关系"的理解。这名考生具备一定的游戏理论知识,教育理念较为科学,回答问题条理清晰。评分为良好。

二、答题要点

教育观念题主要考查的是考生是否具有科学合理的教育观念,能否对教育教学中的某些现象、教师在保教过程中出现的行为、教育界出现的一些观点给出看法,并谈谈自身的认识。此类考题可以考查考生看待问题是否具有正确的教育观念,是否具有敏锐的思考力和洞察力。只有具备科学的教育观念,才会产生合理的教育行为。在本节内容中,教育观念题主要是指涉及儿童观、教育观、课程观的考题,而涉及教师观的考题则放在本单元的第一节"职业认知与态度(职业态度、情感、应急应变中的职业素养)"之中。

纵观历年试题,教育观念题主要包括三大类:一是社会现象类,即针对社会现象中的热点教育问题,要求考生阐述自己的看法(诸如"仿真题与解析"中的第 1—3 题);二是名言警句类,即要求考生针对与教育教学有关的名言警句,阐述自己的理解和观点(诸如"仿真题与解析"中的第 4 题);三是保教问题类,即针对教师在组织保教活动过程中的一些行为或问题,要求考生说出自己的看法或提出建议、策略(诸如"仿真题与解析"中的第 5—10 题)。

无论是社会现象、名言警句,还是保教问题,考生在回答教育观念题时,基本答题思路可以概括为以下三个步骤。

1. 表明态度。

考生要对考题中给出的社会现象、名言警句、保教问题表明态度。是对还是错? 是有些道理还是不够全面? 是赞成还是反对? 考生在表明态度时要注意:事物的存在往往既有合理性，又有局限性。因此，考生在答题时不能过于偏激，应多角度、多层次地进行分析。

2. 阐明观点。

一般来说，考生阐明观点时可以用辩证的方式，说明其优点和弊端、合理性和不合理性；也可以采用“现象—原因—对策”的思路答题。答题时，考生思路要清晰，表达要流畅。

3. 简短总结。

考生阐明观点后，最好能做一个简短的总结。总结既可以呼应答题开始时的态度、观点，又可以结合自身实际，谈谈自己今后应该怎么做，或是对社会、家长、教师提出希望。简短的总结，可以起到画龙点睛的作用，保证答题的完满。

总之，教育观念题是历年考试中出现概率较高的题型之一，考生应当引起重视。各位考生既要重视理论知识的学习，又要关注社会热点问题，用所学知识分析实际问题，这样才能真正做到学以致用。

第五节　组织管理

一、仿真题与解析

1. 幼儿园教师让幼儿做活动，幼儿不参加。作为幼儿园教师，你该怎么办？

【解析】 活动是幼儿园教育的基本形式。作为幼儿园教师，我会努力调动幼儿参与活动的积极性，引导幼儿通过活动不断学习和成长。

首先，我会分析和了解幼儿不愿意参加活动的原因。如：可能是孩子对幼儿园环境感到陌生，不敢轻易参与活动；可能是幼儿对这个活动不感兴趣，不想参加活动；也可能是幼儿园教师没有对幼儿说清楚活动的规则，让幼儿不知所措。其次，我会根据具体的情况，有针对性地解决问题。如：可以先设置简单的交流环节，增进师生的感情，增强幼儿对幼儿园教师的信任感；可以询问幼儿的意见，改成幼儿更喜欢的活动形式；也可以简单生动地重新介绍活动，甚至可以先做出示范，让幼儿理解活动内容。

总之，幼儿不参与活动不一定都是幼儿的原因，也可能是幼儿园教师设计和组织活动不合理造成的。我们要客观地对待和分析，不能因幼儿不参加活动就批评、责怪他们。

【评价】 此题主要考查考生组织活动的能力。幼儿园教育就是要帮助幼儿在主动活动中获得各方面的发展。这名考生从多个角度阐述了可能导致幼儿不参加活动的原因，并能有针对性地解决问题，而不是将一切问题都归结于幼儿不听话。这说明该考生具有较强的反思能力、活动组织能力。评分为良好。

2. 教学活动中，4岁的萌萌在回答问题时，由于紧张不知如何表述，急得哭了起来。作为幼儿园教师，你该怎么办？

【解析】 4岁幼儿的语言表达能力比较弱，幼儿还无法准确地表达自己的想法，尤其在集体面前，更容易紧张。遇到这种情况，我先不会批评萌萌，而会想办法帮助她平静下来，让她停止哭泣，并耐心地安抚她，缓解她紧张的情绪；然后不断地鼓励萌萌，或者降低问题的难度，引导她说出自己的想法，当她说出自己想法的时候及时给予肯定和鼓励，帮助她建立自信。

当然，自信不是一天两天就可以建立起来的，我会与萌萌的家长联系，与其共同帮助萌萌建立自信。在今后的活动中，我也会密切关注萌萌的表现，请她回答一些可以独立解答的问题，让她做一些力所能及的事情，帮助她逐步建立自信。

【评价】 此题主要考查考生组织教学活动的能力。这名考生对幼儿身心发展有一定的了解，在处理问题时，尊重幼儿，以正面教育为主，注重家园合作，阐述时条理清晰。评分为良好。

3. 在课堂上，有两个小朋友总是说话，你说过这两个人之后，他们还是继续说。作为幼儿园教师，你该怎么办？

【解析】 幼儿时期是幼儿性格、行为养成的重要阶段，而幼儿出现不遵守课堂纪律的行为，既与其自控能力弱有关，又与课程设置不合理有关。所以，我会理性地对待此事，积极地解决问题。

首先，我不会大声地呵斥这两个小朋友，而会运用一些恰当的方法保证课堂秩序和教学进度。其次，我会在课后了解原因，对这两个小朋友进行引导教育。我会仔细分析这两个小朋友上课说话的原因：如果是两个小朋友喜欢交流，我会告诉他们上课说话不但会影响自己的学习，还会影响到其他小朋友；如果是两个小朋友对上课的内容不感兴趣，我会引导他们认识到所学内容的重要性，并听取他们的建议。最后，我会尽量做到因材施教，不断地提升自己的讲课水平，多与小朋友们互动交流，做到寓教于乐。同时，我会密切关注这两个小朋友的课堂表现，对他们的改变及时给予表扬和鼓励。

【评价】 此题主要考查考生组织教育活动的能力。这名考生的思维具有辩证性、层次性，回答问题时不慌不忙，沉着冷静，逻辑清晰。评分为良好。

4. 在玩游戏的时候，一个小朋友不遵守游戏规则，表现得很消极。作为幼儿园教师，你该怎么办？

【解析】 首先，我会思考这个小朋友不遵守游戏规则的原因：是游戏规则本身没有被这个小朋友认同和理解，是这个小朋友对游戏本身不感兴趣，还是这个小朋友缺乏秩序意识。其次，我会根据实际情况，有针对性地解决问题。

如果是游戏规则的问题，我会尽量让幼儿和我共同制定游戏规则；如果是幼儿的认知能力不足，对秩序没有明确的概念，那么，我会耐心讲解，并请已经知晓游戏规则的幼儿进行演示，帮助其理解；如果是幼儿为了获得幼儿园教师的关注而故意不遵守规则，我同样会耐心指导，并且通过榜样激励的方式，激起幼儿竞争的欲望，从而引导其遵守游戏规则；如果是游戏缺乏新颖性和挑战性，幼儿对游戏不感兴趣，我会对游戏进行调整，例如，改变任务的引导语，分解游戏完成的步骤，调整游戏的难度，以适应幼儿的能力水平。

总之，我不会责怪、打骂孩子，而会在游戏过程中积极评价，鼓励幼儿参与，通过赏识教育的方式营造良好的游戏氛围，从而引导和帮助幼儿学会遵守游戏规则。

【评价】 此题主要考查考生组织游戏活动的能力。这名考生从多个角度分析了幼儿不遵守游戏规则的原因，并有针对性地提出了解决策略，层层递进，逻辑清晰。同时，这名考生在回答此类问题时还注意落实幼儿参与的教学原则。评分为良好。

5. 在表演故事《小兔乖乖》时，你的班级里没有一个小朋友愿意扮演大灰狼的角色，并称“大灰狼是大坏蛋”。作为幼儿园教师，你该怎么办？

【解析】 作为幼儿园教师，面对小朋友在表演游戏中不愿意扮演大灰狼的角色，从而导致故事表演无法顺利进行时，首先，我会理解幼儿，而不会去批评、责怪幼儿。其次，我会了解、分析幼儿不愿意扮演大灰狼的角色原因。再次，我会适当地介入，自己先扮演大灰狼的角色，参与到幼儿的故事表演活动中，让幼儿体会到大灰狼这个角色的重要性，让幼儿懂得每个角色在故事表演活动中十分重要的道理。最后，我还会及时退出游戏，鼓励幼儿扮演大灰狼的角色，并适当地对愿意扮演大灰狼的角色的幼儿进行奖励。

【评价】 此题主要考查考生组织故事表演活动的能力。这名考生的回答逻辑清晰，心中有幼儿。评分为良好。

6. 幼儿园每天都安排了午睡时间，但有些幼儿不愿意睡觉。作为幼儿园值班教师，你该怎么做？

【解析】 幼儿午睡不仅能保证其精力充沛地完成下午的活动，还能增强其免疫力。那么，幼儿为何不愿意午睡呢？幼儿园教师应该分析其不愿意午睡的原因。我想，幼儿不愿意午睡主要有以下四点原因：一是幼儿不适应幼儿园的环境；二是幼儿园寝室布置不合理，光线不柔和或者有过多装饰品分散幼儿的注意力；三是个别幼儿精力旺盛；四是幼儿在家庭中没有午睡的习惯。

作为幼儿园值班教师，首先，我会为幼儿营造舒适的午睡氛围，诸如关灯、放催眠曲。其次，我会根据每个幼儿的具体情况进行个别处理。例如，我可以安排因精力旺盛而入睡困难的幼儿在不影响其他幼儿休息的前提下，做一些有利于放松的活动。最后，我还会与家长沟通，争取家长的配合，保证幼儿在家和在幼儿园作息时间一致，培养幼儿健康的午睡习惯。

【评价】 此题主要考查考生对幼儿一日生活的组织能力。这位考生从午睡的意义、幼儿不愿意午睡的原因、改善策略三个方面对这个问题进行了分析，条理清晰，尊重幼儿，注重家园合作，展现出其科学的教育理念和保教能力。评分为良好。

7. 园长让你组织一次春游活动。作为幼儿园教师，你该怎么办？

【解析】 园长让我组织一次春游活动，我会欣然应允，并争取组织好这次活动。

在春游活动开展前，首先，我会和幼儿、同事一起商讨，确定春游的时间、地点，制订好活动方案，并提前到春游地点实地考察。其次，我会利用通知、家园联系栏、电话、微信等形式与家长沟通，和家长一起为春游做好准备。最后，我还会尽量调动幼儿参与春游的积极性，和他们一起做一些力所能及的准备工作，对他们进行一些安全教育。在春游活动进行时，我会和同事一起组织好各项活动，制订突发事件应急预案，保证幼儿在活动中既安全又有收获。在春游活动结束后，我会和幼儿一起进行活动总结，分享春游中的所见、所闻、所感，帮助幼儿梳理知识经验,抓住教育契机,针对幼儿在春游活动中出现的问题进行有针对性的教育,为以后的活动奠定基础。春游是户外活动,在保证安全的前提下,幼儿会在春游中有很多的收获。作为幼儿园的教师,应当组织好这样的活动。

【评价】 此题主要考查考生的组织协调能力。这名考生从春游前、春游中、春游后三个阶段对春游活动的计划和组织进行了详细的阐述,条例清晰,同时注重让幼儿参与春游活动的计划和组织的全过程,尊重了幼儿的主体性。评分为良好。

8. 你正在上课,发现有个幼儿尿裤子了。作为幼儿园教师,你该怎么办?

【解析】 幼儿上课尿裤子,这是十分常见的现象。所以,我会耐心对待,在保证教学正常进行的同时,维护好幼儿的自尊心。

首先,我会请保育员或者其他幼儿园教师及时将该名幼儿带到休息室或卫生间,帮助其换好备用的干净衣裤,避免其受凉。在此期间,我会通过提问、集体游戏等方式,吸引其他幼儿的注意力,从而减少其他幼儿对该名幼儿尿裤子的关注程度,适当保护该名幼儿的隐私与自尊心。其次,我会安慰该名幼儿,主动与其沟通,叮嘱其以后想上厕所时,要及时举手告诉幼儿园教师,并快速地去卫生间。最后,我还会及时与该名幼儿的家长取得联系,向家长说明情况,建议家长多观察自己的孩子,并调整其排尿次数和时间,以保证其健康成长。

【评价】 幼儿年龄小,身心都尚未发育成熟,自理能力较差,因此幼儿园教育具有保教结合的特点。此题中出现的幼儿在幼儿园尿裤子的现象在生活中屡见不鲜。此题主要考查考生在遇到这类突发性问题时随机应变的能力。这名考生在处理这件事时有条不紊,还能注意到照顾幼儿的自尊心,注重家园合作,帮助幼儿解决问题。这说明该考生既具备一定的教育教学理论知识,又具备良好的思维品质和应变能力。评分为良好。

9. 有一只昆虫飞入教室,小朋友的注意力都被它吸引了。作为幼儿园教师,你该怎么办?

【解析】 幼儿的好奇心强,注意力容易被活动的、鲜艳的、新奇的事物吸引。所以,当教室里飞入一只昆虫时,小朋友关注昆虫是很正常的现象。面对这种情况,首先,我会判断这是什么昆虫,是否会对幼儿造成伤害,并会在保护好幼儿安全的前提下,用恰当的方式对幼儿进行引导。如果大多数幼儿对昆虫都很感兴趣,而且昆虫无毒、无害,我可以暂时停止目前进行的活动,抓住这个教育契机,和幼儿一起观察、研究昆虫,说不定可以生成关于昆虫的新课题。其次,针对目前进行的活动内容,我会在其他时间寻找机会补上。如果小朋友只是暂时分心,或者是昆虫有毒,可能会伤害到他们,我会先请配班教师立刻打开窗户,悄悄地将昆虫赶出教室;然后用生动的故事、有趣的讲解、扣人心弦的提问再将小朋友的注意力重新转移到目前进行的活动中来。总之,切忌因为幼儿的注意力分散而批评、责骂幼儿。

【评价】 此题主要考查考生遇到突发性问题时的教育机智。这名考生在遇到突发性问题时,冷静细致,能够在保证幼儿安全的前提下做到不慌不乱。同时,这名考生回答问题时条理清晰,富有层次,不仅了解幼儿心理发展的特点,而且能秉承生成性的课程理念。评分为良好。

10. 你的班上有一个小朋友在户外活动时不慎摔倒，造成右脚扭伤。作为幼儿园教师，你该怎么办？

【解析】 作为幼儿园教师，面对这种情况，我会以幼儿安全为第一要务，并冷静地处理问题。首先，我会立即停止当前的户外活动，查看幼儿的伤情，同时请配班教师组织好其他未受伤幼儿的活动，并维持好秩序。其次，我会立即联系保健医生，对受伤的小朋友进行紧急救治，同时向园长汇报，并联系幼儿的家长，告知其幼儿的伤情。如果幼儿的伤情较轻，并未骨折，可以请保健医生立即进行冷敷处理；如果幼儿的伤情严重，有骨折的倾向，可以立即用夹板将其骨折的部位固定，第一时间将幼儿送往医院救治。再次，待幼儿的伤情稳定后，我会真诚地向家长道歉，说明事情发生的经过，不隐瞒，不推脱，争取获得家长的理解。最后，我会加强幼儿的安全教育，增强幼儿的自我保护能力和安全意识，对园内的安全隐患定期进行排查，避免类似情况再次发生。

【评价】 安全是第一要务。在户外活动中，由于幼儿活动范围扩大，运动量增大，此时恰好是幼儿园教师需要付出更多的责任心，并保障幼儿安全的时候。在户外活动组织的过程中，可能会有幼儿不慎受伤，因此此题主要考查考生是否具备一定的急救知识，在遇到突发性问题时能否做到冷静、恰当地处理问题。这名考生的回答冷静细致、条理清晰。评分为良好。

二、答题要点

组织管理题主要考查的是，考生对于幼儿园各类活动是否具备组织协调能力，是否掌握科学的组织方法。此类考题对于还未参加工作的在校考生而言有一定的难度，因此在校师范生应加大在幼儿园实践的力度，提高幼儿园实践的质量，以弥补自身活动组织经验不足的缺陷。

组织管理题的出题范围涉及幼儿园一日活动的方方面面，主要包括这些方面：教学活动（诸如“仿真题与解析”第1—3题）、游戏活动（诸如“仿真题与解析”第4题）、故事表演活动（诸如“仿真题与解析第5题”）、生活活动（诸如“仿真题与解析”第6题）如何组织，节庆活动、运动会、户外远足（诸如“仿真题与解析”第7题）如何组织。考生在回答此类考题时，须沉着冷静，从多角度分析问题产生的原因，有针对性地提出解决方案。

此外，组织管理类考题中还会考查考生在一些突发情境中的教育机智，即考查考生在遇到突发性问题时随机应变的能力（诸如“仿真题与解析”第8—10题）。此类试题的答题思路大致如下：

1. 考生要想办法稳定现场状况，避免问题继续恶化。

2. 在处理问题时，考生要分清轻重缓急，切不可着急慌乱。

3. 考生要针对问题出现的先后顺序，分别阐述自己的应对措施，在处理时要注意尊重幼儿，不可体罚、打骂幼儿，注意从多角度、多层次寻找解决问题的方法。

4. 在问题处理完毕后，考生要进行自我反省，并分析原因，以避免类似问题再次出现。

考生在答题时，一定要不慌不忙，条理清晰地阐述自己的观点，展现出自身思维的逻辑性和严密性。如果考生在答题时能运用一些新课程的理念，更容易得到考官的认可。由于每位教师的教学风格、个性不同，不同的教师在处理同一件事情时所采用的方法也会有差异，因此考生在答题时，不必关注自己的观点、方法是否与别人一致，只要做到言之有理即可。

总之，教师的组织协调能力、教育机智不是一朝一夕就能够具备的，它需要丰富的教育教学实践和扎实的理论基础作为铺垫。此类考题应当引起各位考生的关注，希望各位考生在平时的工作和学习中争做有心人，多思考、多总结，不断丰富自身的教育教学经验，提高自身的组织协调能力。

第六节　政策与法规

一、仿真题与解析

1．教育部颁布了《指南》，林老师马上按照《指南》上的指标给幼儿测评。作为幼儿园教师，你怎么看？

【解析】　林老师的这种行为是不合理的。《指南》的颁布是为了指导幼儿园和家庭实施科学的保育和教育，促进幼儿身心全面和谐的发展，其本质是导向性、引领性的。也就是说，《指南》是通过指引幼儿学习与发展的方向来表达教育的要求，防止不正确的教育将幼儿的学习与发展带入歧途，而不是针对某个幼儿的具体发展水平进行测评。而且，幼儿的发展水平存在个体差异，年龄越小，差异越明显。因此，我们应当以《指南》为引领，根据每个幼儿不同的特点和发展需求对其进行教育和引导，而不是将《指南》当作一个具体的测量指标，机械地对幼儿进行测评。

【评价】　这名考生对《指南》颁布的背景和意义有合理的认知，回答问题思路清晰。评分为良好。

2．教育部颁布的《指南》中提倡："既要准确把握幼儿发展的阶段性特征，又要充分尊重幼儿发展连续性进程上的个别差异……切忌用一把'尺子'衡量所有幼儿。"作为幼儿园教师，你认为这对幼儿教育有何启示？

【解析】　《指南》中的这段话是很有道理的，体现出了对幼儿发展个体差异的尊重。幼儿的发展既有连续性，又有阶段性，且存在个体差异。一般来说，幼儿年龄越小，差异越明显，即便是同一年龄段的幼儿，在身心发展的水平上也会出现有高有低的现象。同时，幼儿的发展是全面的、复杂的、整体性的，每一个幼儿都是独一无二的。因此，教师不能用一把"尺子"衡量所有幼儿，而要针对不同幼儿的特点和需求进行教育。

在日常工作中，幼儿园教师要多观察幼儿，多与家长沟通，全面、深入地了解每一个幼儿的成长历程、发展水平、个性特点。教师要根据每一个幼儿的发展水平和个性特点进行引导和教育，同时要用发展的眼光关注幼儿，挖掘幼儿发展的潜力，帮助每一个幼儿获得全面的发展。

【评价】《指南》中提出“切忌用一把‘尺子’衡量所有幼儿”，体现出了对幼儿个体差异的尊重。这名考生准确地把握了这一要求的意义，对《指南》的内容和思想有所了解，思路清晰。评分为良好。

3. 按照《专业标准》的要求，幼儿园教育要以“幼儿为本”。作为幼儿园教师，你怎么看？

【解析】作为身处价值观日益多元化社会中的教育工作者，不能没有正确理念的引领。《专业标准》提出的“幼儿为本”“师德为先”“能力为重”“终身学习”的基本理念，反映出新时期幼儿园教师专业发展的丰富内涵。《专业标准》对“幼儿为本”理念的表述为：尊重幼儿权益，以幼儿为主体，充分调动和发挥幼儿的主动性；遵循幼儿身心发展特点和保教活动规律，提供适合的教育，保障幼儿快乐健康成长。“幼儿为本”是“以人为本”的科学发展观在幼儿园教育的具体体现，是每一位幼儿园教师应秉承的核心理念。具体来说，每一位幼儿园教师在幼儿园的工作中，都应尽力做到珍惜幼儿生命，尊重幼儿价值，了解幼儿特点，满足幼儿需要，维护幼儿权利，以促进每一个幼儿活泼快乐、健康全面地发展。这样才能将“幼儿为本”的理念落到实处。

【评价】本题主要考查考生对《专业标准》的认识和理解。“幼儿为本”是《专业标准》的核心理念，这名考生对这一理念理解正确，阐述条理清晰，对《专业标准》的内容和要求十分熟悉。评分为良好。

4. 公办幼儿园园长开办私园，调公办幼儿园教师去私园帮忙。作为幼儿园教师，你怎么看？

【解析】我觉得公办幼儿园园长这么做是不合适的。公办幼儿园园长开办私园，无法全心全意地为幼儿园的发展服务，为教职工服务，违背了《规程》第三十九条中幼儿园教职工应当贯彻国家教育方针，具有良好品德，热爱教育事业……忠于职责，身心健康的要求。同时，公办幼儿园园长调公办幼儿园教师去私园帮忙，更是假公济私的表现。

【评价】这名考生对《规程》的内容十分熟悉，能运用《规程》中的要求分析具体的问题，且判断准确、思路清晰。评分为良好。

5. 网络上出现一些幼儿园教师暴力对待幼儿的视频或图片。作为幼儿园教师，你对这种现象怎么看？

【解析】网络上出现的一些幼儿园教师暴力对待幼儿的视频或图片，暴露出目前幼儿园确实存在幼儿园教师体罚或变相体罚幼儿的现象，也反映出幼儿园管理机制的不完善。

第一，体罚或变相体罚幼儿是不正确、不道德的行为，违背了学前教育政策与相关法律法规的规定。幼儿园教师的暴力行为不仅不能从根本上解决幼儿的行为问题，还会给幼儿带来身体和心灵的双重伤害，影响幼儿健康人格的形成。所以，这种暴力对待幼儿的行为是违背师德的行为，是万万不可取的。

第二，为什么这些幼儿园教师会做出暴力对待幼儿的行为呢？我认为主要原因有三点：一是这些幼儿园教师本身就没有一颗爱孩子的心，却阴差阳错地成为幼儿园教师，在这些人看来，幼儿园教师只是一份赚取报酬的工作，既不需要有良好的师德，又不需要有耐心，因此一旦遇到问题时，他们便用暴力解决问题；二是幼儿园工作比较辛苦、繁杂，工资待遇也比较低，这些幼儿园教师在生活中可能还有其他的压力，从而导致他们产生负面的情绪，因此一旦负面的情绪没有得到疏导，他们便将怨气和怒气发泄到幼儿身上，暴力对待幼儿；三是幼儿园在师德方面，对幼儿园教师缺乏有效的管理，导致体罚现象屡屡出现。

那么，怎样才能减少暴力对待幼儿事件的发生呢？我认为，首先，政府要加强对幼儿教育的监管力度，形成政府、幼儿园、家庭“三位一体”的幼儿成长保护网，为幼儿的成长营造一个安全、美好的环境。其次，幼儿园要加强幼儿园教师的师德培养工作，树立良好的师风、教风，将师德纳入对幼儿园教师的考评体系之中，并增强管理力度。最后，幼儿园教师要不断提升自身的道德素质，完善自身的个性，学会调控自身的压力，努力成为具有爱心、耐心、责任心、道德心的好教师。

【评价】 这名考生对虐童案有一定的了解，熟悉学前教育政策与相关法律法规，观点合理，思维缜密，能从多角度、多层次进行分析，并提出相应的建议。评分为良好。

6. 对于“红黄蓝”虐童事件，你怎么看？

【解析】 在“红黄蓝”虐童事件中，教师的做法是不正确的，违反了学前教育政策与相关法律法规。这一事件的出现，原因和背景比较复杂，反映出我国学前教育制度和相关法律法规仍不够完善的问题。

第一，幼儿园教师的准入标准过低。在我国幼儿园教师中，具有中专和大专学历的约占80%，幼儿园教师队伍整体的学历不高，甚至还有一些幼儿园聘请的教师并未取得幼儿园教师资格证书。我国对幼儿园教师的要求和培养标准较低，导致一些不合格的幼儿园教师进入幼教行业，无形中增加了虐童事件发生的概率。

第二，政府对学前教育的重视程度不够，加之幼儿园教师的薪资和社会地位较低，高学历、高素质的人员不愿意从事幼教行业。这也是造成幼儿园教师队伍整体素质不高、人员流动性大的主要原因之一。

第三，学前教育政策与相关法律法规没有明确体罚、虐待幼儿应负哪些具体的法律责任，同时政府部门对幼儿园监管力度不够，对幼儿园教师的违法行为处罚力度太轻，起不到震慑作用。这是导致这类事件屡禁不止的原因之一。

我认为，“红黄蓝”虐童事件给我们敲响了一个警钟，相关部门应采取有效措施，努力提高幼儿园教师的职业素养，健全学前教育政策与相关法律法规，逐步减少此类事件的发生。幼儿园教师也应当不断提升自身修养，杜绝此类事件的发生。

【评价】 此题主要考查考生对“红黄蓝”虐童事件的看法。“红黄蓝”虐童事件的产生，原因很复杂：有幼儿园教师职业素养的问题，有幼儿园教师教育观念的问题，也有政府部门监管不力的问题。这名考生熟悉学前教育政策与相关法律法规，思路清晰。评分为良好。

7. 2014年9月9日，习近平总书记同北京师范大学师生代表座谈时，强调广大教师要做“四有”好老师。请你谈谈“四有”包括哪些方面。

【解析】 2014年9月9日，习近平总书记来到北京师范大学，看望教师、学生，观摩课堂教学，并同师生代表进行座谈交流。习近平总书记说，遇到好老师是人生的幸运，一个民族源源不断地涌现出一批又一批好老师则是民族的希望。那么，怎样才能成为好老师呢？在与学生座谈时，习近平总书记提出了好老师应该“有理想信念、有道德情操、有扎实知识、有仁爱之心”，即“四有”。习近平总书记号召广大教师在教学管理实践中、在教育改革发展中锻炼成长，希望全国广大教师把全部精力和满腔真情献给教育事业，在教书育人的工作中不断创造新业绩。

【评价】 此题主要考查考生的政治素养，是否对社会上关于教育的一些大事件、热点问题有所关注。这名考生了解习近平总书记与北京师范大学师生代表座谈的背景和内容，具备一定的政治素养，且回答问题不慌不忙，有条有理。评分为良好。

8. “时代越是向前，知识和人才的重要性就愈发突出，教育的地位和作用就愈发凸显。”请你根据这句话，谈谈对新时代教师的地位和作用的理解。

【解析】 习近平总书记在北京市八一学校考察时发表了重要讲话，他指出：时代越是向前，知识和人才的重要性就愈发突出，教育的地位和作用就愈发凸显。习近平总书记的这句话充分体现了我国“百年大计，教育为本；教育大计，教师为本”的教育方针。教育决定着一个国家和民族的未来。教师承担着传播知识、传播思想、传播真理的历史使命，肩负着塑造灵魂、塑造生命、塑造人的时代重任，是教育发展的第一资源，是国家富强、民族振兴、人民幸福的重要基石。因此，应当把提升教师思想政治素质和职业道德水平摆在首要位置，把社会主义核心价值观贯穿教书育人的全过程，突出全员、全方位、全过程师德养成，让教师真正成为实现中华民族伟大复兴的筑梦人，努力培养出更多、更好地满足党、国家、人民、时代需要的人才。

【评价】 随着社会的发展，教育的地位和作用愈发凸显，国家也越来越重视教育。此题主要考查考生对教育大事件是否关注，是否具备良好的政治素养，是否熟悉我国的教育方针。从答题情况来看，这名考生具备良好的政治素养，熟悉我国的教育方针，对新时代教师的地位和作用的理解正确。评分为良好。

9. 中国共产党第十九次全国代表大会报告强调，发展是解决我国一切问题的基础和关键，发展必须是科学发展，必须坚定不移地贯彻“五大发展理念”。请你说说这“五大发展理念”分别是什么。

【解析】 2015 年 10 月 26 日至 29 日，中国共产党第十八届中央委员会第三次全体会议在北京召开。会议强调，实现“十三五”时期发展目标，破解发展难题，厚植发展优势，必须牢固树立并切实贯彻创新、协调、绿色、开放、共享的发展理念，即“五大发展理念”。中国共产党第十九次全国代表大会报告再次强调，发展是解决我国一切问题的基础和关键，发展必须是科学发展，必须坚定不移地贯彻“五大发展理念”。创新、协调、绿色、开放、共享的发展理念，集中体现了“十三五”乃至更长时期我国的发展思路、发展方向、发展着力点，是管全局、管根本、管长远的导向。

【评价】 此题主要考查考生对党的十九大报告中“五大发展理念”的认识和理解。这名考生对“五大发展理念”提出的背景、意义均有一定了解，展现出良好的政治素养。评分为良好。

10. 习近平总书记在党的十九大报告中指出:经过长期努力,中国特色社会主义进入了新时代,这是我国发展新的历史方位。这个"新的历史方位"指的是什么?

【解析】 习近平总书记指出:经过长期努力,中国特色社会主义进入了新时代,这是我国发展新的历史方位。这意味着近代以来久经磨难的中华民族迎来了从站起来、富起来到强起来的伟大飞跃,迎来了实现中华民族伟大复兴的光明前景;意味着科学社会主义在21世纪的中国焕发出了强大的生机与活力,在世界上高高举起了中国特色社会主义伟大旗帜;意味着中国特色社会主义道路、理论、制度、文化不断发展,拓展了发展中国家走向现代化的途径,给世界上那些既希望加快发展又希望保持自身独立性的国家和民族提供了全新选择,为解决人类问题贡献了中国智慧和中国方案。这个新时代,是承前启后、继往开来、在新的历史条件下继续夺取中国特色社会主义伟大胜利的时代,是决胜全面建成小康社会、进而全面建设社会主义现代化强国的时代,是全国各族人民团结奋斗、不断创造美好生活、逐步实现全体人民共同富裕的时代,是全体中华儿女勠力同心、奋力实现中华民族伟大复兴中国梦的时代,是我国日益走近世界舞台中央、不断为人类做出更大贡献的时代。中国特色社会主义进入新时代,在中华人民共和国发展史上、中华民族发展史上具有重大意义,在世界社会主义发展史上、人类社会发展史上也具有重大意义。我们要紧跟党的步伐,坚定信心、奋发有为,在新的历史方位的引领下,让中国特色社会主义展现出更加强大的生命力。

【评价】 此题主要考查考生对党的十九大报告中"我国发展新的历史方位"的认识和理解。这名考生对我国发展新的历史方位提出的背景、意义理解透彻,并展现出良好的政治素养。评分为良好。

二、答题要点

学前教育政策与相关法律法规既是规范幼儿园保教工作的准绳,也是处理幼儿园意外事故的法律依据。考生应充分了解并掌握学前教育政策与相关法律法规,以保护幼儿的基本权利,促进幼儿健康、活泼、快乐地成长。相关法律法规包括《儿童权利公约》《中华人民共和国未成年人保护法》《中华人民共和国教育法》《幼儿园管理条例》,以及《规程》《纲要》《指南》《专业标准》等。

纵观往年的考题,在学前教育政策与相关法律法规方面,出题范围涉及"教师虐待、责骂、侮辱幼儿""食物中毒""意外伤害""忽视幼儿身心发展规律与特点""不尊重幼儿的个体差异""不合理的保教行为"等。考题一般会列举一个教育现象或观点,让考生阐述自己的看法。针对此类考题,考生须准确判断该教育现象或观点背后反映出的教育理念或行为问题,并思考这一教育现象或观点是否违背了学前教育政策与相关法律法规的理念与要求,违背了哪些理念与要求。基本答题思路可以分为三个步骤:表明态度、阐明观点、简短总结。

理清思路后,考生应尽量做到有条理地阐述自己的观点。此外,需要引起考生注意的是,自2018年起,时事政治也出现在幼儿园教师资格考试面试的考题中。如:党的十九大报告中的相关内容;我国新时期的社会主要矛盾;习近平总书记走访北京师范大学、北京市八一学校时的讲话;等等。因此,对于考生来说,关心国家、关心时事、拥有敏锐的政治觉悟、提升自身的政治素养都是十分必要的。

第三单元 活动试讲（或技能演示）

考核要点

一、心理素质

1. 能较好地调控情绪与情感。（5 分）

2. 开朗、乐观、善良。（5 分）

该项目主要考查考生在组织面向幼儿、家长、同事等活动时，是否具备幼儿园教师应有的、良好的心理素质。

二、仪表仪态

1. 五官端正，行为举止大方，有礼貌。（6 分）

2. 服饰得体，符合幼儿园教师职业特点。（4 分）

该项目主要考查考生仪容仪表是否符合幼儿园教师的行为规范和职业要求，是否能面对幼儿组织活动。

三、交流沟通

1. 有较好的语言表达能力，普通话标准，口齿清楚，表达流畅，语速适当，有感染力。（8 分）

2. 善于倾听、交流，有亲和力。（7 分）

该项目主要考查考生是否具备与幼儿、家长、同事交流沟通的能力，是否具备幼儿园教师应有的精神面貌和积极状态。

四、思维品质

1. 能条理清晰地分析、思考问题。（8 分）

2. 有一定的应变能力，在活动设计与实施、环境创设上表现出一定的新意。（7 分）

该项目主要考查考生是否具有基本的理解、分析问题的能力等思维品质。

五、了解幼儿

1. 有了解幼儿兴趣、需要、已有经验和个体差异的意识。(5分)
2. 能通过观察来了解幼儿。(5分)

该项目主要考查考生对幼儿的了解程度,是否具备以幼儿发展为中心的基本理念,并能够在活动中有所体现。

六、技能技巧

1. 熟悉一些幼儿喜欢的游戏和故事。(10分)
2. 具有弹、唱、画、跳、讲故事、手工制作等基本技能。(10分)

该项目是面试中的核心项目,主要考查考生是否熟练地掌握基本的教育技能。

七、评价与反思

1. 能对教育活动和教育行为进行较为客观的评价。(5分)
2. 能根据评价结果提出改进意见。(5分)

该项目主要考查考生是否具备一定的教育反思和改进能力,在回答考官提问时,是否能关注自身活动试讲(或技能演示)方面存在的问题,并具备调整改进的意识。

评分说明

综合以上七个方面的考核要点,考官根据考生的活动试讲(或技能演示)、现场答题、模拟组织活动等表现综合评分。评分分成“良好”“一般”“较差”三个等次:“良好”等次表现为审题清晰,能够按照题目要求进行活动试讲(或技能演示),现场作答表现、活动组织形式能够体现出对幼儿学习特点的关注,有一定的语言感染力和表现力,有与幼儿交流互动的感觉,心理素质过硬;“一般”等次表现为基本按照题目要求进行活动试讲(或技能演示),现场作答表现、活动组织形式达标,语言流畅,教态自然亲和;“较差”等次表现为审题错误,没有按照题目的要求进行活动试讲(或技能演示),现场作答表现、活动组织形式违背幼儿学习特点及其身心发展规律。

第一节　儿歌弹唱

弹唱技能是幼儿园教师必须具备的技能之一。弹唱技能测试主要考查考生的钢琴弹奏技能和视唱能力。在幼儿园教师资格考试面试中,考生要现场抽取题目,根据题目中的曲谱和歌词进行活动设计。考试流程一般包括抽题、备考、展示。考生先抽取要弹唱的曲谱,一般是简谱没有伴奏；然后进行备考，一般是在备考室中进行备考，考生可以利用钢琴进行弹唱练习；最后进入考室进行展示。

在面试中，考生必须掌握基本的弹唱知识和技能，在此基础上，弹唱出幼儿歌曲，并编配幼儿歌曲伴奏。在活动设计中，要选择幼儿感兴趣的方式进行教学，同时要展现出自身的优势，即钢琴演奏技法娴熟、歌唱声音优美动听、歌唱表情亲切自然，要充分展现出作为未来幼儿园教师的风采。在幼儿园教师资格考试面试中，对于各项技能的考查，弹唱技能是最难的一个。一般来说，考官在给出一首曲目之后，题目要求主要包括七种形式：弹唱歌曲、设置教学情境、做歌曲创编、进行歌表演、为儿歌创编律动、为儿歌设计插图、组织音乐游戏活动。考生应根据具体的题目要求做出合理的教学设计。本单元讲授的是儿歌弹唱的音乐技能部分。

一、仿真题与解析

【仿真题 1】

欢乐的幼儿园

1=C $\frac{2}{4}$

和　平 词曲

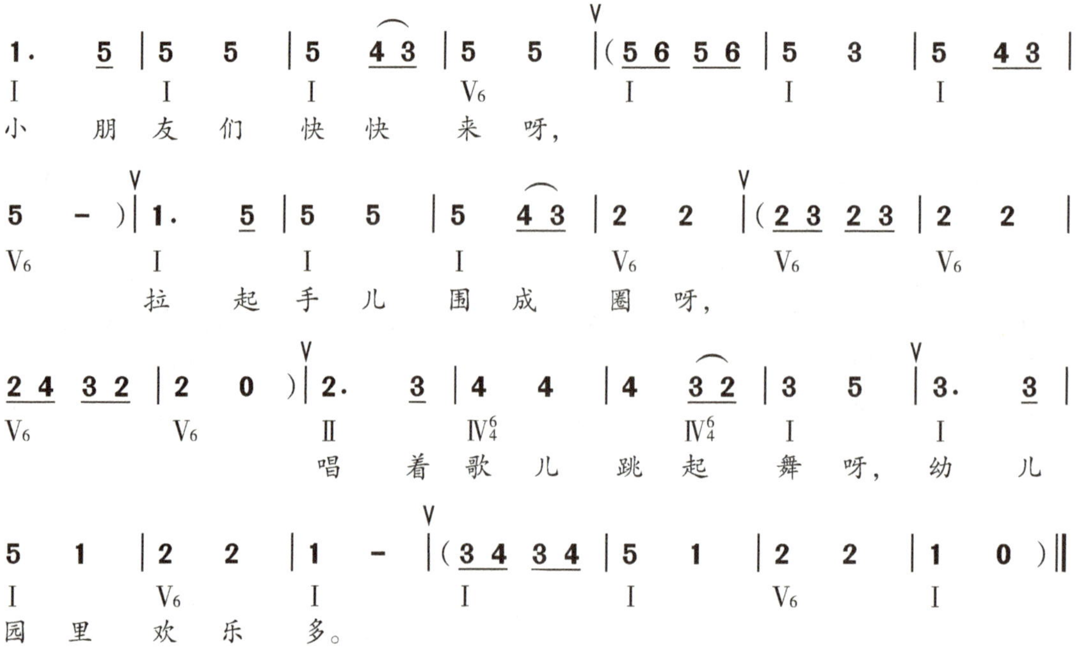

试讲题目

1. 题目：歌唱《欢乐的幼儿园》。

2. 内容：

（1）弹唱歌曲。

(2) 模拟组织幼儿学唱歌曲。

3. 基本要求:

(1) 弹唱歌曲。

① 在指定的调内,有表情地一边弹一边唱,把握旋律的音高。

② 吐字清晰,节奏准确。

(2) 模拟组织幼儿学唱歌曲。

教学基本符合 3—4 岁幼儿的特点,能激发幼儿的兴趣,适合幼儿的能力水平。

(3) 回答问题。

(4) 请在 10 分钟内完成上述任务。

答辩题目

1. 你认为这首歌曲的教学难点在哪里?

2. 你会如何处理这些教学难点?

【解析】

1. 调式调性:C 大调(**1** = C,乐曲结束在 **1** 音上)。

2. 曲式结构:这首歌曲是一段体,共 28 小节,以 4 小节为 1 句,一共可分为 4 句(歌唱句子) + 3 句(间奏与尾声),如《欢乐的幼儿园》曲谱所示,换气记号处为 1 句。其中第 2 句和第 4 句为间奏,第 7 句为尾声。

3. 音域:旋律在六度范围以内。

4. 节奏:$\frac{2}{4}$拍,节奏型包含大附点音符、四分音符、八分音符、二分音符。

5. 风格:这首歌曲属于活泼欢快的幼儿歌曲,速度稍快。结论:结合以上判断,该曲为中班歌曲。左手伴奏音型用半分解音型编配更为合适。

6. 编配公式。

例 1:

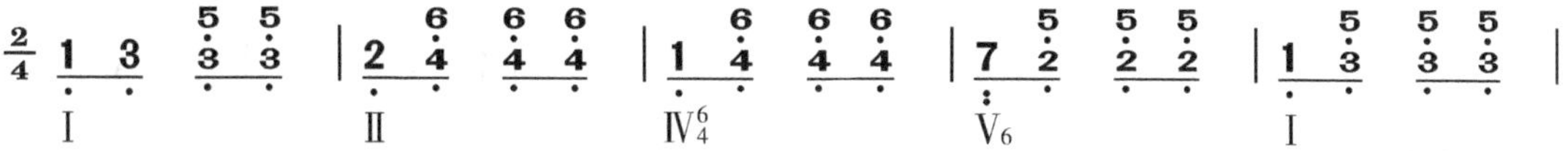

编配级数如例 1 所示。第一小节和乐曲结束的最后一小节都用和弦Ⅰ级(罗马数字Ⅰ)编配,在全曲结束处的倒数第二小节用Ⅴ级,由Ⅴ—Ⅰ级进行完全终止。第 17 小节用Ⅱ级代替原来可以使用的Ⅴ级,因为和声连接中不能反攻能(Ⅴ—Ⅳ级)。Ⅱ级后面继续连接Ⅳ级进行编配。歌曲旋律中遇到 **5** 音,可以编配Ⅰ级,也可以编配Ⅴ级,在这里我们选择了Ⅴ级(第 4、8 小节),因为Ⅴ级这个级数具有终止的特点,在句子末尾用Ⅴ级更有一句话结束的意思。注意全曲最后一拍 **1** 音,左手用柱式和弦结束,弹成 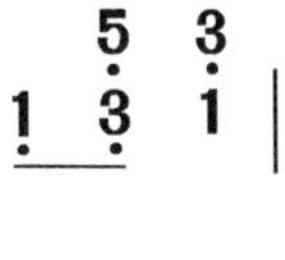 ,前奏可用最后一

句，在弹奏间奏时须更加活泼。左手伴奏用跳音弹奏，触键短促、有力，音与音之间不可牵连。演唱时，咬字清晰，歌词押韵整齐，教师应用亲切欢乐的声音感染幼儿。

【重难点】

1. 试讲的难点在于大附点节奏的把握，着重演唱附点句，可以让幼儿体会哪个音更长一些，哪个音更短一些。

2. 歌曲第1、3、6句中有五度音程大跳，不管是考生范唱，还是教授试讲，都需要注意音高的准确性，此处也是难点之一。

【注意事项】

注意把握试讲时间，开考后3分钟之内一定要把钢琴弹唱展示出来。

【仿真题2】

我们爱你，中国

1=C $\frac{2}{4}$

和　平 词曲

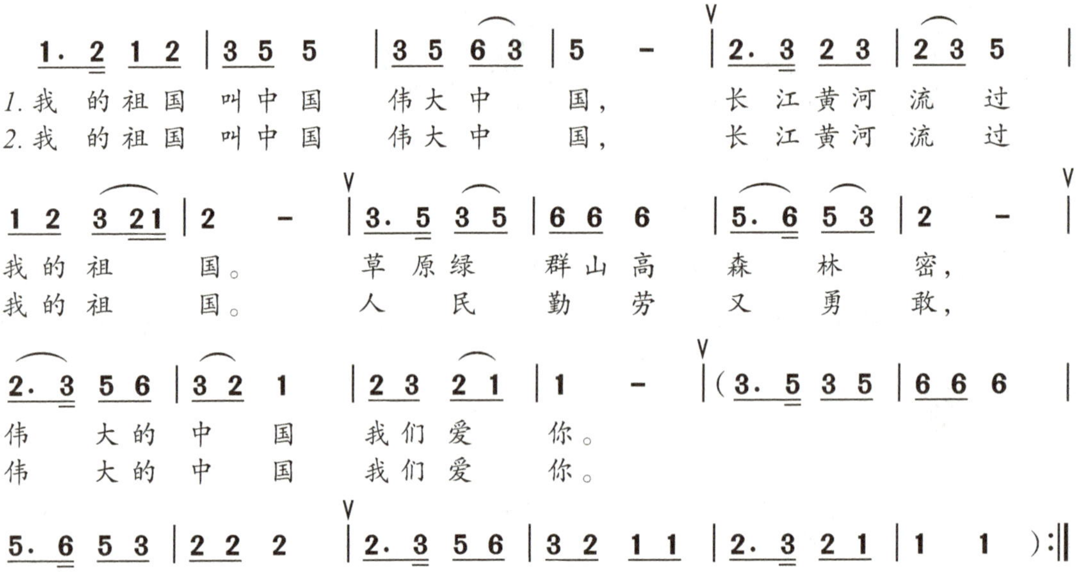

试讲题目

1. 题目：歌曲《我们爱你，中国》。

2. 内容：

（1）弹唱歌曲。

（2）模拟组织幼儿学习歌表演。

3. 基本要求：

（1）弹唱歌曲。

① 完整、流畅地弹奏，节奏准确。

② 有表情地歌唱，吐字清晰，把握准确的音高。

(2) 模拟组织幼儿学习歌表演。

教学基本符合5—6岁幼儿的特点,能激发幼儿的兴趣,适合幼儿的能力水平;表情适宜,表演与歌词内容相符。

(3) 请在10分钟内完成上述任务。

答辩题目

1. 为什么这首歌曲适合5—6岁幼儿学唱?

2. 除歌表演之外,你觉得还可以用哪种教育活动来设计这堂课?

【解析】

1. 调式调性:C大调(**1** = C,乐曲结束在**1**音上)。全曲只有**1**、**2**、**3**、**5**、**6**音,并没有出现**4**音和**7**音,落音在宫音**1**上,所以是五声民族调式的宫调式。像这样的民族调式编配和声级数和大调基本一致,我们为了便于编配,可以把它视作C大调,按照C大调的编配规律进行左手伴奏即可。

2. 曲式结构:这首歌曲是一段体,共24小节,以4小节为1句,一共可分为6句,歌词4句+尾声2句,换气记号处为1句,最后2句是尾声。

3. 音域:旋律在六度范围以内。

4. 节奏:$\frac{2}{4}$拍,节奏型包含附点八分音符、十六分音符、四分音符、八分音符、二分音符。

5. 风格:该曲属于庄严、豪迈地歌颂祖国的幼儿歌曲,速度为中速。结论:结合以上判断,该曲为大班歌曲。左手伴奏音型用低音与柱式和弦结合式音型编配更为合适。

6. 编配公式。(手指不能跨越八度时,可以将每小节第一个八度双音改成单音)

例2:

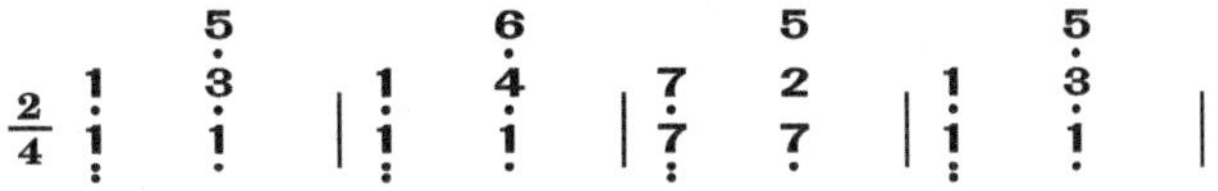

编配级数如例2所示。这首歌曲左手级数参照本节"技能指导"部分的"即兴伴奏钢琴键盘位置"进行编配即可。前奏可用最后一句,左手伴奏用和弦弹奏,和弦下键须整齐,同时手指应下沉至琴键底部。

【重难点】

1. 曲目要求是歌表演,在表演时需要把歌曲豪迈、庄严、壮阔的气势表现出来。

2. 这里涉及附点八分音符节奏的把握,跟大附点节奏相比,它的演唱速度更快。其中,还有十六分音符。在教授的过程中,应重点讲述这个节奏型。

3. 这首曲目应用中速演唱,所以歌唱时气口的把握也十分讲究。大班幼儿的气息长度有限,所以在教授时可以将2小节作为一个气口。

【注意事项】

1. 弹奏时,突出旋律声部,左手要控制好柱式和弦的音量。演唱时,要注重与琴声的协调性。弹唱时,先听到的是歌声,所以歌声一定要大于弹琴的声音,不要被柱式和弦的声音盖掉。

2. 在弹奏这首歌曲时，由于音与音之间离得比较近，可能出现左手和右手“打架”的情况，这时可以去掉右手旋律音，保证左手和弦音。去掉右手旋律音之后，我们可以通过演唱和歌声进行完善。

【仿真题3】

摆 积 木

舒 磊 词
苏 群 曲

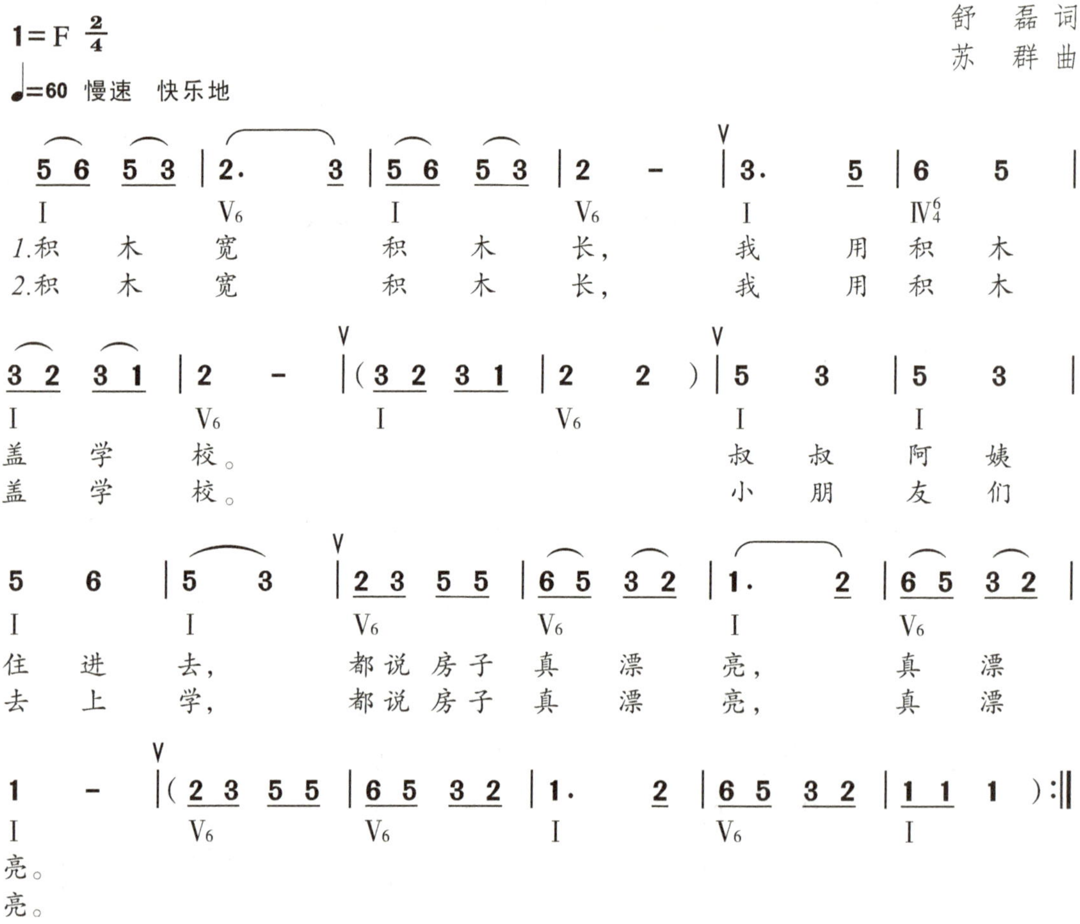

试讲题目

1. 题目：歌曲《摆积木》。

2. 内容：

（1）弹唱歌曲。

（2）模拟面对幼儿教唱歌曲。

3. 基本要求：

（1）弹唱歌曲。

① 完整、流畅地弹奏，节奏准确。

② 有表情地歌唱，吐字清晰，把握准确的音高。

(2) 模拟面对幼儿教唱歌曲。

教唱基本符合4—5岁幼儿的特点,能激发幼儿的兴趣,适合幼儿的能力水平。

(3) 请在10分钟内完成上述任务。

答辩题目

1. 在课堂教学导入时,你会采取哪些方法激发幼儿对歌唱活动的兴趣?

2. 你会采用什么方法帮助幼儿熟记歌词?

【解析】

1. 调式调性:F大调(**1**=F,乐曲结束在**1**音上)。一个降号,降**7**。该曲目旋律音只有**1**、**2**、**3**、**5**、**6**音,落音在宫音**1**上,所以是宫调式。我们为了便于编配,可以把它视作F大调,按照F大调的编配规律进行左手伴奏即可。

2. 曲式结构:这首歌曲是一段体,共24小节,一共可分为6句(4句歌词+1句间奏+1句尾声),换气记号处为1句。

3. 音域:旋律音高在六度范围以内。

4. 节奏:$\frac{2}{4}$拍,节奏型包含大附点音符、四分音符、八分音符、二分音符。

5. 风格:这首歌曲可以归纳为抒情的幼儿歌曲,速度为慢速。结论:结合以上判断,该曲为中班歌曲。左手伴奏用全分解音型编配更为合适。

6. 编配公式。

例3:

$\underline{\underset{\cdot}{4}\ 1\ \underset{\cdot}{6}\ 1}$ | $\underline{\underset{\cdot}{4}\ 2\ {}^{\flat}\underset{\cdot}{7}\ 2}$ | $\underline{3\ 1\ \underset{\cdot}{5}\ 1}$ | $\underline{\underset{\cdot}{4}\ 1\ \underset{\cdot}{6}\ 1}$ |

I　　　　IV^{6}_{4}　　　　V_6

编配级数如例3所示。这首歌曲前奏可用最后一句,结束句的最后一小节弹成柱式和弦 $\underline{\underset{\cdot}{4}\ 1}\ \begin{matrix}1\\ \underset{\cdot}{6}\\ \underset{\cdot}{4}\end{matrix}$ |。

7. 这首歌曲是大调,右手移调参照本节“技能指导”部分的“即兴伴奏钢琴键盘位置”中“移调F大调”图示。

【重难点】

1. 这首歌曲的节奏难点在于大附点节奏(第2、5、17、22小节)的把握,演唱和教授时都应注意时值长短的精确性。在这首歌曲中,大附点节奏对应的歌词是一个字,相对而言简单一些,注意大附点节奏中八分音符的尾音。

2. 演唱时,每句话的结尾都是开口音(长、房、亮),比较容易发声。这些字注意结合发声方法去演唱。但也容易出现咬字不清、字头模糊的情况,所以要重视字头的发音,字头不可咬得太松或太紧。

【注意事项】

1. 弹奏时,应结合自身的情况选择伴奏织体,建议选取琶音和半分解和弦为歌曲伴奏,和声效果应和谐统一，注意变换和声织体形式，避免单一。

2. 在弹奏这首歌曲时，由于音与音的位置离得比较近，可能出现左手和右手“打架”的情况，这时可以去掉右手的旋律音，保证左手的和弦音。去掉右手的旋律音之后，我们可以通过演唱和歌声进行完善。

【仿真题 4】

长　城

1=F $\frac{3}{4}$　　　　和　平 词曲

♩=60 深情地

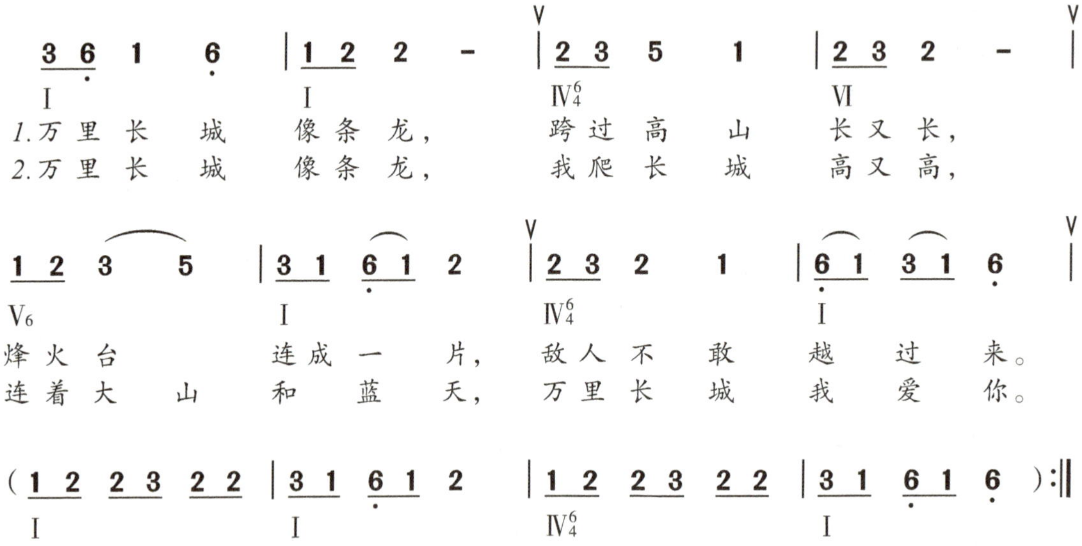

试讲题目

1. 题目：歌曲《长城》。

2. 内容：

(1) 弹唱歌曲。

(2) 模拟面对幼儿教唱歌曲。

3. 基本要求：

(1) 弹唱歌曲。

① 完整、流畅地弹奏，节奏准确。

② 有表情地歌唱，吐字清晰，把握准确的音高。

(2) 模拟面对幼儿唱歌曲。

教唱基本符合 5—6 岁幼儿的特点，能激发幼儿的兴趣，适合幼儿的能力水平。

(3) 请在 10 分钟内完成上述任务。

答辩题目

1. 你认为这首歌曲的调式调性是什么?

2. 在强弱规律上,你认为这首歌曲应当注意哪些问题?

【解析】

1. 调式调性:d 小调(**1** = F,乐曲结束在**6**音上)。一个降号,降**7**。旋律音中只有**6**、**1**、**3**、**5**、**6**音,落音在羽音**6**上,所以为羽调式。羽调式的音阶结构和小调一样,我们也可以把它视作 d 小调,按照 d 小调的和声规律进行左手伴奏即可。

2. 曲式结构:这首歌曲是一段体,共 12 小节,一共可分为 4 句歌词 +1 句尾声,换气记号处为 1 句。

3. 音域:旋律音高在七度范围以内。

4. 节奏:$\frac{3}{4}$拍,节奏型包含四分音符、八分音符、二分音符。

5. 风格:这首歌曲是抒情的幼儿歌曲,速度为慢速。结论:结合以上判断,该曲为大班歌曲。像这一类抒情的,且带有歌颂祖国美好河山的歌曲,左手用柱式和弦编配。

6. 编配公式。(手指不能跨越八度的部分,可以将每小节第一个八度双音改成单音)

例 4:

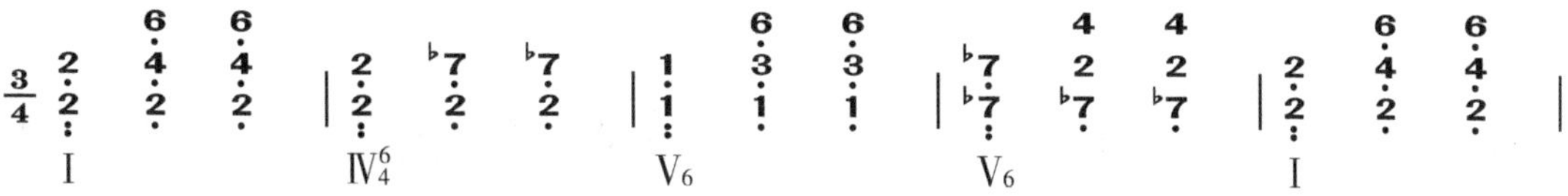

编配级数如例 4 所示。这首歌曲中因倒数第二小节没有出现 V 级的旋律音,所以只能配 Ⅳ 级,最后尾声结束句 Ⅳ—I 级属于变格终止,前奏可用最后一句尾声。弹奏柱式和弦时一定要坚定有力,三个和弦音同时下键。

7. 这首歌曲是小调,右手移调参照本节“技能指导”部分的“即兴伴奏钢琴键盘位置”中“移调 d 小调”图示。

【重难点】

这首歌曲的节奏不难,难点在$\frac{3}{4}$拍的节拍重音,它的节拍强弱规律是“强弱弱”,第一拍强拍一定要表现清楚,和后面两拍区分开来。考生容易犯的错误是将三拍都视为重音,因为弹奏和弦时有三个音,所以考生容易把每小节后面的两拍弹奏得特别响。因此,考生在弹奏这首歌曲每小节时一定要控制好弱拍的力度。

【注意事项】

1. 这首歌曲的难点在于兼顾好左、右手及歌声的音量。弹奏时,突出旋律声部。因为是柱式和弦,所以弹奏时容易将左手弹得过重,最后只听到了左手打拍子的声音,而完全听不到歌曲的旋律,这是大忌。同时,考生在演唱时要注意歌声与琴声的协调,在弹唱时首先听到的是歌声,因此歌声一定要大于琴声。

2. 在弹奏这首歌曲时，由于音与音之间离得比较近，可能出现左手和右手“打架”的情况，这时可以去掉右手的旋律音，保证左手的和弦音。去掉右手的旋律音后，我们可以通过演唱和歌声进行完善。

【仿真题 5】

冬日的阳光

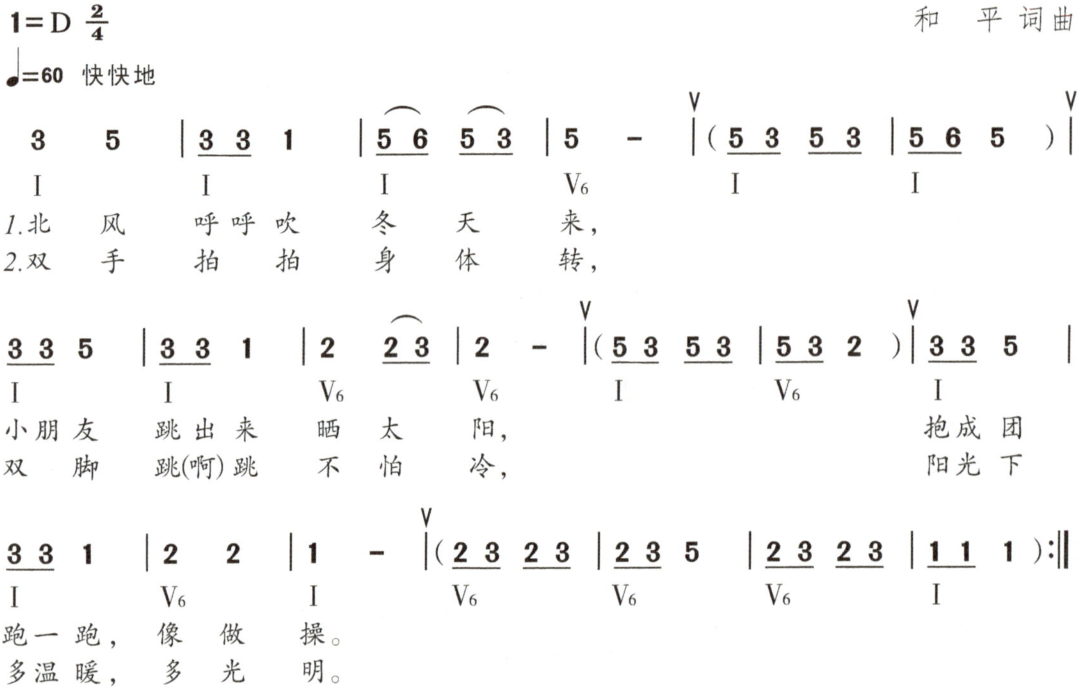

试讲题目

1. 题目：歌曲《冬日的阳光》。

2. 内容：

（1）弹唱歌曲。

（2）模拟面对幼儿教唱歌曲。

3. 基本要求：

（1）弹唱歌曲。

① 完整、流畅地弹奏，节奏准确。

② 有表情地歌唱，吐字清晰，把握准确的音高。

（2）模拟面对幼儿教唱歌曲。

教唱基本符合 3—4 岁幼儿的特点，能激发幼儿的兴趣，适合幼儿的能力水平。

（3）请在 10 分钟内完成上述任务。

答辩题目

1. 这首歌曲中已有间奏和尾声,如果请你增加4小节前奏,你该如何弹奏?

2. 教唱时,你认为这首歌曲应该如何换气?

【解析】

1. 调式调性:D大调(**1**=D,乐曲结束在**1**音上)。两个升号,升**4**和升**1**。

2. 曲式结构:这首歌曲是一段体,共20小节,一共可分为3句歌词+2句间奏+1句尾声,换气记号处为1句。

3. 音域:旋律音高在六度范围以内。

4. 节奏:$\frac{2}{4}$拍。节奏型包含四分音符、八分音符、二分音符。

5. 风格:这首歌曲是欢快活泼、跳跃感强的幼儿歌曲,速度稍快,可用半分解音型编配。结论:结合以上判断,该曲为小班歌曲。

6. 编配公式。(第4、10小节在句子结尾处V级可做一个节奏的变化,丰富和声织体)

例5:

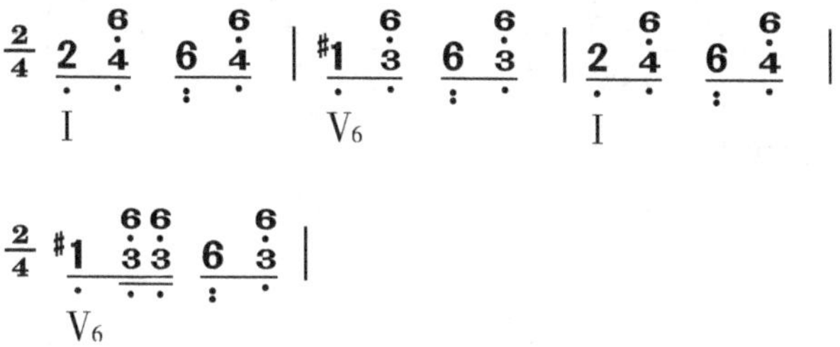

编配级数如例5所示。这首歌曲以最后一句作为前奏,弹奏时,可用跳音的方法展示。此类音型容易犯的错误是,在弹低音键时容易弹到与之相邻的键上。这就要求考生调整好低音与双音之间的键盘距离,提高低音弹奏的准确性。歌曲最后一小节用柱式和弦结束,弹成 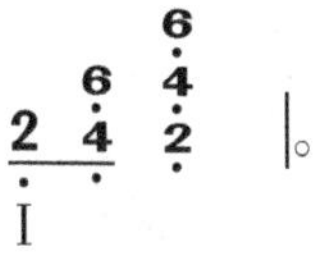。

7. 这首歌曲是大调,右手移调参照本节“技能指导”部分的“即兴伴奏钢琴键盘位置”中“移调D大调”图示。

【重难点】

这首小班歌曲的音域跨度不大,音程关系比较简单,容易上手弹唱。注意有表情地演唱歌曲,吐字清晰,音高准确是重点。

【注意事项】

在弹奏这首歌曲时,考生应结合自身能力选择伴奏织体。建议选取半分解和弦为歌曲伴奏,如果在同一种音型的前提下变化音型节奏,就可避免曲调单一的问题。

二、技能指导

这部分内容,我们将分为“键盘乐理基础知识”“声乐演唱技能”“编配演奏技能”“解题思路”四个部分进行讲解。

（一）键盘乐理基础知识

1. 即兴伴奏钢琴键盘位置。

考题中通常以简谱的形式出现,钢琴键盘上中央 C 的位置是从一架钢琴的最左边开始往右数的第 24 个白键。下图是钢琴键盘与五线谱音高对照图(图 3-1-1)。

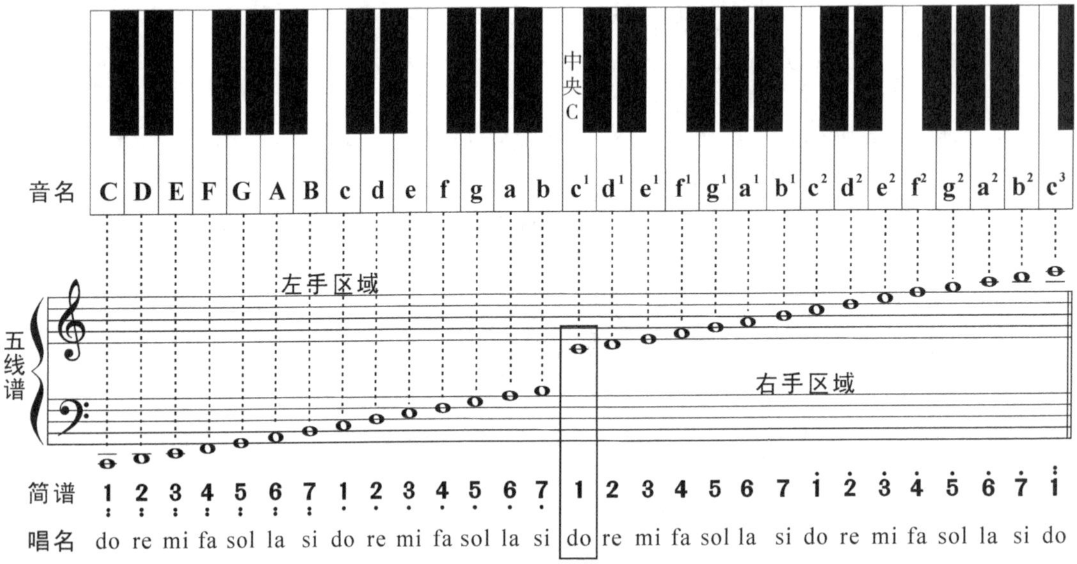

图 3-1-1　钢琴键盘与五线谱音高对照图

2. 五线谱与简谱的音符时值对照表(表 3-1-1)。

表 3-1-1　五线谱与简谱的音符时值对照表

名称	五线谱记谱	时值 (以四分音符为一拍)	简谱记法
全音符	𝅝	四拍	5 – – – (或 5 5 5 5)
二分音符	𝅗𝅥	二拍	5 – (或 5 5)
四分音符	𝅘𝅥	一拍	5

续表

名称	五线谱记谱	时值 （以四分音符为一拍）	简谱记法
八分音符	𝅘𝅥𝅮	半拍（$\frac{1}{2}$拍）	$\underline{5}$
十六分音符	𝅘𝅥𝅯	四分之一拍（$\frac{1}{4}$拍）	$\underline{\underline{5}}$
全休止符	𝄻	四拍	0 0 0 0
二分休止符	𝄼	二拍	0 0
四分休止符	𝄽	一拍	0
八分休止符	𝄾	半拍（$\frac{1}{2}$拍）	$\underline{0}$
十六分休止符	𝄿	四分之一拍（$\frac{1}{4}$拍）	$\underline{\underline{0}}$

3．五线谱与简谱的附点音符时值对照表（表 3-1-2）。

表 3-1-2 五线谱与简谱的附点音符时值对照表

名称	五线谱记谱	时值 （以四分音符分一拍）	简谱记法
附点二分音符	𝅗𝅥.（或𝅗𝅥‿𝅘𝅥）	三拍	5 − −
附点四分音符	𝅘𝅥.（或𝅘𝅥‿𝅘𝅥𝅮）	一拍半（1$\frac{1}{2}$拍）	5 ·（或$\overset{\frown}{5\quad \underline{5}}$）
附点八分音符	𝅘𝅥𝅮.（或𝅘𝅥𝅮‿𝅘𝅥𝅯）	四分之三拍（$\frac{3}{4}$拍）	$\underline{5}$ ·（或$\overset{\frown}{\underline{5}\quad \underline{\underline{5}}}$）
附点二分休止符	𝄼·（或𝄼 𝄽）	三拍	0 0 0
附点四分休止符	𝄽·（或𝄽 𝄾）	一拍半（1$\frac{1}{2}$拍）	0·（或 0 $\underline{0}$）
附点八分休止符	𝄾·（或𝄾 𝄿）	四分之三拍（$\frac{3}{4}$拍）	$\underline{0}$·（或 $\underline{0}$ $\underline{\underline{0}}$）

4. 各时值长短关系对照表(表3-1-3)。

表3-1-3　各时值长短关系对照表

名称	时值长短	名称	时值长短
全音符	1 - - -	全休止符	0 0 0 0
二分音符	1 - 1 -	二分休止符	0 0 0 0
四分音符	1 1 1 1	四分休止符	0 0 0 0
八分音符	1 1 1 1 1 1 1 1	八分休止符	0 0 0 0 0 0 0 0
十六分音符	1111 1111 1111 1111	十六分休止符	0000 0000 0000 0000

5. 节拍与强弱规律(表3-1-4)。

表3-1-4　常用拍子与拍号关系与强弱规律

拍子	二拍子		三拍子		四拍子	六拍子
拍号	$\frac{2}{4}$	$\frac{2}{2}$	$\frac{3}{4}$	$\frac{3}{8}$	$\frac{4}{4}$	$\frac{6}{8}$
读法	二四拍	二二拍	三四拍	三八拍	四四拍	六八拍
含义	以四分音符为一拍，每小节两拍	以二分音符为一拍，每小节两拍	以四分音符为一拍，每小节三拍	以八分音符为一拍，每小节三拍	以四分音符为一拍，每小节四拍	以八分音符为一拍，每小节六拍
强弱规律	2 2 强 弱	2 - 2 - 强 弱	2 2 2 强 弱 弱	2 2 2 强 弱 弱	2 2 2 2 强 弱 次强 弱	2 2 2 强 弱 弱 2 2 2 次强 弱 弱

（二）声乐演唱技能

演唱技能主要包括节奏、音准、音域、呼吸、咬字、情感等方面。这是考官评价考生演唱能力的几个维度。面试时，唱歌不跑调、不跑音、节奏准确，这是合格的标准。如果声音优美、情感表达到位，考生会得到更高的分数。那么，在有限的备考时间内，考生如何才能在考试中展现出考官喜欢听到的声音呢？演唱时，是用美声唱法还是流行唱法呢？唱歌跑调怎么办呢？以下内容旨在解决考生在备考中常见的问题。

1. 演唱在弹唱中的主导作用。

我们要明确儿歌弹唱不是简单意义上的弹奏和演唱的叠加,而是要让“弹”与“唱”有机地结合。其中,声乐演唱在儿歌弹唱中占主导地位,儿歌弹唱中的主体是“唱”而非“弹”,“唱”是展示和表达的焦点,“弹”是衬托。因此,要保证演唱的统一性、整体性,应该有效实现“唱”与“弹”的结合,以唱为主,以弹为辅。只有这样才能切实提升声乐演唱的水平,增强弹唱能力。

2. 音准节奏。

能否精准地把握歌曲的节奏和音高,既是幼儿园教师需要掌握的技能,也是面试时考核的重点。在备考时,考生必须依靠视唱进行训练,不断地对单音及音程进行模唱,直至能熟练背唱出**1**、**2**、**3**、**4**、**5**、**6**、**7**各音的音高位置,以及了解音与音之间的高低关系,以便提高音准;还必须先对2小节常用的典型节奏型做到心中有数,然后扩展到更多小节的组合节奏型,做到张弛有度,以增强节奏感。任何曲目都是由无数个典型节奏型组合而成的,所以当考生在拿到一首陌生的曲目发现有节奏困难时,基本可以判定困难点为此曲某2小节的典型节奏型,我们可以对它进行拆分后处理。只要考生在备考时认真做好视唱训练,不断提高音准、增强节奏感,在面试时就能做到,即便面对陌生的曲目也可以在短时间内准确地演唱出来。关于视唱部分的具体训练内容,考生可参考市场上出售的各类视唱基础教材。

3. 呼吸技巧。

提高演唱技巧的第一步就是确保演唱姿势的正确性。考生在演唱儿童歌曲时,应该坐着唱。正确的坐姿为:上体正直,头部不动,下颚微收,肩部放松,双手自然放在腿上或拿着歌谱,臀部的$\frac{1}{2}$或$\frac{1}{3}$坐于座椅上,腰部要有着力感,双腿略微分开,放于地面,身体微微前倾。

有了正确的坐姿之后,我们还应重视唱歌的呼吸技巧。唱歌时,应先用口和鼻同时轻柔、平稳地吸气;再打开喉咙,可以寻找打哈欠的状态,将口腔内的软腭、硬腭向上隆起,使口腔内有充分的空间;然后将气息吸到横膈膜处,待横膈膜处稍感膨胀时,身体各部位自然协调,不能僵硬;最后呼气,切记均匀地放气,不可一泄无余,这时候可自然地放声歌唱。唱歌时,两肩、颈部、下颌及口腔等身体各部位要绝对松张,利用胸部和腹部的肌肉共同控制气息。这就是唱歌时正确的呼吸方式。

4. 声音状态。

在弹唱环节中,考生能否保持良好的声音状态是取得较好成绩的关键所在。在面试时,弹唱环节主要考核的是考生的范唱水平,而在实际的幼儿园音乐教学活动中,幼儿园教师弹唱歌曲是为了让幼儿模仿。因此,我们的歌声应当具有示范性和教育性双重作用。

由于考官和幼儿都不喜欢未经正确发声训练的嗓音或者撕心裂肺的叫喊声,因而考生应该训练自己的嗓音,使之成为一种有气息支持的、柔和悦耳的声音,这种声音才是优美的声音和正确的弹唱声音。应该如何做呢?具体来说,首先,考生应该把握精准的音高和节奏,发音清晰、准确,咬字、吐字做到“字正腔圆”,这是发出优美声音的前提。其次,在演唱时,考生需要把声音始终放在较高的位置上,声音共鸣的位置要尽量向前靠一些,结合呼吸时腰腹的力量和“向前唱”的感觉来增大音量，扩展音域，美化音色，统一声区。最后，喉头的状态也要一如既往地保持稳定，这样发出的声音才会比较明亮，更容易受到孩子们的喜爱。因此，考生在平时的练习中应该讲究音质，起音自然，发声准确，既不要让嗓子有压迫感，又不要完全规避喉头发出的虚声。只有保持良好的声音状态，才能保证弹唱的质量。

5. 咬字吐字。

声乐理论最讲究的技能之一就是“字正腔圆”。“字正”要求的是发音时“字头”“字腹”“字尾”准确到位和恰到好处，让考官能准确地听出歌唱者所唱的内容。很多没有经过专业训练的考生在这一点上容易犯错误，会按照平常说话的嘴型和方式去唱歌词，甚至连嘴巴也不怎么张开，让考官听不清其具体唱的是什么歌词。为了避免这种现象发生，考生在备考时需要做好以下两个练习：一是夸张地说，即在原有的基础和状态上把每一句歌词都夸张地念出来，在念每一个字时，需要把口腔张得足够大，这就是我们时常说的要把“门”打开，声音才能送出去；二是朗诵歌词，朗诵时，考生要结合歌词中的“节奏重音”“逻辑重音”“情感重音”“句首重音”来进行朗诵，注意倾听或请别人倾听自己的发音是否流畅。

6. 情感表达。

在面试时，考生应根据曲目风格转换演唱的音色与情绪，保证歌曲表达的准确性、形象性和生动性，以此来获得高分。具体来说，考生可以在速度、力度、音色三个方面进行处理。优美、温柔、悲伤的歌曲，多采用较慢的速度、较弱的力度和相对连贯的歌唱方式演绎，诸如《柳树姑娘》《摇篮曲》《小白船》等；活泼欢快、轻松的歌曲，多采用较快的速度、适中的力度和相对跳跃的歌唱方式演绎，诸如《洋娃娃和小熊跳舞》《欢乐的幼儿园》《彩灯》等；坚定有力、朝气蓬勃的歌曲多采用适中的速度、较强的力度和相对连贯的歌唱方式演绎，诸如《国旗多美丽》《长城》《我们爱你，中国》等。

（三）编配演奏技能

儿歌弹唱是学前教育专业音乐课程教学的核心内容，是一门集技术与艺术于一体的专业技能。考生在训练时不但要熟练地掌握歌唱的方法，而且要懂得如何将钢琴运用于音乐活动中为儿歌编配伴奏。在面试中，对于钢琴演奏技能的考核主要考查考生即兴伴奏的能力。钢琴即兴伴奏是钢琴艺术综合能力的反映，它要求伴奏者具有敏捷的思维、比较灵活的手指，以及熟练掌握和声编配的基础理论知识。这也是作为一名幼儿园教师应当具备的基本技能。

1. 基础演奏技能与方式。

考生要想在短时间内将一首陌生的歌曲编配出如行云流水一般的即兴伴奏，需要拥有扎实的钢琴演奏技巧。没有扎实的钢琴演奏技巧，即使考生知道如何编配歌曲，也无法用双手在键盘上表现出来，所以钢琴演奏技巧至关重要。下面我们将对即兴伴奏产生直接影响的坐姿、手型、演奏方法、音型弹奏技巧做细致的讲解。

（1）坐姿。

坐的时候，应坐于琴凳的中央，大约为琴凳宽度的$\frac{1}{3}$处。双手放在琴键上，手臂与肩膀自然垂下,小臂和手腕与键盘平行。弹奏时,身体可稍微向前倾斜,使身体重心前移。

(2) 手型。

大多数人在弹奏钢琴之前都能够按照要求摆放手指,但在面试时不仅要求考生在弹奏前保持正确的手形,还要求考生在弹奏过程中也要用正确的手形来进行演奏,并合理地运用手指的力量。因此,在整个弹奏过程中,考生须将手掌拱起,五指分开,手指自然垂下,指尖触键,整个手呈拱形,手指不能伸得过直,也不能过于弯曲;食指、中指、无名指第一关节须垂直于琴面,大拇指用指尖外侧触键;手背要保持平衡,不能向小拇指方向倾斜。

(3) 演奏方法。

下面我们依据不同的音乐风格谈一谈在即兴伴奏中经常用到的演奏方法。

① 断奏。

主要用于进行曲风格的音乐之中。演奏这一风格的音乐时,需要把音与音之间断开,主要运用手臂起落的技法:大臂主动提起小臂,小臂带动手腕,手指触键。掌握断奏的关键在于手臂力量的均衡及手指第一关节的独立支撑,即依靠手臂的纵向运动及手腕的横向运动产生弹击的力量。

② 连奏。

主要用于庄重、深沉、抒情风格的音乐之中。演奏这一风格的音乐时,需要把音与音之间连接起来,主要运用掌指关节开合,依靠手指的纵向运动,借助指根发力完成。掌握连奏的关键在于要把控好手指离键的时间,后一个音下键的同时需要把前一个键放掉。

③ 跳音。

主要用于欢快、活泼风格的音乐之中。跳音是手腕的纵向运动,掌关节、肘关节保持不动,手指做好准备,用手腕力量撑起手部,并结合手部本身的重量迅速下弹,每当指端刚一触到键面就立刻反弹回空中,用力随即结束。掌握弹音的关键在于要使下弹的速度与跳音的力度成正比,如果想要声音强烈一些,那么下弹的速度要快,反之则慢。

(4) 音型弹奏技巧。

为歌曲进行即兴编配时,左手的伴奏音型有半分解、柱式和弦、全分解、琶音音型四类,每一类音型的左手伴奏弹奏技巧各不相同。

① 半分解、柱式和弦音型。

在半分解、柱式和弦这两类音型伴奏中,我们时常会用到"双音及和弦的弹奏技巧"。在弹奏这类音型时,左手须做好拱形的手形,手腕要放平,保持放松的状态。在弹奏双音或三音和弦时须手指同时下键,指尖微立,不用的手指稍微提起,把手指的重量送到键底,声音要饱满,整个掌关节和手指在弹奏过程中要保持一定的支撑力,不能塌陷。

② 全分解、琶音音型。

在全分解和琶音这两类音型伴奏中,我们时常会用到"连奏及穿跨指弹奏技巧"。在连奏时,要注意后一个音下键与前一个音离键的同时性;在穿跨指时,整个手背保持与琴面平行,且不能翻转。特别是长琶音的演奏,由于音与音之间的距离拉长,因而手指要主动分开,手腕要随着手指转移重心,且转动的幅度不能太大,应提前做好穿跨指的准备。

2. 即兴伴奏。

面试的考题通常是一首幼儿歌曲，简谱上有旋律和歌词，这就需要考生自己编配左手伴奏进行弹唱。即兴伴奏虽是即兴的创造活动，但想要编配出优美和谐的伴奏也是有规律可循的。下面我们来谈一谈公式化的即兴伴奏。

一般而言，公式化的即兴伴奏需要遵循五大步骤：判断调式调性、移调并划分句子、选择和弦级数、选择合适的音型、双手合整曲弹唱。

（1）判断调式调性。

① 分析调式。

调式决定了一首歌曲的风格，也决定了编配和弦的结构和选择。从历年真题来看，面试中常用的调有：C 大调、G 大调、F 大调、D 大调、a 小调、e 小调等（表 3-1-5）。

表 3-1-5　幼儿园教师资格考试面试中常用的调

调	调号
C 大调、a 小调	不升不降
G 大调、e 小调	♯4
F 大调、d 小调	♭7
D 大调、b 小调	♯4、♯1
♭B 大调、g 小调	♭7、♭3

② 找到对应的升降记号。

③ 判断曲目是大调还是小调。

如果是大调，那么全曲的落音在**1**音上；如果是小调，那么全曲的落音在**6**音上。相对来说，大调色彩明亮，小调色彩暗淡。

另外，还要注意五声民族调式，当发现曲谱中只有**1**、**2**、**3**、**5**、**6** 五个音时，基本可以判定该曲为五声民族调式。五声民族调式分为宫、商、角、徵、羽五种调式，幼儿园教师资格考试面试经常遇到的是宫调式和羽调式，因为这两个调式与我们之前所说的传统自然大调、小调的音阶结构是一样的，所以大家在为这些调式的幼儿歌曲编配时，可以按照本单元所讲的大调、小调的和声原则进行编配，左手伴奏和弦与大调、小调的和声使用方法一样，这里不再赘述。

例如，歌曲《我爱我的幼儿园》。

我爱我的幼儿园

1=C $\frac{2}{4}$

佚　名词曲

| 1 2 3 4 | 5 5 5 | 5 5 3 1 | 2 3 2 |
| 1.我 爱 我 的 幼 儿 园， 幼 儿 园 里 朋 友 多，
2.我 爱 我 的 幼 儿 园， 幼 儿 园 里 朋 友 多，

1 2 3 4 | 5 5 5 | 5 5 3 1 | 2 3 1 ||
又 唱 歌 来 又 跳 舞， 大 家 一 起 真 快 乐。
我 们 喜 欢 吃 苹 果， 身 体 健 康 多 快 乐。

【解析】 此曲目1 = C，落音在1音上，属于C大调。

(2) 移调并划分句子。

考生须熟练地用右手将全曲的旋律移到相应的调上，移调具体的操作如下(图3-1-2)：

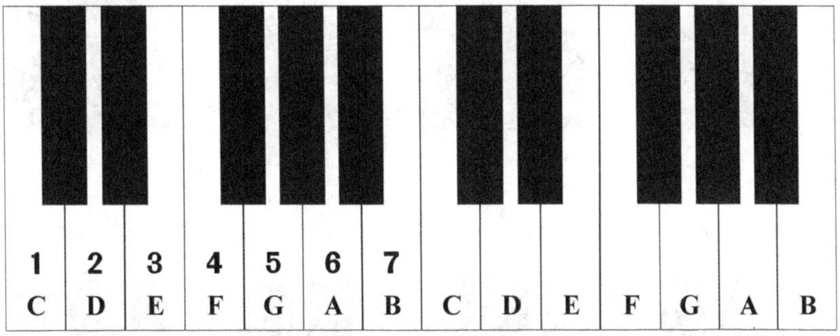

C大调

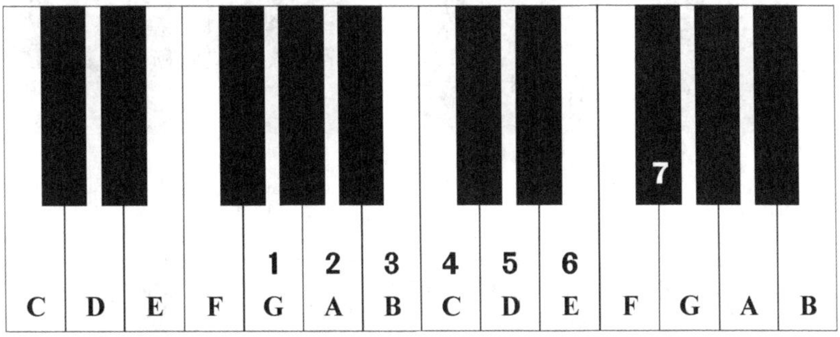

G大调

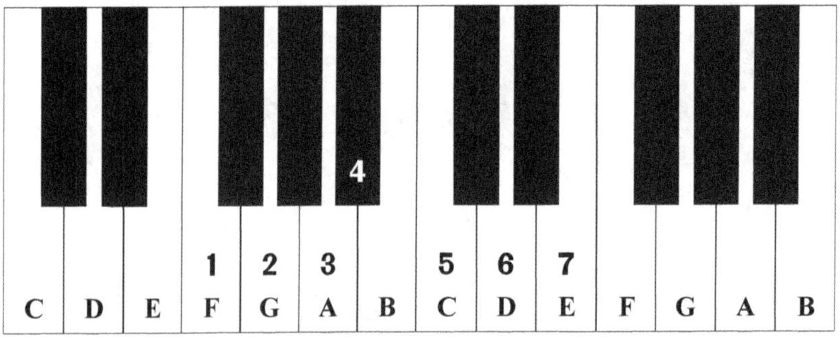

F 大调

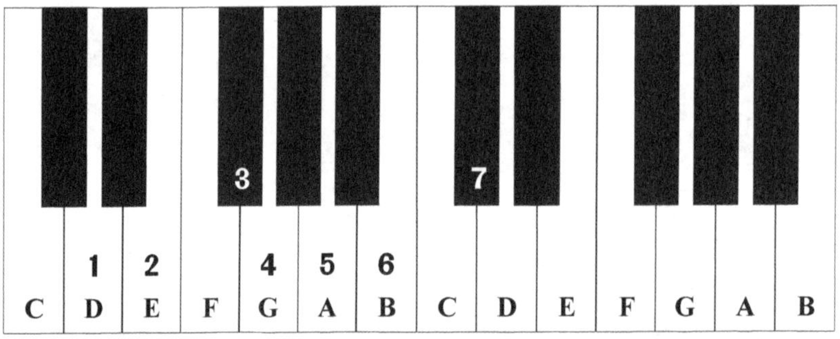

D 大调

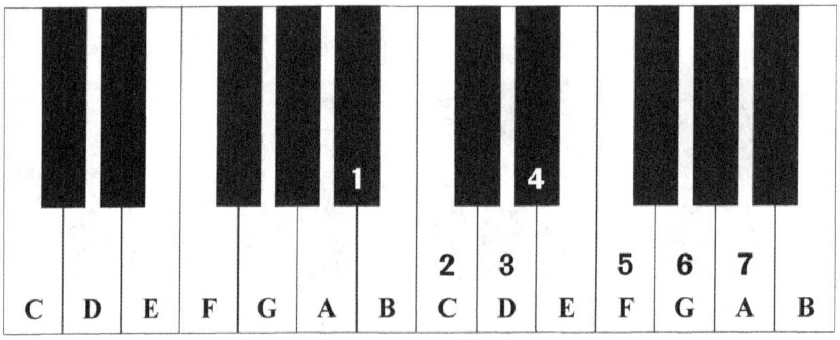

♭B 大调

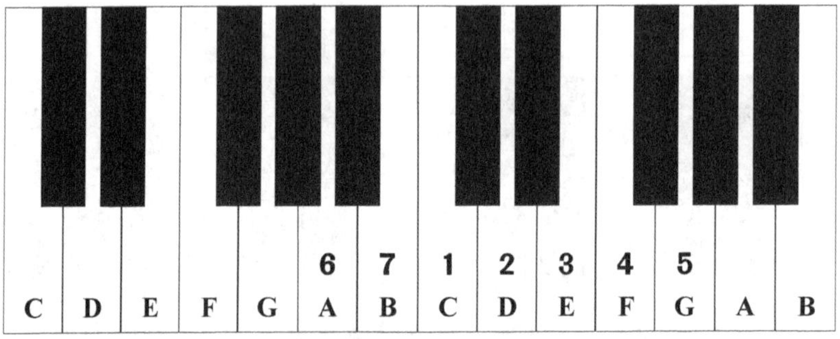

a 小调

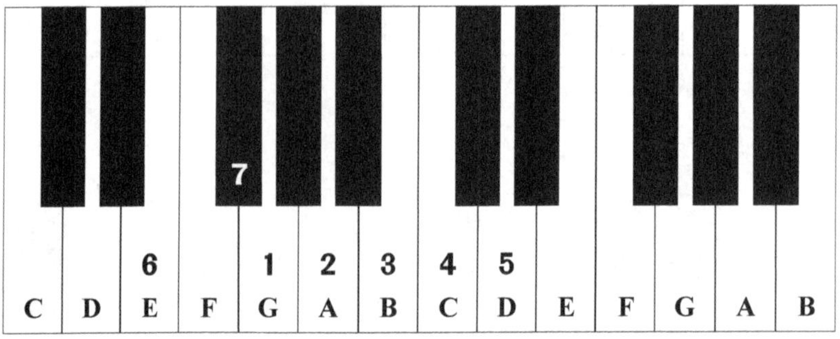

e 小调

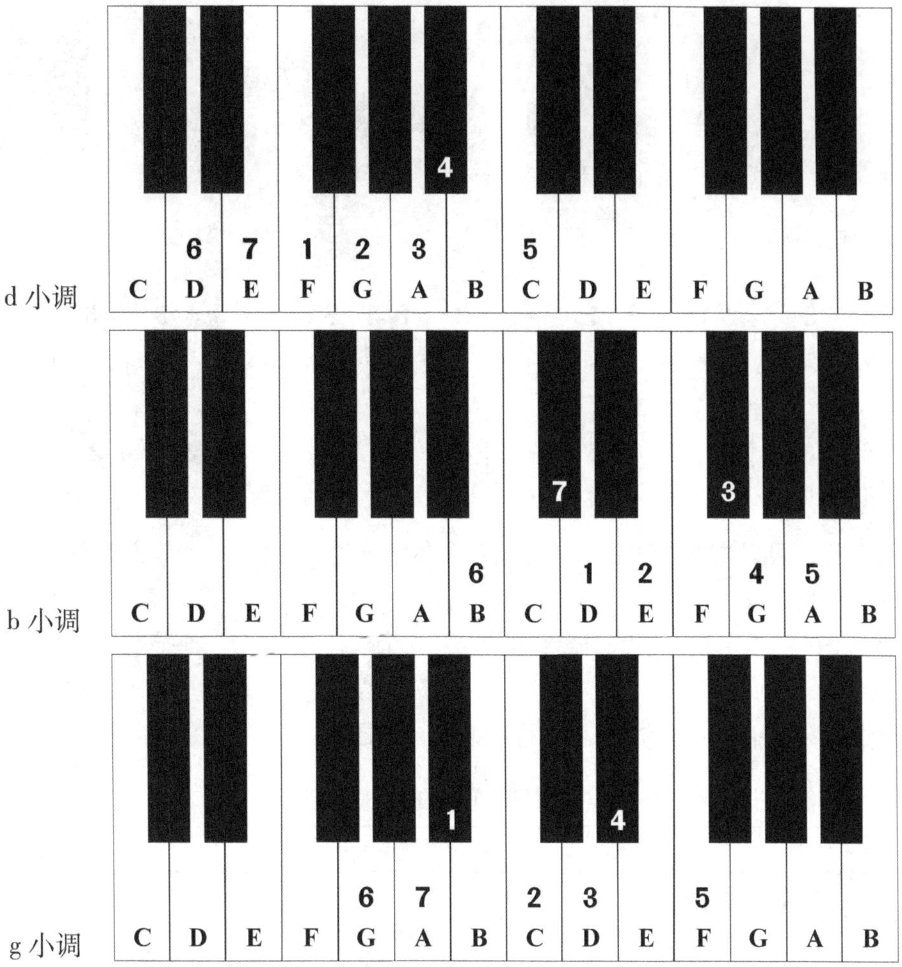

图 3-1-2　移调具体的操作

我们在移调的同时一边唱旋律一边划分句子。划分句子相当于语文学习中的断句,在音乐中也需要给曲目划分段落结构和吸气点。划分句子是否准确直接关系到左手编配和弦的和声进程,也关系到唱歌时的吸气和呼气。我们实际接触到的幼儿歌曲,一般以 2 小节或者 4 小节为 1 句,考试时带歌词的曲目一般为 4 句或者 8 句,基本上是偶数句。我们可以根据旋律的走向或者小节数划分句子,也可以根据中文歌词的逗号和句号来划分句子。

例如,歌曲《蝴蝶》

蝴　　蝶

1=C $\frac{4}{4}$

♩=60 活泼、可爱地

儿童歌曲

【解析】 我们可以根据旋律和歌词把这首歌曲划分为4句，每2小节为1句。

(3) 选择和弦级数。

在编配左手的和弦级数时，我们需要遵循以下几个规律：

① 和弦连接。

在编配时，大多采用每个调的正三和弦进行编配。编配方法具体如下(表3-1-6)：

表3-1-6　C大调与a小调的正三和弦编配表

名称	正三和弦		
C大调	Ⅰ	$Ⅳ_4^6$	$Ⅴ_6$
	5	6	5
	3	4	2
	1	1	$\underset{\cdot}{7}$
a小调	Ⅰ	$Ⅳ_4^6$	$Ⅴ_6$
	3	4	3
	1	2	$\underset{\cdot}{7}$
	$\underset{\cdot}{6}$	$\underset{\cdot}{6}$	$\underset{\cdot}{5}$

我们直接给出转位后的Ⅳ级与Ⅴ级和弦，转位后的和弦按和声连接法连接更方便弹奏，所以使用转位和弦。考生只需按照表上列出的和弦连接直接弹奏即可。各调式的和弦连接如下(表3-1-7)：

表 3-1-7　各调式的和弦连接

各调式	$\mathrm{I}—\mathrm{IV}_4^6—\mathrm{V}_6—\mathrm{I}$
C 大调	5 6 5 5 3 4 2 3 1 1 $\underset{\cdot}{7}$ 1
a 小调	3 4 3 3 1 2 $\underset{\cdot}{7}$ 1 $\underset{\cdot}{6}$ $\underset{\cdot}{6}$ $\underset{\cdot}{5}$ $\underset{\cdot}{6}$
G 大调	2 3 2 2 $\underset{\cdot}{7}$ 1 $\underset{\cdot}{6}$ $\underset{\cdot}{7}$ $\underset{\cdot}{5}$ $\underset{\cdot}{5}$ $^\sharp\underset{\cdot}{4}$ $\underset{\cdot}{5}$
e 小调	7 $\dot{1}$ 7 7 5 6 $^\sharp 4$ 5 3 3 2 3
F 大调	$\dot{1}$ $\dot{2}$ $\dot{1}$ $\dot{1}$ 6 $^\flat 7$ 5 6 4 4 3 4
d 小调	6 $^\flat 7$ 6 6 4 5 3 4 2 2 1 2

续表

各调式	$\text{I}—\text{IV}_4^6—\text{V}_6—\text{I}$
D 大调	6 7 6 6 ♯4 5 3 4 2 2 ♯1 2
b 小调	♯4 5 4 4 2 3 ♯1 2 $\underset{\cdot}{7}$ $\underset{\cdot}{7}$ $\underset{\cdot}{6}$ $\underset{\cdot}{7}$
♭B 大调	4 5 4 4 2 ♭3 1 2 ♭$\underset{\cdot}{7}$ $\underset{\cdot}{7}$ $\underset{\cdot}{6}$ $\underset{\cdot}{7}$
g 小调	2 ♭3 2 2 ♭7 1 6 7 $\underset{\cdot}{5}$ $\underset{\cdot}{5}$ $\underset{\cdot}{4}$ $\underset{\cdot}{5}$

② 开头与结尾。

每首乐曲的第一小节和乐曲结束的最后一小节都用和弦Ⅰ级进行编配，在全曲结束处，即倒数第二小节或倒数第三小节尽可能用Ⅴ级进行编配，每首乐曲结束后，在大多数情况下用Ⅴ—Ⅰ级进行正格完全终止。

③ 和弦音必须包含旋律音。

通俗来说，同一小节内，右手的旋律音必须出现在左手的3个和弦音之内。以C大调为例，如果右手旋律音出现 **1** 音，那么左手就要编配Ⅰ级或者Ⅳ级，因为这两个级数中都有 **1** 音出现；如果右手旋律音出现 **2** 音，那么左手就要编配Ⅴ级，因为只有Ⅴ级中有 **2** 音出现。如果歌曲是a小调，在同一小节内，如果右手旋律音出现 **6** 音，那么左手就要编配Ⅰ级或者Ⅳ级；如果右手旋律出现 **2** 音，那么左手只能编配Ⅳ级。以此类推。

当一小节内含有多个旋律音时该怎么办呢？我们一般将其分为两种情况来解决：第一，

一小节内的几个音可以同时包含在同一个和弦级数内,例如,在C大调中,一小节内含有**1**、**5**两个音,那么我们就要为这一小节编配Ⅰ级,因为Ⅰ级是由**1**、**3**、**5**三个音构成的;在a小调中,如果一小节内含有**3**、**5**、**7**三个音,那么我们就要为这一小节编配Ⅴ级,因为Ⅴ级是由**5**、**7**、**3**三个音构成的。第二,一小节内的所有音不能同时包含在同一级和弦之内,这种情况经常发生,我们应先找到骨干音(时值占有最长、最多的音或强拍音或反复出现的音),然后对这一个骨干音进行编配,编配方法如上所述。

例如,C大调的一小节(图3-1-3、图3-1-4)。

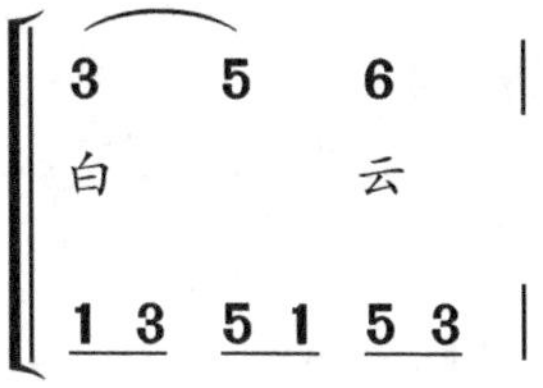

图3-1-3 C大调的一小节(一)

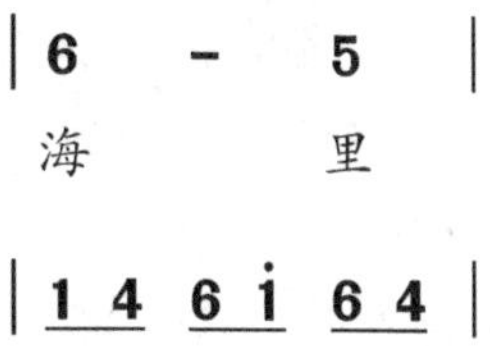

图3-1-4 C大调的一小节(二)

【解析】 图3-1-3为某乐曲C大调的一小节。小节内旋律音出现了**3**、**5**、**6**三个音,左手C大调中没有一个和弦音能同时包含这三个音,所以我们要找到骨干音。我们发现骨干音是**3**音和**5**音,因为这两个音同时含在Ⅰ级和弦音内,并且时值占了整个小节的三分之二,所以在这一小节我们的左手就应该编配Ⅰ级。

【解析】 图3-1-4为某乐曲C大调的一小节。小节内旋律音有**6**和**5**两个音,左手C大调中没有一个和弦音能同时包含这两个音,所以我们要找到骨干音。我们发现骨干音是**6**音,因为**6**音是这一小节的重音,时值也最长,占2拍,所以我们只编配**6**音就可以了。那么,左手哪一级和弦音里包含**6**音呢?我们发现C大调Ⅳ级里包含**6**音,所以在这一小节我们的左手就应该编配Ⅳ级。

④ 和声进程不要反功能。

这里主要指Ⅴ级后面不能直接连接Ⅳ级和弦。具体运用详见本节“仿真题与解析”。

⑤ 乐曲以柱式和弦结束。

每首歌曲结束的最后一个音,不管之前用的是什么音型编配,都需要用柱式和弦结束。具体运用详见本节“仿真题与解析”。

⑥ 左、右手的配合技巧。

如果在弹奏歌曲时,音与音之间离得比较近,从而出现左手和右手“打架”的情况,我们可以去掉右手的旋律音,保留左手的和弦音。去掉右手的旋律音后,我们可以通过演唱和歌声进行完善。

(4) 选择合适的音型。

不同风格的音乐应选用与之相匹配的音型,才能完整地表达出音乐的艺术氛围。幼儿歌曲左手和弦级数的选择范围是比较有限的,且变化不多。在面试中,考生要想获得高分或是拉开与其他考生的差距,就要选择更合适的音型。这是考官评判考生即兴伴奏水平高低的一个重要衡量标准。常用的伴奏音型主要分为三类:柱式和弦、半分解和弦、全分解和弦。

① 柱式和弦。

声音特点:和声音响丰满,气势恢宏,音乐沉稳、坚定。

弹奏方式:和弦下键需整齐,同时手指力量要送到琴键底部。

应用歌曲:适用于雄壮、豪迈的进行曲风格、庄严深沉的革命风格歌曲,诸如《我爱北京天安门》《五星红旗我爱你》《新年好》等。

② 半分解和弦。

声音特点:节奏规整,音响柔和,律动感强。

弹奏方式:跳音。触键短促、有力,音与音之间不可连奏。

应用歌曲:适用于活泼跳跃的轻快风格歌曲,诸如《小毛驴》《健康歌》《抬花轿》。

③ 全分解和弦(包括琶音)。

声音特点:音乐平稳、流畅,音乐线条上下起伏,流动性强。

弹奏方式:连奏。后一个音下键的同时放掉前一个音,音与音之间不可断开或跳跃。

应用歌曲:适用于优美、深情的抒情风格歌曲,诸如《大树妈妈》《我上幼儿园》等。

各类音型的变化形式详见本节“素材库”部分。

(5) 双手合整曲弹唱。

在面试中,考生们容易出现的问题是在弹唱过程中左、右手的动作和歌声的音量难以协调。产生这一问题的原因在于考生难以将各声部的音量进行合理分配,分不清主次。因此,考生一定要注意以下两点:一是在弹奏时突出旋律声部,二是在演唱时要努力让人的声音大于琴音。另外,值得注意的是,考生在弹奏歌曲时一定要固定指法,固定指法是不容易按错键的关键技巧之一。

(四) 解题思路

关于弹唱类的技能考题,无论题目要求有哪些,一定都需要弹唱歌曲。因此,考生在拿到题目后一般要遵循以下四个解题步骤:第一步,要对考题中的曲目进行音乐本体分析,判断出曲目适用于哪一个年龄段;第二步,要对曲目进行合理的编配及弹唱;第三步,要明确歌曲的难点及试讲的重点,结合题目要求设计具体的音乐活动方案;第四步,要全面检查考题是否有需要注意的事项。这部分内容重点讲解第一步、第二步的操作方法。

在面试时,考生拿到一首幼儿歌曲后要先对音乐本身进行分析,一般需要分析曲式结构、音域、节奏、风格类型(速度);然后根据幼儿歌曲的特点,判断出考题中的幼儿歌曲适合哪一个年龄段的幼儿学习(表3-1-8)。

表 3-1-8　不同年龄段幼儿歌曲的特点

年龄班	音域	节奏	节拍	曲式
小班	旋律在六度范围	二分音符、四分音符、八分音符	$\frac{2}{4}$	一段体或一段体的分节歌，2—4 个乐句
中班	旋律在八度范围	附点音符、十六分音符	$\frac{2}{4}$ $\frac{4}{4}$	一段体为主,4—6 个乐句
大班	旋律在十度范围	附点音符、切分节奏	$\frac{2}{4}$ $\frac{4}{4}$ $\frac{3}{4}$	简单的二段体或三段体，8 个(含 8 个)以上乐句

第一,看曲式结构,即歌曲的篇幅长短。随着幼儿年龄的增大,乐句也会逐渐增多。在考试中,考生可以把难度较大、篇幅较长的歌曲按照大班歌唱活动来设计。

第二,看歌曲音域,音域指歌曲最高音和最低音之间的高度差。为了适应幼儿的“最近发展区”,通常歌曲音域要略高于幼儿的实际演唱能力。

第三,分析节拍和节奏,节拍就是曲目一开头标记在歌曲名称下面的数字。如果出现$\frac{3}{4}$拍,基本可以断定是大班幼儿歌曲。除此之外,我们还要分析出歌曲中有无明显或重点节奏型的音符。如果曲谱中出现了简单的附点音符和十六分音符,我们基本可以判定该曲为中班幼儿歌曲,因为附点音符强调了重音,具有跳跃感,这是中班幼儿通过演唱所能表现出来的能力范围,而小班幼儿不具备表现附点音符的能力;如果曲谱中出现了切分音符,我们基本可以断定该曲是大班幼儿歌曲,因为切分音符切分了重音,改变了重音出现的位置,将强弱位置调换,有一定的表现难度。

风格类型决定了演唱、演奏速度和编配和弦的类型,所以对歌曲风格的把握也很重要。我们可以根据歌曲名称、歌词及曲谱中规定的表情术语来进行风格的界定。表情术语在调号和节拍下面一行,一般分为三类:雄壮、豪迈的进行曲风格;优美、深情的抒情风格;活泼跳跃的轻快风格。进行曲风格歌曲及抒情风格歌曲大多使用中速进行演唱,用连奏法进行演奏;活泼跳跃的轻快风格歌曲则需要快速演唱,用断奏及跳音的方法进行演奏。不同的曲风需要用不同的和弦类型进行编配。关于编配的具体方式,我们将在下一节中重点讲解。

总之,在对音乐本体进行分析时,应尽量综合考量。

三、素材库

本部分内容主要包括幼儿园常用的各大调和弦连接、左手伴奏音型合集、幼儿园经典歌曲编配案例。

（一）幼儿园常用的各大调和弦连接(表3-1-9)

表3-1-9　幼儿园常用的各大调和弦连接

各大调式	$I—IV_4^6—V_6—I$
C大调	5　6　5　5 3　4　2　3 1　1　$\underset{\cdot}{7}$　1
G大调	2　3　2　2 $\underset{\cdot}{7}$　1　$\underset{\cdot}{6}$　$\underset{\cdot}{7}$ $\underset{\cdot}{5}$　$\underset{\cdot}{5}$　$^{\#}\underset{\cdot}{4}$　$\underset{\cdot}{5}$
D大调	6　7　6　6 $^{\#}4$　5　3　4 2　2　$^{\#}1$　2
A大调	3　$^{\#}4$　3　3 $^{\#}1$　2　$\underset{\cdot}{7}$　$^{\#}1$ $\underset{\cdot}{6}$　$\underset{\cdot}{6}$　$^{\#}\underset{\cdot}{5}$　$\underset{\cdot}{6}$
E大调	7　$^{\#}\dot{1}$　7　7 $^{\#}5$　6　$^{\#}4$　$^{\#}5$ 3　3　$^{\#}2$　3

续表

各大调式	I—Ⅳ$_4^6$—V$_6$—I
F 大调	$\dot{1}$ $\dot{2}$ $\dot{1}$ $\dot{1}$ 6 $^\flat 7$ 5 6 4 4 3 4
$^\flat$B 大调	4 5 4 4 2 $^\flat 3$ 1 2 $^\flat\underset{\cdot}{7}$ $\underset{\cdot}{7}$ $\underset{\cdot}{6}$ $\underset{\cdot}{7}$
$^\flat$E 大调	$^\flat 7$ $\dot{1}$ $^\flat 7$ $^\flat 7$ 5 $^\flat 6$ 4 5 $^\flat 3$ $^\flat 3$ 2 $^\flat 3$
$^\flat$A 大调	$^\flat 3$ 4 $^\flat 3$ $^\flat 3$ 1 $^\flat 2$ $^\flat\underset{\cdot}{7}$ 1 $^\flat\underset{\cdot}{6}$ $^\flat\underset{\cdot}{6}$ $\underset{\cdot}{5}$ $^\flat\underset{\cdot}{6}$

（二）左手伴奏音型合集

1. 柱式和弦音型(图 3-1-5)。

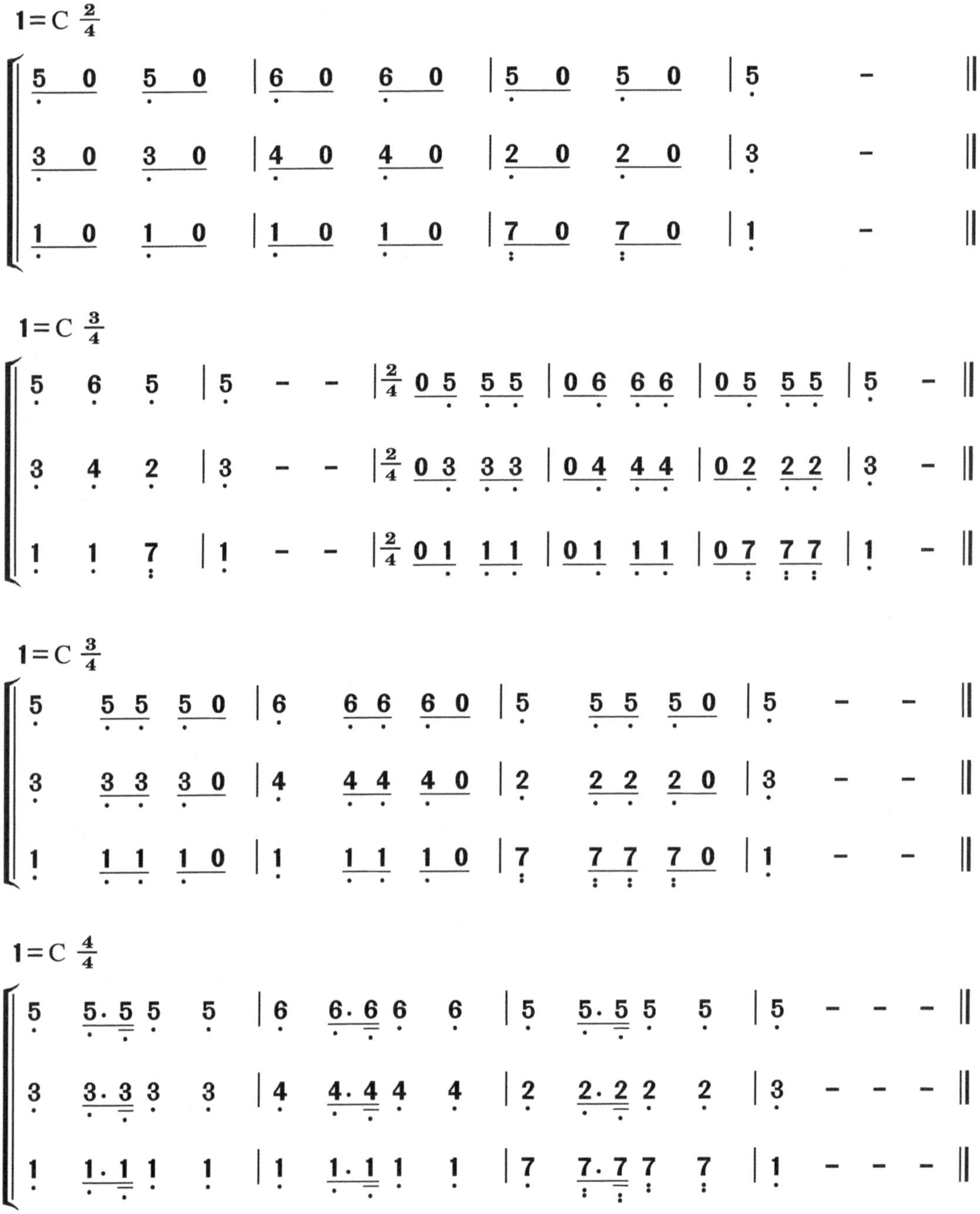

图 3-1-5　柱式和弦音型

2. 半分解和弦音型(图3-1-6)。

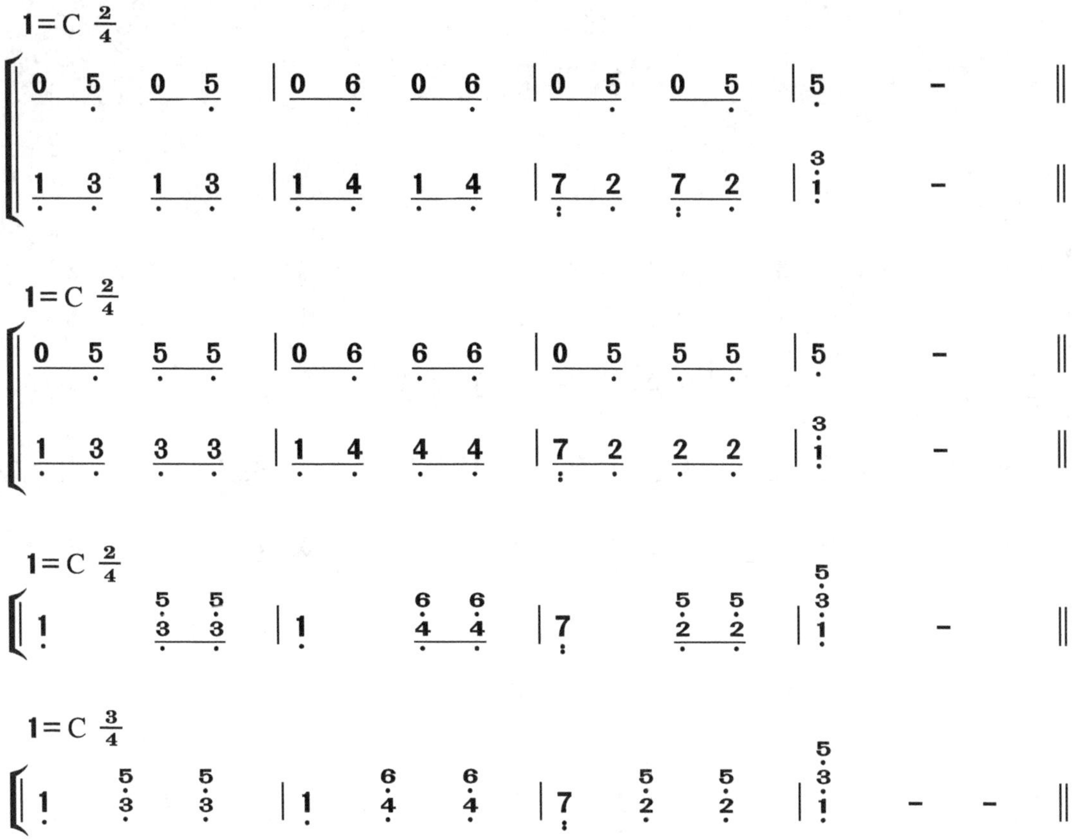

图3-1-6　半分解和弦音型

3. 全分解和弦音型(图3-1-7)。

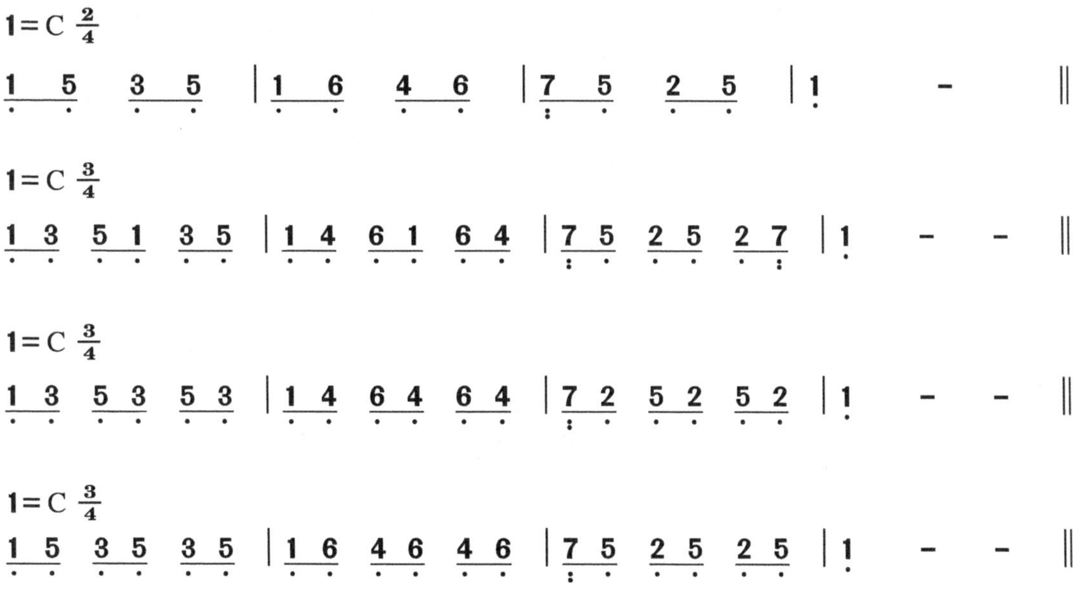

图3-1-7　全分解和弦音型

（三）幼儿园经典歌曲编配案例

小火车轰隆隆

柯　岩　词
方　叶　曲

1=C $\frac{2}{4}$

活泼地

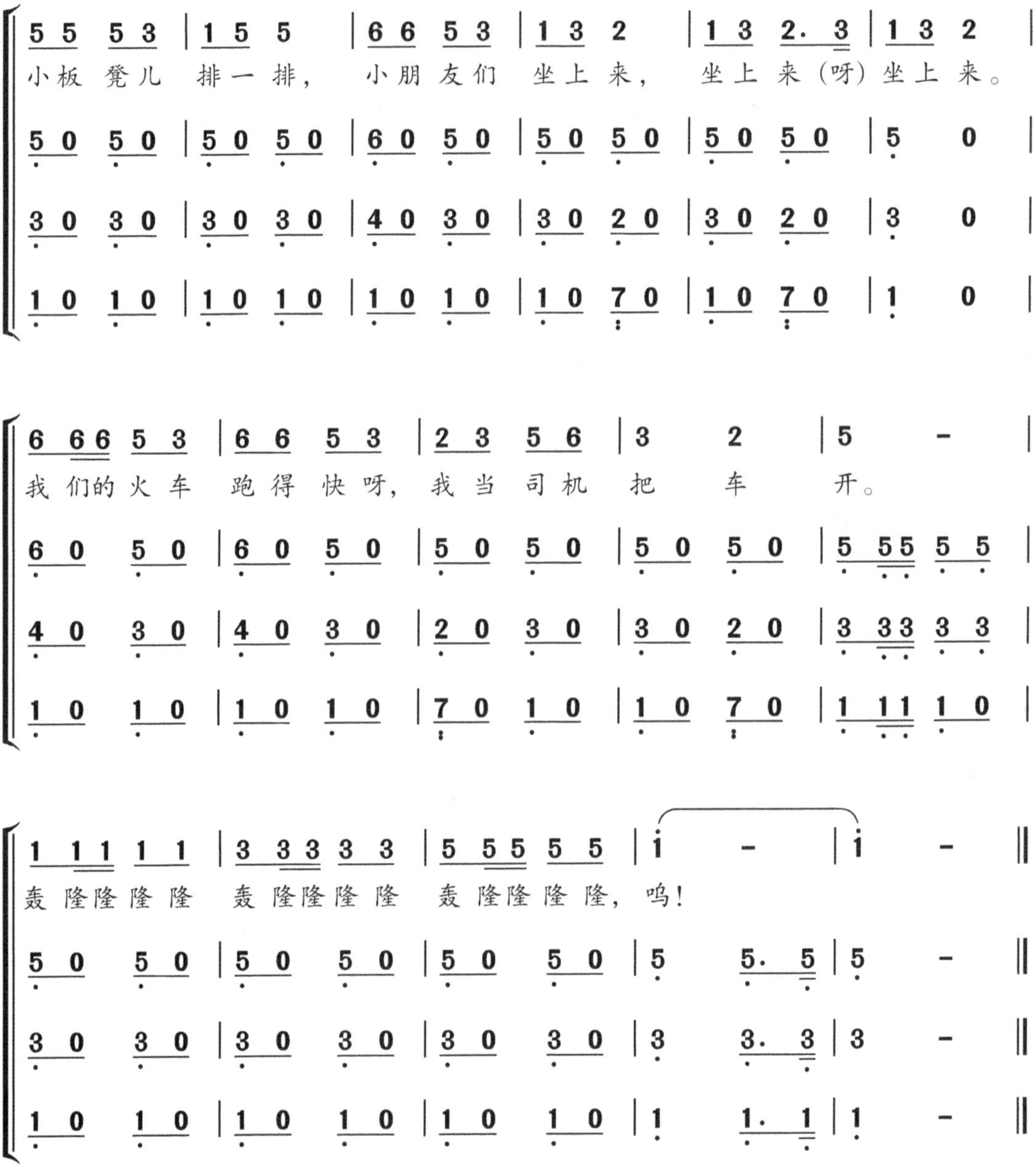

如果感到幸福你就拍拍手

1=G $\frac{4}{4}$

日本儿歌

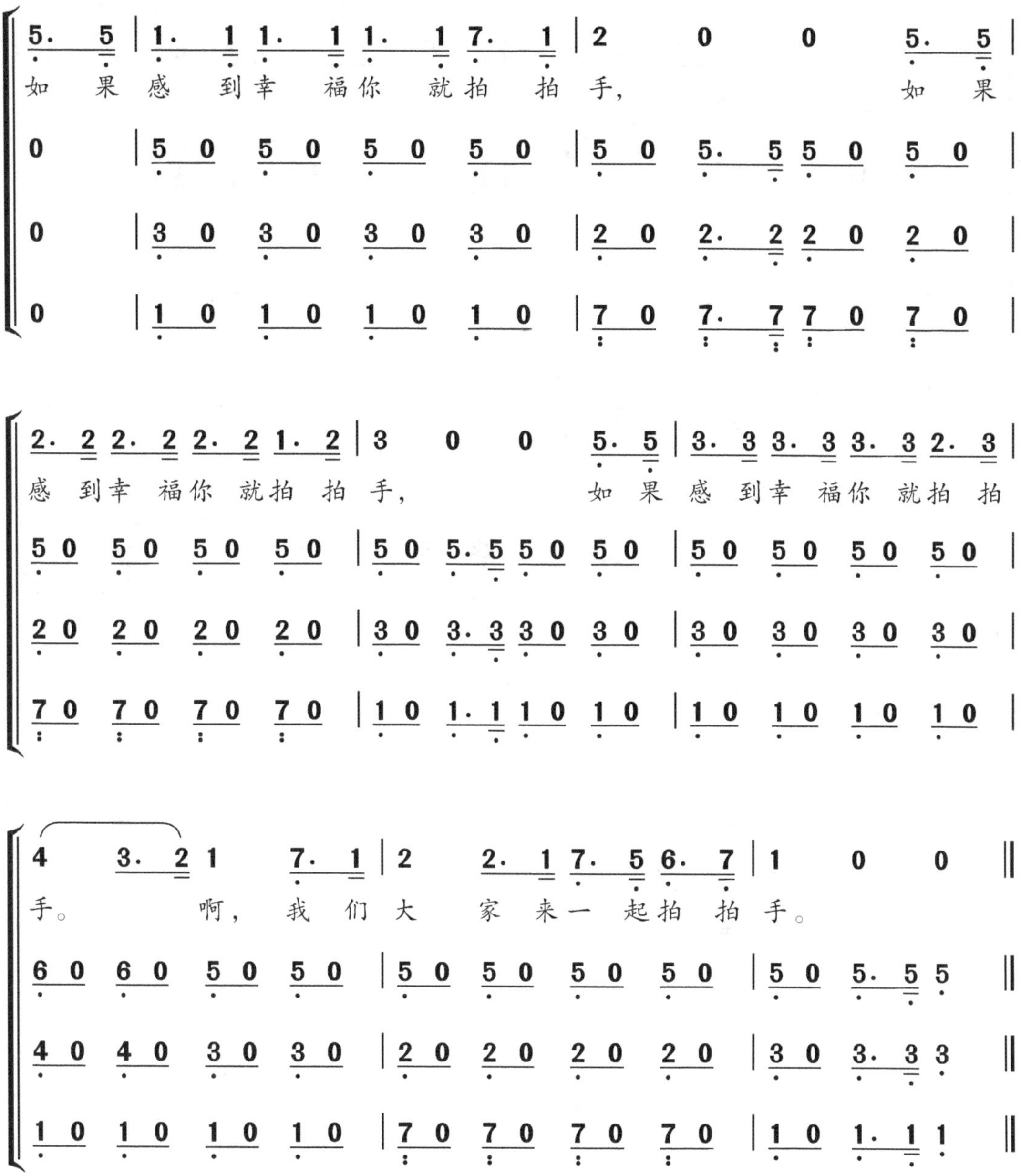

我爱我的幼儿园

1=C $\frac{2}{4}$

稍快 中速

佚　名词曲

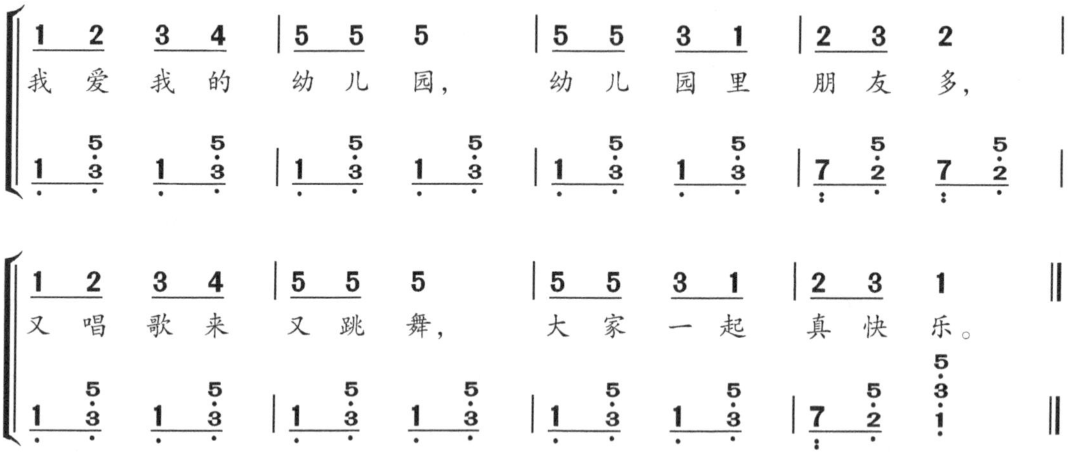

两只老虎

1=F $\frac{4}{4}$

法国民歌

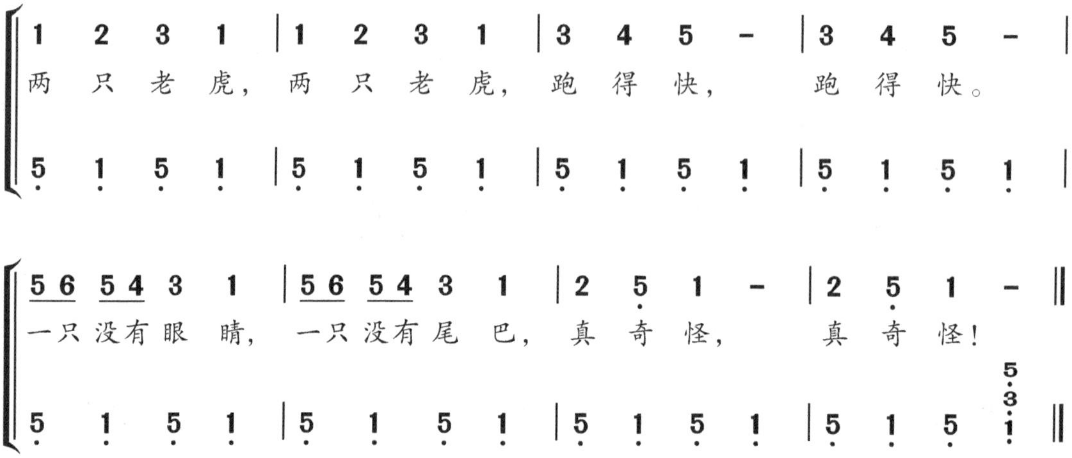

娃哈哈

新疆儿歌
石夫记谱、编词

1=F $\frac{2}{4}$

活泼地

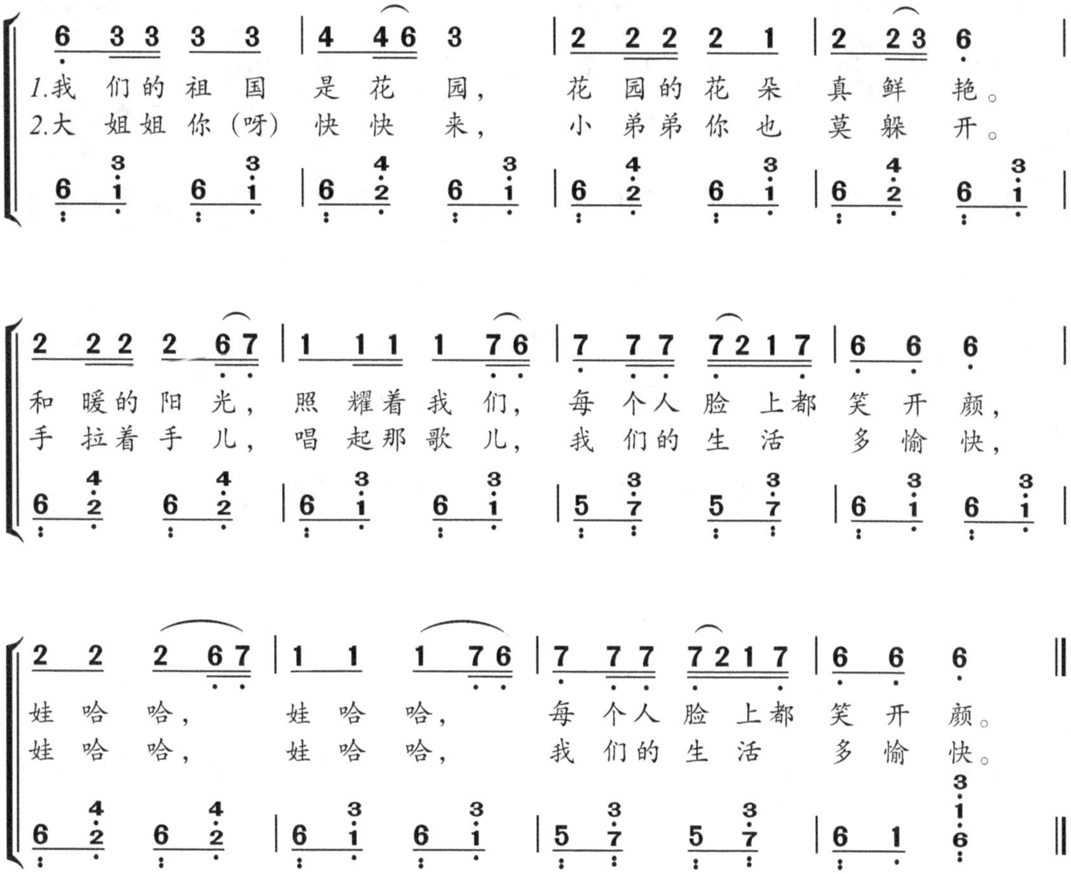

欢乐颂

[德]弗里德里希·冯·席勒 词
[德]路德维希·贝多芬 曲
邓映易 译配

1=C $\frac{4}{4}$

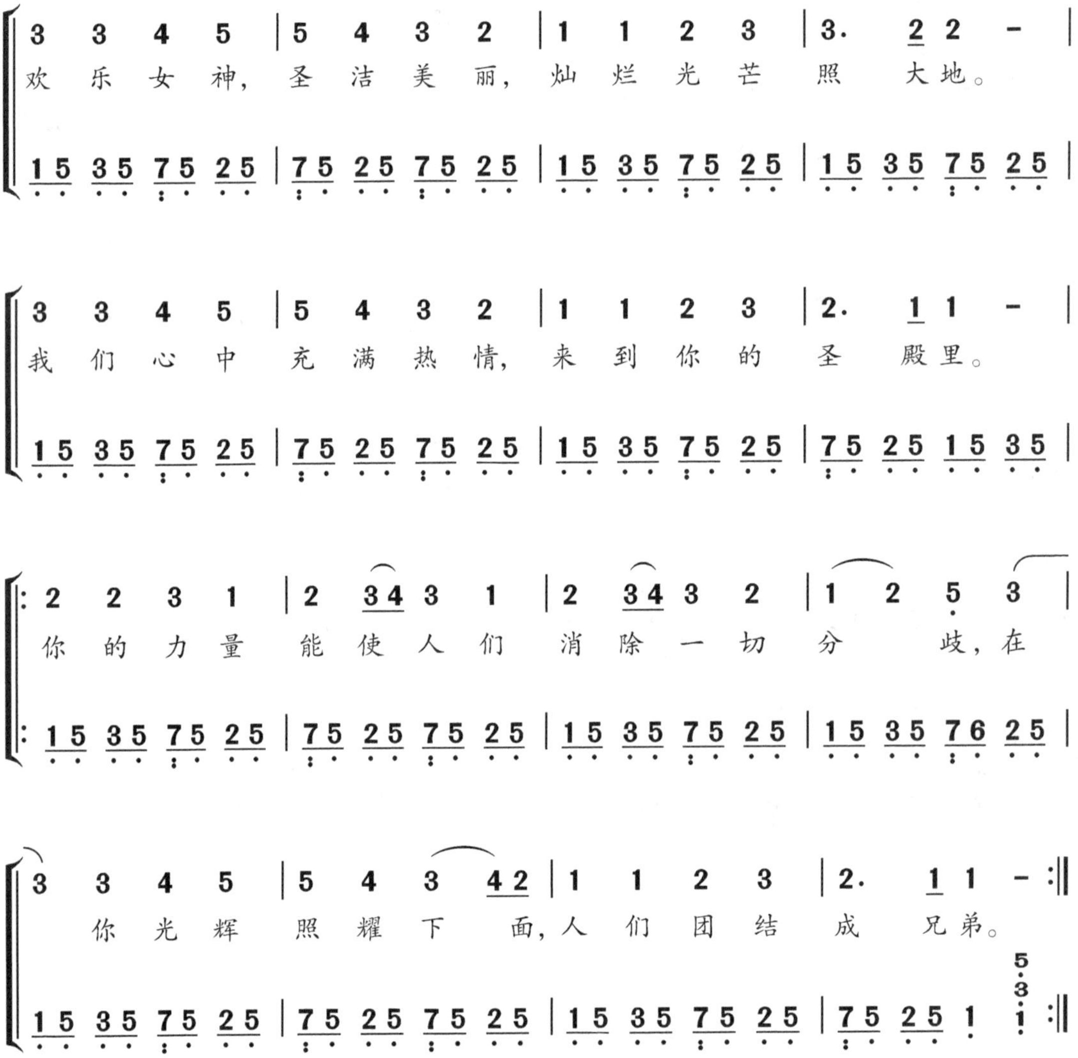

小 星 星

法国民歌

[英]珍·泰勒
[英]安·泰勒 词

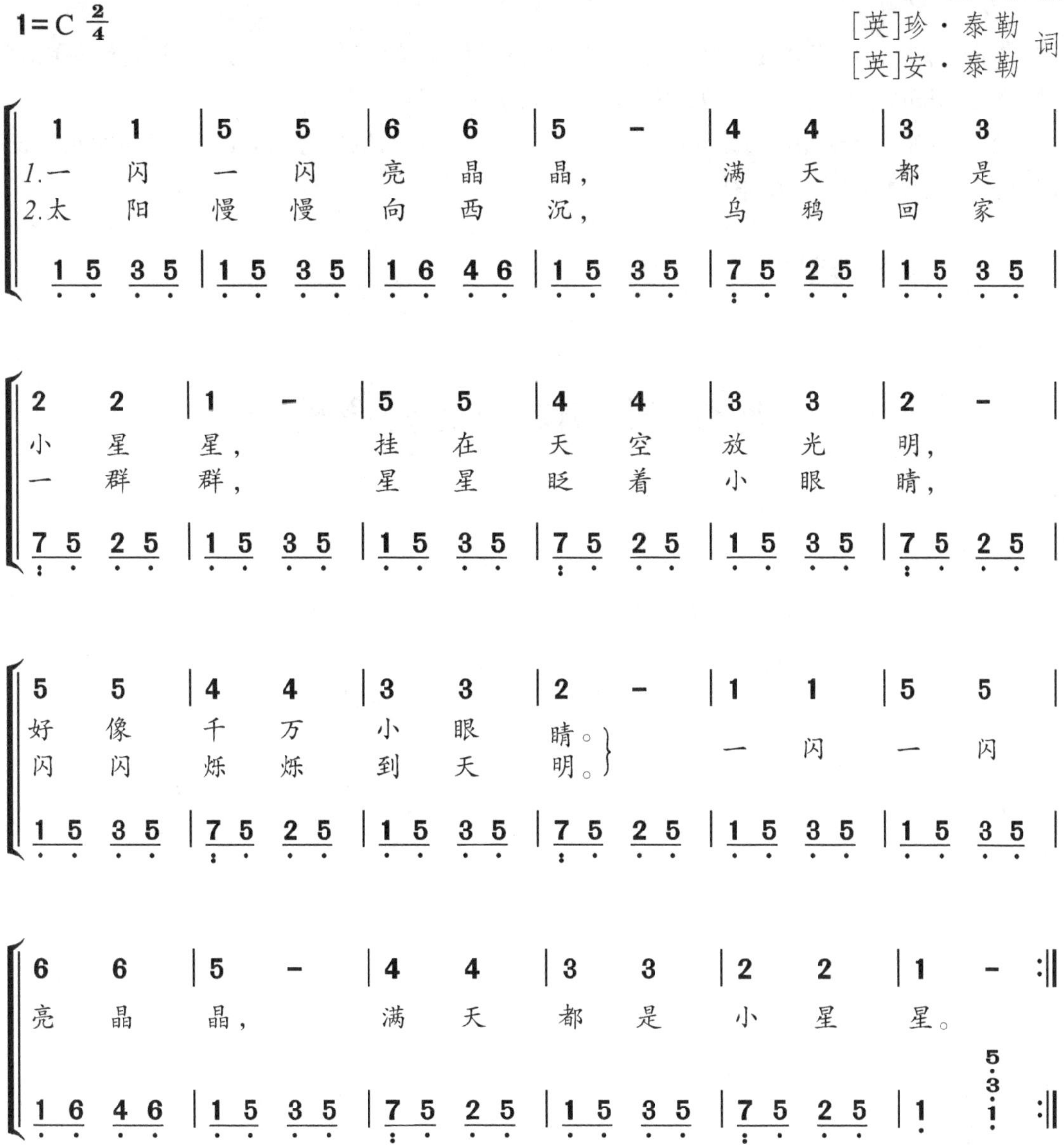

第二节　儿歌表演与律动

《指南》中提出：艺术是人类感受美、表现美和创造美的重要形式，也是表达自己对周围世界的认识和情绪态度的特有方式。每个幼儿的心里都有一颗美的种子。

本节展现的是幼儿舞美方面的感受和体验，丰富幼儿的想象力和创造力，引导幼儿尝试用自己的方式去表现美和创造美。

一、仿真题与解析

【仿真题1】

给爷爷奶奶敲敲背捶捶腿

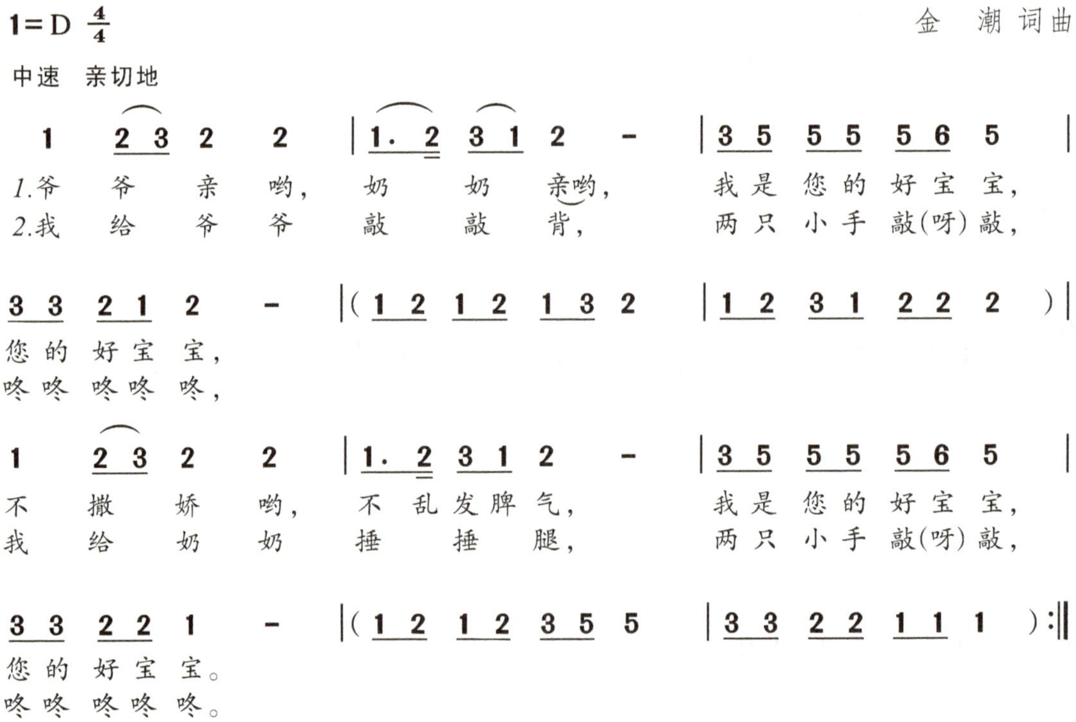

试讲题目

1. 题目：歌曲《给爷爷奶奶敲敲背捶捶腿》。

2. 内容：

（1）弹唱歌曲。

（2）模拟面对幼儿教唱歌曲，并为歌曲编出一套简单的律动动作。

3. 基本要求:

(1) 弹唱歌曲。

① 完整、流畅地弹奏,节奏准确。

② 有表情地歌唱,吐字清晰,把握准确的音高。

(2) 模拟面对幼儿教唱歌曲,并为歌曲编出一套简单的律动动作。

① 在指定的调内,有表情地一边弹一边唱,把握旋律的音高,做到吐字清晰,节奏准确。

② 动作创编:创编内容要适合幼儿的能力水平,能激发幼儿的兴趣,符合幼儿的年龄特点。

(3) 请在10分钟内完成上述任务。

答辩题目

1. 你认为组织这次活动的重难点是什么?

2. 在这次活动中,幼儿园教师的职责是什么?

【解析】

乐曲分析:

这首歌曲节奏欢快,音域适中。右手弹奏跨度较大,应该注意手位的选择和弹奏的进度,确保右手弹奏的流畅性。左手建议用分解或半分解和弦弹奏,尽量表现出歌曲欢快活泼的情绪。考生在演唱时要注意吐字清晰,声音抑扬顿挫。这首歌曲的速度属于中速,适合中班幼儿演唱。此题主要考查考生的组织能力和弹奏技巧。歌曲描绘了孩子和爷爷奶奶之间深厚的情感,并且具有明显的动作思维特点,诸如敲背、捶腿等动作。考生在创编动作时可根据歌词有指向性地创编,注意动作和节奏的配合,踩准每一个节拍,这样的表演才会呈现精彩的效果。

活动过程:

1. 教师播放课件,引出活动主题。

师:“小朋友们,你们家里除爸爸妈妈之外,还有谁呀?”

2. 教师引导幼儿感受歌曲的内容。

师:“爷爷奶奶年纪大了,我们应该怎样关心爷爷奶奶呢?让我们一起听听歌曲里的好孩子是怎么做的!”

① 师幼共同欣赏音乐,教师引导幼儿按音乐的节拍表现敲背、捶腿等动作。

② 教师引导幼儿与同伴合作,让他们轮流按音乐的节拍敲背、捶腿,指导他们分别按四分音符和八分音符为一拍的两种节奏做动作。

③ 教师根据音乐的节拍有节奏地朗诵歌词。

3. 教师引导幼儿学唱歌曲。

① 教师有感情地范唱。

② 幼儿学唱,教师重点引导幼儿用亲切柔和的声音演唱。

4. 师幼合作表演歌曲。

① 教师鼓励幼儿一边唱一边创编动作,自由表演。

② 教师分发头饰，幼儿分组表演自己创编的动作，表演歌曲。

5. 活动结束。

动作提示：准备动作是立正站立。

爷爷亲哟，奶奶亲哟：一只手做撸胡子的动作，一只手做拄拐杖的动作。

我是您的好宝宝，您的好宝宝：双手交叉，拍肩。

不撒娇哟，不乱发脾气：摇摇手，双手叉腰、跺脚，做生气的动作。

我是您的好宝宝，您的好宝宝：双手拍胸脯，伸出大拇指。

我给爷爷敲敲背：双手握拳，做敲背的动作。

我给奶奶捶捶腿：一只脚向旁边伸出并勾脚背，双手握拳，身体下倾，做捶腿的动作，再换另一只脚重复上述动作。

两只小手敲（呀）敲：双手击掌四次，头左右摆动。

咚咚咚咚咚：双手握拳，做捶打的动作。

注意：考生可以根据自身对歌曲的了解来创编动作。

【仿真题2】

小 手

1=F $\frac{3}{4}$　　　　佚　名词曲

♩=60 轻巧地

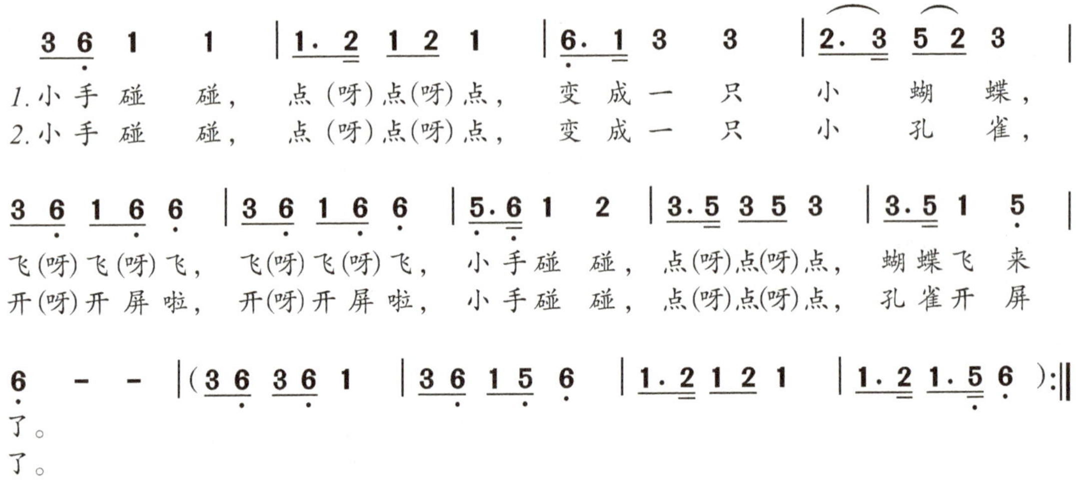

试讲题目

1. 题目：歌曲《小手》。

2. 内容：

(1) 弹唱歌曲。

(2) 模拟组织幼儿学习歌表演。

3. 基本要求:

(1) 弹唱歌曲。

在指定的调内,有表情地一边弹一边唱,把握旋律的音高,做到吐字清晰,节奏准确。

(2) 模拟组织幼儿学习歌表演。

教学基本符合幼儿的特点,能激发幼儿的兴趣,适合幼儿的能力水平;表情适宜,表演与歌词内容相符。

(3) 请在10分钟内完成上述任务。

答辩题目

1. 你认为这首歌曲在表演时应该注意哪些问题?

2. 幼儿园教师的教育观体现在哪里?

【解析】

乐曲分析:

这是一首有关手指游戏的歌曲,特别适合中班幼儿学习。歌曲中展现了小蝴蝶和小孔雀两种动物,教师要引导幼儿了解这两种动物的特点,根据其特点来创编动作,并让几个幼儿一起来进行歌表演。由于这首歌曲主要展现的是手部动作,因此教师可以端坐在椅子上来展现整首歌曲。如果教师想要通过站立来表现,可以适当加入脚步动作,诸如踮脚走等。

活动过程:

1. 教师导入活动,引出活动主题。

师:"小朋友们,赶快把小手伸出来,说一说自己的小手有几根手指头,并讲一讲你们会用小手做些什么事。"

2. 教师引导幼儿学习歌曲。

师:"我们的小手真能干! 今天,老师就要来教教小朋友们唱一首关于小手的歌曲。请小朋友们仔细听哟!"

(1) 教师范唱歌曲。

师:"歌曲里的小手会做哪些事呢? 我们一起来唱一唱吧!"

(2) 幼儿学唱歌曲。

3. 教师引导幼儿表演歌曲。

① 教师引导幼儿按照音乐的节拍表现手部的动作。

② 教师根据音乐的节拍带领幼儿有节奏地演唱歌曲、创编动作。

4. 师幼合作表演歌曲,教师引导幼儿创编动作。

师幼合作表演歌曲《小手》,教师鼓励幼儿一边唱一边创编动作,自由表演。

5. 活动结束。

动作提示:准备动作是站立或端坐。

小手碰碰,点(呀)点(呀)点:双手击掌三下,开合三次。

变成一只小蝴蝶:双手的手心朝向自己,双手的大拇指交叉,其余手指张开,扮作小蝴蝶的样子。

变成一只小孔雀：双手的大拇指和食指相碰，其余手指伸直；一只手放在腰旁，另一只手放在头上，扮作小孔雀的样子。

飞（呀）飞（呀）飞：双手跟着节拍摆动，做飞舞的动作。

开（呀）开屏啦：又手跟着节拍向上伸展，双臂向两侧展开，做开屏的动作。

蝴蝶飞来了：双手的手心朝向自己，双手的大拇指交叉，其余手指张开，扮作小蝴蝶的样子，做三次飞舞的动作。

孔雀开屏了：双手的大拇指和食指相碰，其余手指伸直；一只手放在腰旁，另一只手放在头上，扮作小孔雀的样子，做三次点头的动作。

【仿真题3】

小猫咪咪

1=D $\frac{2}{4}$　　　　佚　名词曲

中速　诙谐地

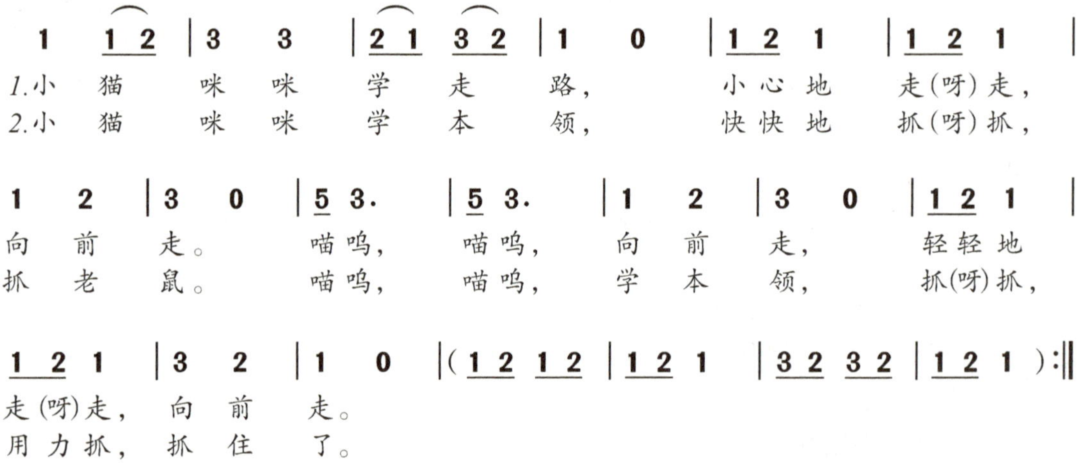

试讲题目

1. 题目：歌曲《小猫咪咪》。

2. 内容：

（1）弹唱歌曲。

（2）模拟面对幼儿教唱歌曲。

3. 基本要求：

（1）弹唱歌曲。

① 完整、流畅地弹奏，节奏准确。

② 有表情地歌唱，吐字清晰，把握准确的音高。

（2）模拟面对幼儿教唱歌曲。

教学基本符合幼儿的特点，能激发幼儿的兴趣，适合幼儿的能力水平；表情适宜，表演与歌词内容相符。

(3) 请在10分钟内完成上述任务。

答辩题目

1. 你认为这首歌曲在动作编排上有什么技巧?

2. 针对动作肢体不协调的幼儿,你将如何开展歌表演活动?

【解析】

乐曲分析:

这是一首有关动物的歌曲,表现的是小猫抓老鼠的情景。考生要结合生活经验介绍小猫抓老鼠的场景,让幼儿展开联想,进而编排动作。小猫走路的小心翼翼、悄无声息,抓住老鼠的快速有力,考生都可以通过肢体动作来表现。在歌曲表演时,考生要加入丰富、夸张的表情,以此来激发幼儿的兴趣,这样会给评委留下深刻的印象。

活动过程:

1. 教师播放课件,引出活动主题。

(1) 教师播放关于小猫的视频,激发幼儿的兴趣。

师:“视频里是什么动物呀? 你见过小猫吗?”

(2) 教师请幼儿仔细观察小猫。

师:“视频里的小猫在干什么呢? 它是怎样抓老鼠的呢? 谁能用肢体动作来表现呢?”

(3) 师幼共同讨论小猫抓老鼠的动作和过程。

2. 教师引导幼儿学习歌曲,并进行范唱和歌表演教学。

(1) 教师范唱歌曲。

师:“小朋友们做了这么多小猫抓老鼠的有趣动作,我们把它编进了一首歌曲之中,一起来听一听吧!”

(2) 幼儿学唱歌曲。

(3) 教师进行歌表演教学。

3. 教师引导幼儿创编动作。

教师请幼儿跟着歌曲创编动作,并引导幼儿表演歌曲《小猫咪咪》。

4. 活动结束。

动作提示:准备动作是立正站立。

小猫咪咪学走路(学本领):双手五指张开,做扩指状,左右摆动四次;头左右摆动四次;身体微微前倾;双脚以大八字步交替向前走。

小心地走(呀)走,向前走:双手立掌,做扩指状,并向前交替摆动若干次。

喵呜,喵呜,向前走(学本领):双手五指张开,做扩指状,左右摆动两次;左手叉腰,右手向前指两下。

轻轻地走(呀)走,向前走:双手立掌,做扩指状,并向前交替摆动八次;踮起脚跟向前走。

快快地抓(呀)抓,抓老鼠:双手握拳,做跑步的动作;抓老鼠时,双手打开,做抓老鼠的动作。

抓（呀）抓，用力抓，抓住了：双手分别朝左右两边各做一次抓放的动作，做到第三次时，双手向斜上方上展示抓住老鼠的姿势。

【仿真题 4】

小 星 星

1=C $\frac{4}{4}$ 佚 名 曲

中速

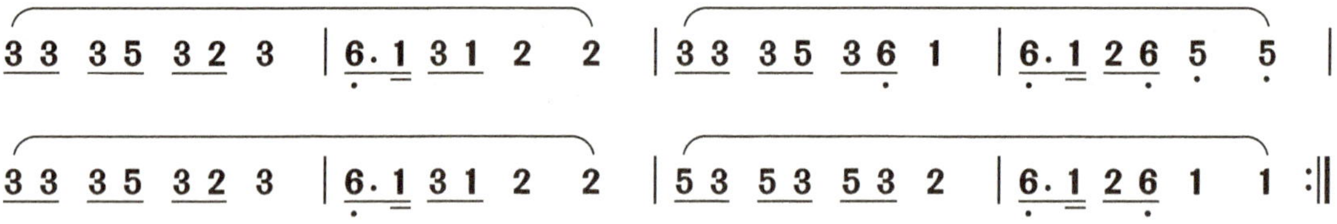

试讲题目

1. 题目：律动《小星星》。

2. 内容：

（1）弹奏音乐。

（2）模拟组织幼儿学习律动。

3. 基本要求：

（1）弹奏音乐。

在指定的调内，完整弹奏音乐，节奏准确。

（2）模拟组织幼儿学习律动。

根据音乐表达的内容和情感，设计适宜的肢体动作，一边哼唱旋律一边做律动。

（3）请在 10 分钟内完成上述任务。

答辩题目

1. 这首曲子的动作要点有哪些？

2. 在活动开展的过程中，如何体现自由、愉悦的活动氛围？

【解析】

乐曲分析：

《指南》中写道：（教师）应经常让幼儿接触适宜的、各种形式的音乐作品，丰富幼儿对音乐的感受和体验。因此，律动对于幼儿肢体动作的表达及幼儿感受美有促进作用。本题主要考核考生的舞蹈表现力和创造力，以及教师引导幼儿通过形象的动作展现律动主题的能力。这是一首中速的曲子，描述的是小星星闪烁的场景，建议考生可以用手部动作来展现小星星亮闪闪的形象。对于大班的幼儿，考生可以适当地增加难度，鼓励幼儿利用肢体动作进行即兴创编。

活动过程:

1. 教师展示图片,引出活动主题。

师:“看,谁来了?”(出示小星星的图片)

师:“仔细看,这是一颗怎样的小星星?”

师:“如果你是小星星,可以用什么动作来表现呢?”

2. 教幼共同探讨律动动作,教师进行示范教学。

(1) 音乐第一部分:感受闪烁的小星星。

① 教幼共同探讨律动动作,教师鼓励幼儿利用肢体动作来表现小星星闪烁的样子。

师:“小星星想和大家一起来跳舞。我们一起来看一看,小星星在天空中是怎样跳舞的呢?”

② 教师跟随音乐,示范律动动作。

(2) 音乐第二部分:体验睡着了的小星星。

师:“渐渐地,天亮了,太阳公公出来了,小星星要做什么呢?”

① 教师带领幼儿用旋转的动作来表现小星星睡着了的样子。

② 教师引导幼儿思考其他的律动动作。

3. 教师引导幼儿进行律动表演。

(1) 教师播放音乐,鼓励幼儿大胆地展现舞姿。

(2) 幼儿在欢快的音乐中再次舞蹈,体验律动表演带来的快乐。

4. 教师引导幼儿创编律动动作。

教师请幼儿根据歌曲创编律动动作,并表演歌曲。

5. 活动结束。

动作提示:教师在组织这个律动活动时可以采取以下两种形式:

(1) 教师教授律动动作。

教师引导幼儿模仿自己示范教学中所展示的律动动作,并告诉幼儿律动动作的要点。

(2) 教师引导幼儿创编律动动作。

教师让幼儿欣赏律动乐曲,引导幼儿感受律动所营造的情境,并创编律动动作。

- 利用双手展现小星星闪烁的方式有以下三种:

① 握拳、扩指算一拍。

② 扩指,双手左右摆动,摆动一次算一拍。

③ 双手放于胸前交叉,握拳、扩指重复多次,握拳、扩指一次算一拍。做动作时,双肘可以上下摆动。

- 利用肢体动作来表现小星星睡着了的方式有以下两种:

① 闪烁:双肘弯曲、伸直,左右摆动;双手握拳、扩指,同时身体下蹲、站起。注意起立时,重心放在一只脚上,另一只脚用脚尖点地。

② 消失:旋转身体,双手击掌,并放在一侧做睡觉的姿势。

【仿真题5】

我们一起来拍手

1=C $\frac{4}{4}$　　　　佚　名曲

中速

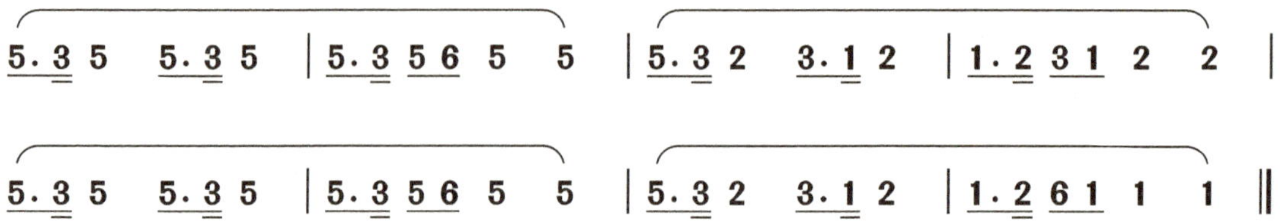

试讲题目

1. 题目:律动《我们一起来拍手》。

2. 内容:

(1) 弹奏音乐。

(2) 模拟组织幼儿学习律动。

3. 基本要求:

(1) 弹奏音乐。

在指定的调内,完整弹奏音乐,节奏准确。

(2) 模拟组织幼儿学习律动。

根据音乐表达的内容和情感,设计适宜的肢体动作,一边哼唱旋律一边做律动。

(3) 请在10分钟内完成上述任务。

答辩题目

1. 这首曲子的节奏特点是什么?

2. 幼儿园教师的创新能力体现在哪些方面?

【解析】

乐曲分析:

这是一首中速的曲子,其中的附点音符为整首曲子增添了活泼的色彩。考生在创编律动时可以适当地增加情境色彩,同时可以编一个拍手的律动游戏,并适当加入两个人拍手的动作。

活动过程:

1. 教师导入活动,引出活动主题。

师:"今天涵涵小朋友特别高兴,因为她请来了她的好朋友到自己家里玩。下面让我们随着音乐的节奏一起舞动起来吧!"

师幼一同聆听音乐,萌发关于音乐的第一印象,初步体验与感知音乐的结构。

师:"刚才这段音乐带给大家什么样的感觉?"

师:“这首好听的音乐叫作《我们一起来拍手》。小朋友们,你们想不想跟随音乐一起来跳一跳呢?”

2. 教师引导幼儿创编律动动作。

在分段听旋律的过程中,教师讲述故事情节,进一步探索动作表达的可能性。

(1) 幼儿了解第一段音乐:涵涵邀请她的好朋友来家里玩。

在教师的引导下,编排出打招呼的动作,了解扩指的要领。

(2) 幼儿了解第二段音乐:两个好朋友开心地一边拍手一边玩耍。

在教师的引导下,编排互相击掌的动作,进一步探索拍手的律动要领。

3. 幼儿尝试跟随教师做动作,体验肢体动作与音乐结构的和谐。

4. 幼儿跟随音乐进行律动表演。

5. 活动结束。

动作提示:如果是针对小班幼儿的律动活动,可以着重展示手部动作,并且可以重复多次。如果是针对中班、大班幼儿的律动活动,在编排动作时可以加入全身的运动,难度也可以增加。考生可以在编排律动动作时根据自己的想象将音乐编成一个小故事,例如,一个小朋友找另一个小朋友来玩游戏,于是两个人一起开心地玩了起来。

注意:在表演时,考生不要忘记乐曲的哼唱和节奏准确性的把握。

【仿真题6】

快乐的旋转木马

1=C $\frac{4}{4}$　　　　佚　名　曲

中速

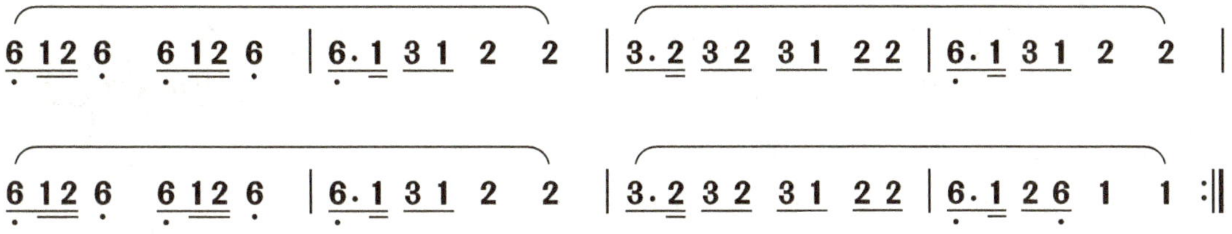

试讲题目

1. 题目:律动《快乐的旋转木马》。

2. 内容:

(1) 弹奏音乐。

(2) 模拟组织幼儿学习律动。

3. 基本要求:

(1) 弹奏音乐。

在指定的调内,完整弹奏音乐,节奏准确。

(2) 模拟组织幼儿学习律动。

根据音乐表达的内容和情感，设计适宜的肢体动作，一边哼唱旋律一边做律动。

（3）请在10分钟内完成上述任务。

答辩题目

1. 在这个活动开展前，幼儿园教师需要具备哪些教学经验？

2. 如何提高幼儿园教师的专业素养？

【解析】

乐曲分析：

这是一首欢快的乐曲，表现的是幼儿玩旋转木马时的欢乐场景。整首曲子在附点音符、十六分音符的带动下显得欢快活泼。教师要引导幼儿感受乐曲带来的欢快气氛，引导幼儿创编坐旋转木马玩耍的情景。在编排律动动作时，教师可以引导幼儿活动上肢，并为幼儿营造出宛如坐上旋转木马的氛围，让其体验律动活动带来的愉悦感。

活动过程：

1. 教师导入活动，引出活动主题。

（1）教师让幼儿谈一谈坐旋转木马的感觉。

师："小朋友们，你们坐过旋转木马吗？"

师："有的小朋友觉得坐旋转木马很快乐，你们都这么认为吗？让我们跟着视频一起来瞧一瞧。"

（2）教幼一边看视频一边欣赏音乐，教师帮助幼儿回忆乘坐旋转木马的活动体验。

师："视频里的小朋友在做什么呢？他们的心情如何？"

教师引导幼儿欣赏完音乐后，让他们用语言、表情来表达自己的感受，并对其反馈予以回应。

2. 教师引导幼儿用肢体动作模拟坐旋转木马的情景。

师："坐在旋转木马上摇呀摇，快乐极了。今天，我们也来坐一坐快乐的旋转木马吧！"

师："你能用肢体动作来表现坐旋转木马的情景吗？谁来试试看？"

教师请幼儿运用创编的动作模拟坐旋转木马的情景。

（1）教师跟随音乐展现旋转木马上下起伏的特点，并重点引导幼儿观察旋转木马是在什么时候下沉和升高的。

师："摇呀摇，摇呀摇，快乐的旋转木马摇起来。"

教师一边说一边引导幼儿做第一段乐句的动作。

（2）教师跟随音乐模仿旋转木马旋转的样子，并能逐渐跟上节拍，表现弱起节奏的音乐。

师："转呀转，转呀转，旋转木马转起来。"

教师一边说一边引导幼儿做第二段乐句的动作。

3. 教师引导幼儿跟随音乐进行律动表演。

师："刚刚我们一起玩了旋转木马的游戏，现在让我们一起跟随音乐跳舞吧！"

4. 活动结束。

活动小结:小朋友们都是可爱的小旋转木马,在高低起伏的音乐声中,挣脱束缚,自由驰骋。最后,在音乐的尾声中,小朋友们快乐地离开了。

动作提示:考生可以引导幼儿根据生活经验或者从视频中看到马儿奔跑的样子,创编骑马的动作。在活动中,考生要注意音乐旋律的节奏感。在最后的游戏环节中,考生要表现出旋转木马转动时的情景,并引导幼儿围成一个大圆圈舞动起来,让他们在活动中感受到乐趣。

二、技能指导

(一) 歌表演与律动的教学方法

歌表演和律动是利用肢体、音乐等手段来反映幼儿的思想和生活的教育方式,是促进幼儿身心健康发展的一种教育艺术。好奇、好问、好动、爱模仿是幼儿的特点。幼儿的思维是形象思维,幼儿歌舞恰好能满足他们的具体要求。在面试时,考生可以采取以下不同的教学方法。

1. 综合教学法。

幼儿天生活泼好动,已经能够按照自己的意愿去做某件事,但他们很难去做自己不感兴趣的事情,所以教师要做的第一件事是用教学内容吸引幼儿的注意,将他们的随意注意变为有意注意,并采用综合教学法,把说、唱、跳结合在一起,让幼儿感受到学习的乐趣。例如,在教唱歌曲《摘果子》时,考生可以通过唱、跳的形式来表达摘果子时的欢快情绪,通过各种动作来表现摘果子的情景。

2. 示范法。

教师要准确、形象、富有感情地表演舞蹈作品,使幼儿对所学的内容有一个完整、清晰的印象。示范时,教师还要伴随着语言的讲解或歌曲的范唱,面向幼儿做镜面示范。例如,幼儿应伸左手,教师要伸右手,此方法可以激发幼儿的学习兴趣和热情。这是教学活动中比较常用的方法之一。

3. 语言讲解法。

如果教师的语言讲解过于生硬,会让幼儿感到既无趣又费力;反之,如果其语言讲解生动形象、通俗易懂,会让幼儿感到既有趣又省力。例如,转动手腕这一动作,教师可以这么说:“小朋友们,我们一起来绕毛线吧! 先往里面转呀转,再往外面转呀转。”教师还可以一边说一边做动作。这种既生动形象又浅显易懂的讲解方式更容易让幼儿接受。此外,教师用生动形象且富有趣味性的语言来进行讲解,可以提高幼儿的学习兴趣。例如,教师在教幼儿站立的时候,可以说:“大家要像一棵松树一样站得笔直笔直的。”又如,教师要带领幼儿做一个半蹲的动作,可以说:“大家要像坐在椅子上一样半蹲着。”语言既形象又风趣。教师只有在生活中做个有心人,才能在教学中利用好语言这门工具。

4. 游戏法。

游戏法是以游戏的形式进行教学辅导的一种方法。考生要把自己设想为一名幼儿，换位思考幼儿会对什么感兴趣。因此，游戏情境的导入更能激发幼儿的学习兴趣，给幼儿带来愉悦感。例如，在教唱歌曲《我的好妈妈》时，教师可以请一名幼儿模仿妈妈下班回家，请另一名幼儿扮演宝宝，迎接妈妈回家，并说："妈妈辛苦了，请喝一杯茶！让我亲亲你，我的好妈妈……"这里用到了情景再现的方式。我们在进行律动活动与歌表演时，也可以运用一些基本的舞蹈步伐。如：孔雀走路踮脚走，小兔子走路蹦跳步，小老鼠走路小碎步，等等。

（二）歌曲演唱注意事项

以上谈到了考生在遇到带有舞蹈元素的歌曲时要表现的情境特点与教学方法，下面谈一谈在进行律动活动与歌表演时需要注意的事项。

1. 音调、节奏的准确性。

教师在教幼儿歌曲时，其发音的准确性及其对节奏的把握就如同榜样的作用，如果这一环节出错了，那么给幼儿传达的将是错误的信息。考生在遇到音乐类考题时，首先要在备考室里哼唱曲谱，熟悉乐曲的旋律，并用手击打拍子，尝试找到节奏感，再尝试着演唱，这样才能有效、快速地掌握歌曲的演唱方法。

2. 了解歌曲或乐曲的风格。

通常歌曲或乐曲的风格有欢快、柔和、热烈、诙谐或者中速、慢速等类别。考生在拿到考题时要仔细查看曲谱左上方的标注，了解这首歌曲或乐曲的风格，以便更好地表现歌曲或乐曲。如果曲谱上没有标注，考生可以通过查看歌词或者哼唱曲谱来了解整首歌曲或乐曲的风格。总之，了解歌曲或乐曲的风格对于演唱效果，大有裨益。

（三）基础舞蹈动作

扩指：五指最大限度地伸展和张开，手腕伸直。

叉腰：虎口叉在腰上，四指在前，大拇指在后，手腕下压，肩部下沉。

上位：手臂向上伸，在双肩上方和耳朵两侧，两臂间距与肩同宽。

旁平位：手臂上抬，放于身体两侧，与肩平行。

踮脚：脚趾踩地，脚跟最大限度地提起。

碎步：踮脚，用脚掌着地，并交替快速地移动。

三、素材库(歌曲范例)

(一)歌曲《彩灯》

彩 灯

1=F 2/4　　　　　　　　　　　　和　平 词曲

♩=60 欢快地

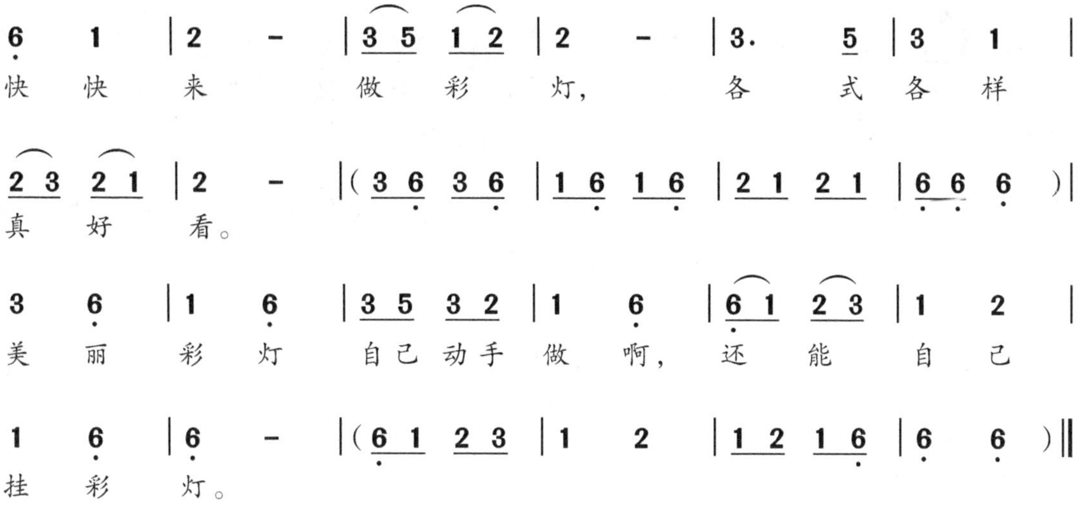

试讲题目

1. 题目:歌曲《彩灯》。

2. 内容:

(1)弹唱歌曲。

(2)模拟组织幼儿学习歌表演。

3. 基本要求:

(1)弹唱歌曲。

在指定的调内,有表情地一边弹一边唱,把握旋律的音高,做到吐字清晰,节奏准确。

(2)模拟组织幼儿学习歌表演。

教学基本符合幼儿的特点,能激发幼儿的兴趣,适合幼儿的能力水平;表情适宜,表演与歌词内容相符。

(3)请在10分钟内完成上述任务。

答辩题目

1. 这首歌曲的节奏特点是什么?

2.《指南》中艺术领域的目标是什么?

（二）歌曲《走路》

走　路

1=C $\frac{2}{4}$

倩　玮词曲

试讲题目

1. 题目：歌曲《走路》。

2. 内容：

（1）弹唱歌曲。

（2）模拟组织幼儿学习歌表演。

3. 基本要求：

（1）弹唱歌曲。

在指定的调内，有表情地一边弹一边唱，把握旋律的音高，做到吐字清晰，节奏准确。

（2）模拟组织幼儿学习歌表演。

教学基本符合幼儿的特点，能激发幼儿的兴趣，适合幼儿的能力水平；表情适宜，表演与歌词内容相符。

答辩题目

1. 请你谈一谈陶行知的教育观。

2. 如何运用“育人为本”的幼儿观，在工作实践中公平地对待每一个幼儿？

（三）歌曲《好娃娃》

好 娃 娃

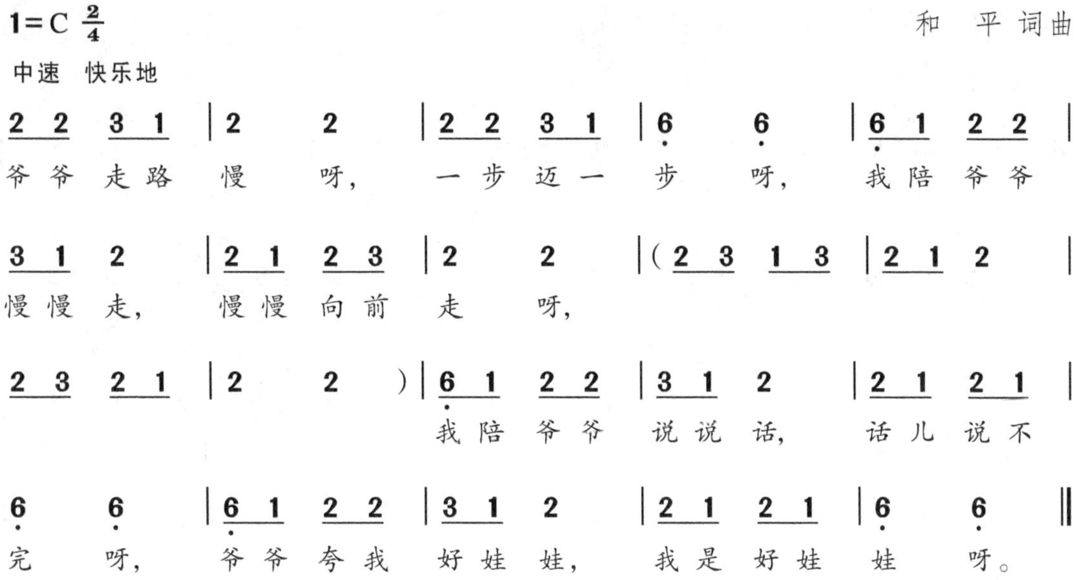

试讲题目

1. 题目:歌曲《好娃娃》。

2. 内容:

（1）弹唱歌曲。

（2）模拟组织幼儿学习歌表演。

3. 基本要求:

（1）弹唱歌曲。

在指定的调内,有表情地一边弹一边唱,把握旋律的音高,做到吐字清晰,节奏准确。

（2）模拟组织幼儿学习歌表演。

教学基本符合幼儿的特点,能激发幼儿的兴趣,适合幼儿的能力水平;表情适宜,表演与歌词内容相符。

（3）请在10分钟内完成上述任务。

答辩题目

1. 这首歌曲表达的内容是什么?

2. 如何创设适宜的幼儿园班级环境?

（四）歌曲《轻盈的脚步》

轻盈的脚步

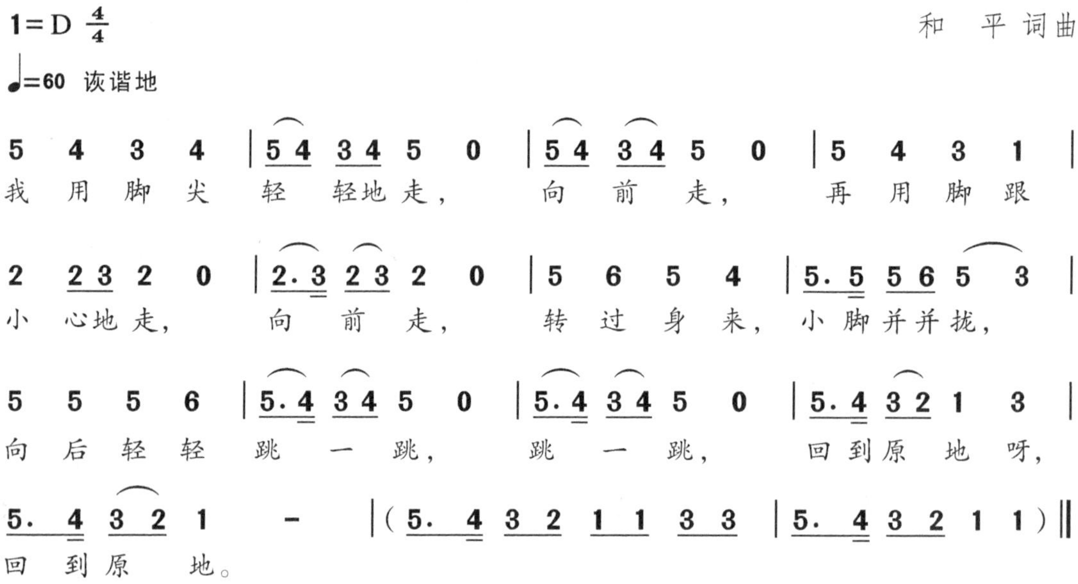

试讲题目

1. 题目：歌曲《轻盈的脚步》。

2. 内容：

（1）弹唱歌曲。

（2）模拟组织幼儿学习歌表演。

3. 基本要求：

（1）弹唱歌曲。

在指定的调内，有表情地一边弹一边唱，把握旋律的音高，做到吐字清晰，节奏准确。

（2）模拟组织幼儿学习歌表演。

教学基本符合幼儿的特点，能激发幼儿的兴趣，适合幼儿的能力水平；表情适宜，表演与歌词内容相符。

（3）请在10分钟内完成上述任务。

答辩题目

1. 在课堂教学活动中，如果气氛过于活跃影响了教学进度，怎么办？

2. 这首歌曲在开展歌表演活动中的重难点有哪些？

(五) 歌曲《彩虹》

彩　虹

1=F $\frac{3}{4}$　　　　和　平 词曲

♩=60 抒情地

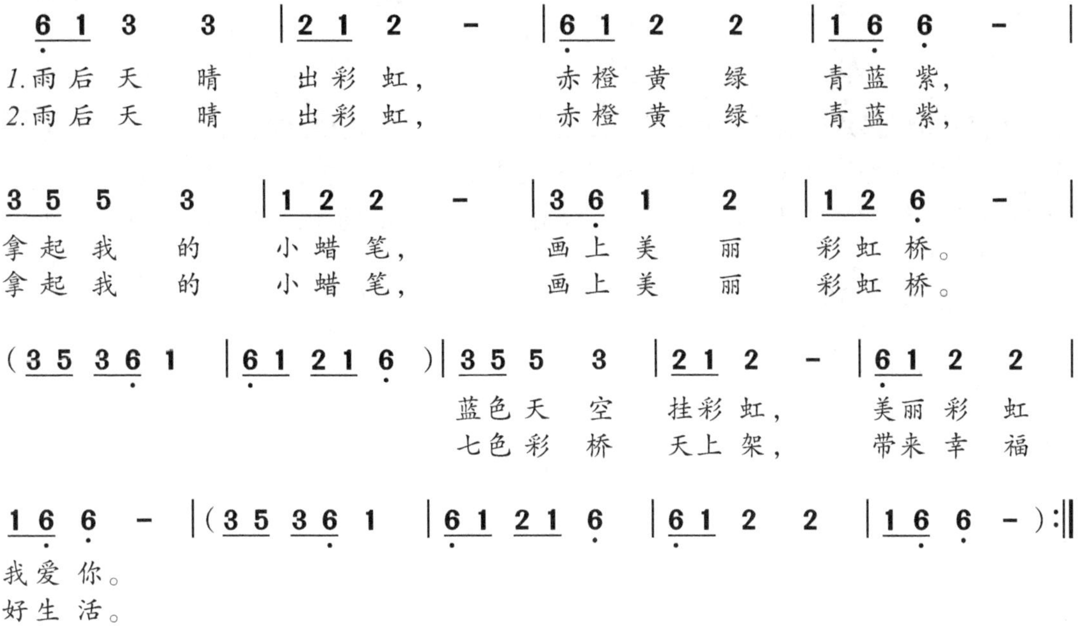

试讲题目

1. 题目:歌曲《彩虹》。

2. 内容:

(1) 弹唱歌曲。

(2) 模拟组织幼儿学习歌表演。

3. 基本要求:

(1) 弹唱歌曲。

在指定的调内,有表情地一边弹一边唱,把握旋律的音高,做到吐字清晰,节奏准确。

(2) 模拟组织幼儿学习歌表演。

教学基本符合幼儿的特点,能激发幼儿的兴趣,适合幼儿的能力水平;表情适宜,表演与歌词内容相符。

(3) 请在10分钟内完成上述任务。

答辩题目

1. 幼儿歌曲的类型和特点有哪些？

2. 幼儿园表演区的活动呈现形式有哪些？

第三节 绘 画

绘画是幼儿园教师面试中常见的考点之一。考生在现场抽取考题后，考官会要求考生根据考试内容和题目要求作答。一般地，这部分考试内容包括儿歌配画、诗歌配画、歌曲配画、故事配画等，这就需要考生掌握一定的绘画基本功，并能灵活运用绘画技能，准确作答。

一、仿真题与解析

【仿真题 1】

小 刺 猬

天上突然下起雨，
刺猬宝宝不着急，
打个滚儿再爬起，
扎着树叶当雨衣。

试讲题目

1. 题目：儿歌配画《小刺猬》（图 3-3-1）。

2. 内容：

（1）为儿歌配插图。

（2）回答问题。

3. 基本要求：

（1）为儿歌配插图。

插图符合儿歌的意境，造型生动，富有童趣，便于幼儿理解。

（2）回答问题。

利用儿歌和绘画作品，能带领 4—5 岁的幼儿开展哪些活动？（请说出 2 种活动）

（3）请在 10 分钟内完成上述任务。

图 3-3-1 儿歌配画《小刺猬》

答辩题目

1. 你会运用什么形式导入今天的课程内容?

2. 为什么你会选择这样的配图?

【解析】

1. 问题分析:这道试题主要考查考生的绘画能力、根据儿歌配画的技能,以及组织教育活动的能力。

2. 答题思路:

(1) 现场绘画,做到生动形象,构图合理,色彩运用得当,能表现出儿歌的内容。

(2) 思考利用绘画作品能开展哪些活动,定位好活动类别及范围,并以常见的教学活动为例。

【仿真题 2】

片片飞来像蝴蝶

秋风吹,树枝摇,红叶黄叶往下掉。
红树叶,黄树叶,片片飞来像蝴蝶。

试讲题目

1. 题目:儿歌配画《片片飞来像蝴蝶》(图 3-3-2)。

2. 内容:

(1) 为儿歌配插图。

(2) 回答问题。

3. 基本要求:

(1) 为儿歌配插图。

插图符合儿歌的意境,造型生动,富有童趣,便于幼儿理解。

(2) 回答问题。

利用儿歌和绘画作品,能带领 3—4 岁的幼儿开展哪些活动?(请说出 2 种活动)

(3) 请在 10 分钟内完成上述任务。

答辩题目

1. 你认为这首儿歌最佳的教学时间是什么时候?

图 3-3-2 儿歌配画《片片飞来像蝴蝶》

2. 这个活动可以与哪些美术活动结合起来？

【解析】

1. 问题分析：这道试题主要考查考生的绘画能力、根据儿歌配画的技能，以及组织教育活动的能力。

2. 答题思路：

（1）现场绘画，做到生动形象，构图合理，色彩运用得当，对幼儿有吸引力，能帮助幼儿理解儿歌的内容。

（2）思考利用绘画作品能开展哪些活动，定位好活动类别及范围，并以常见的教学活动为例。

【仿真题3】

小雪花

1 = F $\frac{3}{4}$

甜美地

杨春华 词曲

试讲题目

1. 题目：歌曲配画《小雪花》（图3-3-3）。

2. 内容：

（1）为歌曲配插图。

（2）回答问题。

3. 基本要求：

（1）为歌曲配插图。

插图符合歌词的内容，画面生动，富有童趣，便于幼儿理解。

(2) 回答问题。

如何运用插图来帮助5—6岁的幼儿学习这首歌曲?

(3) 请在10分钟内完成上述任务。

答辩题目

1. 你如何让幼儿感受到冬天的美?

2. 你怎样让幼儿了解雪花?

图3-3-3 歌曲配画《小雪花》

【解析】

1. 问题分析:这道试题主要考查考生的绘画能力、根据歌曲配画的技能,以及组织教育活动的能力。

2. 答题思路:

(1) 现场绘画,做到生动形象,构图合理,色彩运用得当,能表现出歌曲的内容。

(2) 思考利用绘画作品能开展哪些活动,定位好活动类别及范围,并以常见的教学活动为例。

【仿真题4】

春 天

1=F $\frac{2}{4}$

♩=60 欢快地

和 平 词曲

试讲题目

1. 题目:歌曲配画《春天》(图3-3-4)。

2. 内容:

(1) 为歌曲配插图。

(2) 回答问题。

3. 基本要求:

(1) 为歌曲配插图。

插图符合歌词的内容,画面生动,富有童趣,便于幼儿理解。

(2) 回答问题。

如何运用插图来帮助5—6岁的幼儿学习这首歌曲?

(3) 请在10分钟内完成上述任务。

图3-3-4 歌曲配画《春天》

答辩题目

1. 如何引导幼儿了解春天?

2. 你教完这首歌曲后,可以组织幼儿开展哪些活动?

【解析】

1. 问题分析:这道试题主要考查考生的绘画能力、根据歌曲配画的技能,以及组织教育活动的能力。

2. 答题思路:

(1) 现场绘画,做到生动形象,构图合理,色彩运用得当,能表现出歌曲的内容。

(2) 思考利用绘画作品能开展哪些活动,定位好活动类别及范围,并以常见的教学活动为例。

【仿真题5】

家在哪里

小虫子,小虫子,你的家在哪里?我的家在绿绿的草丛里。
小鲤鱼,小鲤鱼,你的家在哪里?我的家在清清的池塘里。
小宝宝,小宝宝,你的家在哪里?我的家在妈妈温暖的怀抱里。

试讲题目

1. 题目:诗歌配画《家在哪里》(图3-3-5)。

2. 内容:

(1) 为诗歌配插图。

(2) 回答问题。

3. 基本要求:

(1) 为诗歌配插图。

插图符合诗歌的意境,造型生动,富有童趣,便于幼儿理解。

(2) 回答问题。

利用诗歌和绘画作品,能带领4—5岁的幼儿开展哪些活动?(请说出2种活动)

(3) 请在10分钟内完成上述任务。

图 3-3-5 诗歌配画《家在哪里》

答辩题目

1. 你想通过这首诗歌告诉幼儿什么道理?

2. 如何让幼儿感受到家的温暖?

【解析】

1. 问题分析:这道试题主要考查考生的绘画能力、根据诗歌配画的技能,以及组织教育活动的能力。

2. 答题思路:

(1) 现场绘画,做到生动形象,构图合理,色彩运用得当,能表现出诗歌的内容。

(2) 思考利用绘画作品能开展哪些活动,定位好活动类别及范围,并以常见的教学活动为例。

【仿真题6】

春天的朋友

孩子问蝴蝶:"你是春天吗?"蝴蝶说:"是啊,我是会飞的春天。"

孩子问风儿:"你是春天吗?"风儿说:"是啊,我是轻轻吹的春天。"

孩子找到了许多春天的朋友,回到妈妈的身边,在暖洋洋的春天里睡着了。

试讲题目

1. 题目:诗歌配画《春天的朋友》(图3-3-6)。

2. 内容:

(1) 为诗歌配插图。

(2) 回答问题。

3. 基本要求：

（1）为诗歌配插图。

插图符合诗歌的意境，造型生动，富有童趣，便于幼儿理解。

（2）回答问题。

利用诗歌和绘画作品，能带领4—5岁的幼儿开展哪些活动？（请说出2种活动）

（3）请在10分钟内完成上述任务。

图3-3-6　诗歌配画《春天的朋友》

答辩题目

1. 你认为什么色调最适合春天？

2. 如何让幼儿进一步地了解“春天的朋友”？

【解析】

1. 问题分析：这道试题主要考查考生的绘画能力、根据诗歌配画的技能，以及组织教育活动的能力。

2. 答题思路：

（1）现场绘画，做到生动形象，构图合理，色彩运用得当，能表现出诗歌的内容。

（2）思考利用绘画作品能开展哪些活动，定位好活动类别及范围，并以常见的教学活动为例。

【仿真题7】

以大欺小的狗熊

森林里住着一只狗熊，它常常欺负小动物。一天清早，狗熊一出门，看见小鸭子在河里游泳，就悄悄地躲到树背后，捡起一块石头，往河里扔。小鸭子以为狐狸来了，吓得赶紧躲到芦苇丛里。狗熊说：“哈哈哈，胆小鬼！”小鸭子说：“狗熊真坏！”

狗熊继续往前走，看见小刺猬，便拦住它，叫它背着苹果走路。小刺猬害怕狗熊，只得乖乖地背着苹果走路。狗熊说：“哈哈哈，不中用的小家伙！”小刺猬说：“狗熊尽欺负人！”

狗熊继续往前走，看见小猴子，就跑过去夺下小猴子头上的草帽戴在自己头上。小猴子说：“狗熊哥哥，把草帽还给我吧！狗熊哥哥，把草帽还给我吧！”狗熊说：“你有本事自己来拿呀！”

长颈鹿来了，低下头去，咬住狗熊头上的帽子还给小猴子。狗熊说：“你……你多管闲事！”长颈鹿不说话，咬住狗熊，把它举得高高的，狗熊吓坏了，说：“放开我，放开我！”长颈鹿放下狗熊，说：“下次不许欺负小动物了！”狗熊说：“我知道了，我知道了！”狗熊再也不做以大欺小的事了,森林里的小动物们都愿意和它交朋友了。

试讲题目

1. 题目:故事配画《以大欺小的狗熊》(图 3-3-7)。

2. 内容:

(1) 为故事配插图。

(2) 回答问题。

3. 基本要求:

(1) 为故事配插图。

插图符合故事的情节,造型生动,富有童趣,便于幼儿理解。

(2) 回答问题。

利用故事和绘画作品,能带领 5—6 岁的幼儿开展哪些活动?(请说出 2 种活动)

(3) 请在 10 分钟内完成上述任务。

图 3-3-7　故事配画《以大欺小的狗熊》

答辩题目

1. 你想通过这个故事告诉幼儿什么道理?

2. 你认为什么样的孩子在幼儿园中比较受欢迎?

【解析】

1. 问题分析:这道试题主要考查考生的绘画能力、根据故事内容配画的技能,以及活动策划与语言表达的能力。

2. 答题思路:

(1) 现场绘画,做到生动形象,构图合理,色彩运用得当,符合故事内容,富有童趣。

(2) 如:可以利用绘画作品引导幼儿明辨是非,使其不做欺凌弱小的事情;也可以制作头饰,让幼儿分角色进行故事表演、续编故事;等等。

【仿真题 8】

小青蛙的礼物

夏天到了,小青蛙给森林里的每个小动物送了一份礼物——一片绿色的大荷叶。

喵喵猫要去朋友家做客。哎呀,忽然下起了大雨!“对了,我有一把大伞!”喵喵猫戴着那顶圆圆的荷叶大伞,笑眯眯地出门了。

胖胖熊要去河边捉鱼。哎呀，太阳好大呀！“对了，我有一顶太阳帽！”胖胖熊戴着那顶圆圆的荷叶太阳帽，笑眯眯地出门了。

花花兔要去给奶奶送胡萝卜。哎呀，篮子找不到了！“对了！我有一只盘子！”花花兔托着那只香香的荷叶盘子，笑眯眯地出门了。

小青蛙的礼物真好，大家都要去谢谢它。

大伙儿走到池塘边，看见小青蛙站在一片大荷叶上，“呱呱，呱呱”，大声唱着歌……哈哈，大荷叶还是它的舞台呢！

试讲题目

1. 题目：故事配画《小青蛙的礼物》（图3-3-8）。

2. 内容：

（1）为故事配插图。

（2）回答问题。

3. 基本要求：

（1）为故事配插图。

插图符合故事的情节，造型生动，富有童趣，便于幼儿理解。

（2）回答问题。

利用故事和绘画作品，能带领4—5岁的幼儿开展什么活动？（请说出2种活动）

（3）请在10分钟内完成上述任务。

图3-3-8　故事配画《小青蛙的礼物》

答辩题目

1. 如何引导幼儿表达对别人的关心和帮助？

2. 如何进一步让幼儿了解小青蛙的外形特征和生活习性？

【解析】

1. 问题分析：这道试题主要考查考生的绘画能力、根据故事内容配画的技能，以及活动策划与语言表达的能力。

2. 答题思路：

（1）现场绘画，做到生动形象，构图合理，色彩运用得当，符合故事内容，富有童趣。

（2）如：可以引导幼儿观察图画，开展看图说话活动；也可以用一片大荷叶做道具，开展续编故事或角色扮演活动；等等。

【仿真题 9】

试讲题目

1. 题目:主题绘画《丰收的果园》(图 3-3-9)。

2. 内容:

(1) 根据活动的需要进行绘画。

(2) 回答问题。

3. 基本要求。

(1) 根据活动的需要进行绘画。

绘画作品能够体现果园丰收的情景,富有童趣,便于幼儿理解,有一定的创意。

图 3-3-9 主题绘画《丰收的果园》

(2) 回答问题。

如何利用你的作品引导 3—4 岁的幼儿开展"丰收的果园"主题活动?

(3) 请在 10 分钟内完成上述任务。

答辩题目

1. 你知道哪些秋天成熟的水果,它们各有什么特点?

2. 怎样通过绘画的形式来表现丰收的情况?

【解析】

1. 问题分析:这道试题主要考查考生的绘画能力、根据活动的需要配画的技能,以及活动策划与语言表达的能力。

2. 答题思路:

(1) 现场绘画,做到生动形象,作品主题突出,构图严谨,色彩运用得当,富有童趣。

(2) 如:可以引导幼儿认识秋天的水果,使其了解吃水果的益处;可以带领幼儿到农场里参观果园,使其了解水果的外形和内部的结构;也可以教幼儿唱一唱关于水果的歌曲,使其感受秋天水果丰收的快乐。(考生能说出 2 种即可)

二、技能指导(简笔画技巧与配图构思)

在幼儿园教师资格考试面试题中,绘画部分经常出现的命题是给儿歌、诗歌、歌曲、故事等配插图,考生要通过一定的故事情节、主题形象、场景内容等对儿歌、诗歌、歌曲、故事等内容进行想象与再现。这就需要考生掌握较强的简笔画技能。简笔画不仅易于操作,也是幼儿园教学和环境布置中深受孩子喜爱且常见的一种绘画形式。优秀的简笔画作品应该是生动形象、画面饱满、主题突出、色彩和谐、线条流畅的。

考生在拿到试题时,先要进行整体构思,构思与主题相关的元素,快速判断主要形象的元素、主体形象的位置、形象之间的关系、视觉流程的安排，需要搭配什么背景做点缀，如何构图和配色，等等。

1. 简笔画概述。

所谓简笔画，即运用简洁的线条、简单的形状把复杂的事物勾画出来的一种绘画形式。简笔画通过提取客观形象典型的特征、突出的特点，以平面化和程式化的方法表现出具有辨识性的绘画，其特点是简练、概括、形象、实用、易学。

简笔画是教师教学有力的辅助手段，对于幼儿园教师来说，简笔画的重要性更为突出。简笔画简单直观、特征明显、动作夸张，既符合儿童的心理特征，又容易掌握；同时，简笔画将复杂的内容通过简单生动的图像表现出来，易于儿童感知和领会，深受儿童的喜爱。

2. 简笔画表现方法。

（1）提炼基本的符号语言。

简笔画通常运用各种线来表现。线有直线（诸如水平线、垂直线、倾斜线等）、曲线（诸如锯齿线、弧线、波浪线、螺旋线等）、虚线等（图 3-3-10）。无论是直线、曲线，还是虚线，运笔时线条要流畅，或刚或柔，或曲或直，或飘逸流畅或顿挫起伏……

在简笔画的表现中，除可以使用各种线来表现之外，还可以使用圆形、方形、三角形等形状及各种点来表现。点、线、形之间是可以相互转化的，连点成线，断线成点，连线成形，等等。

图 3-3-10　线的各种形态

（2）选择恰当的表现角度。

任何物体都有一个能够表现其特征的最佳角度，我们在绘画时尽量选择这个角度。例如，从侧面看鱼类动物，其特征十分明显，同样，汽车的外部结构特点主要体现在车头、车厢和车轮上，需要画出其侧视图，才能全面展示其各部分的结构特点；洗衣机、电视等家用电器的外部结构特点，则主要体现在物体的正面，需要画出其正视图，才能显示其与众不同的结构特点。（图 3-3-11）

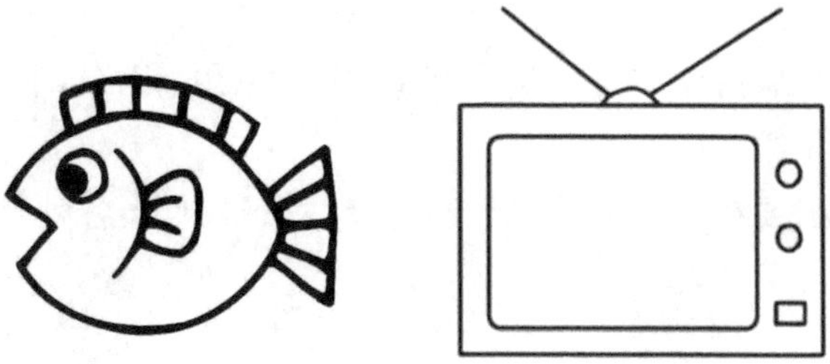

图 3-3-11　不同角度的物体

(3) 确定主要的个性特征。

观察物体先从整体出发,复杂的物体可以简化成几何图形,千姿百态的世界万物可以归纳成基本图形或几种基本图形的组合。考生应先抓住物体的细节特征,然后回到整体,找出共性和个性,再反复比较,最后才能准确表现出物体的形态。(图 3-3-12)

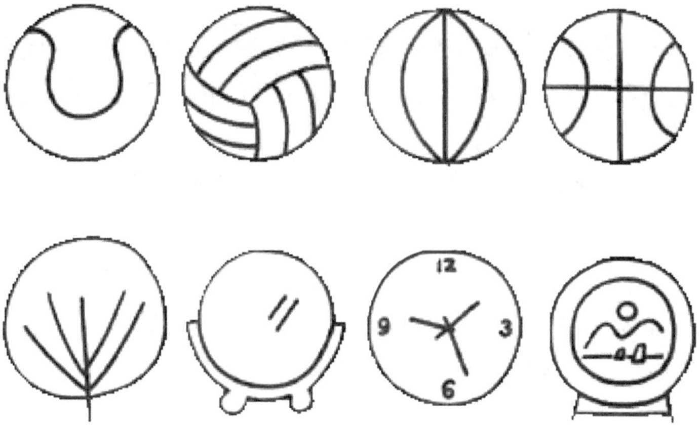

图 3-3-12　圆形的各种形态

(4) 安排简洁的运笔顺序。

简笔画讲究线条的简练,所以线条能少则少,前提是强调物体的特征,神韵不可无,还要言简意赅。(图 3-3-13)

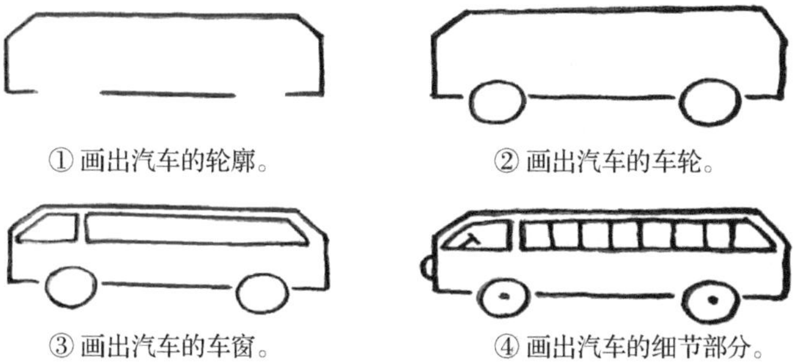

图 3-3-13　汽车简笔画运笔顺序

(5) 掌握恰当的处理方式。

简笔画是图形的简化与精练。一幅完整的作品不仅要有深刻的内涵,而且要有丰富的内容,可采用符号概括、以虚当实等方法对内容和形象进行简化。

3. 简笔画技巧。

考生要想画好简笔画，需要掌握5点技巧，即观察、联想、记忆、归纳、实践。

① 观察。

生活是艺术的源泉，要在日常生活中观察、比较、积累、收集各种物体的形态和特征，做到厚积薄发。

② 联想。

想象力是创作的前提，要将抽象的图形联想成具体的实物形象，把各种具体的事物用抽象的图形去概括。

③ 记忆。

记忆是人类进行思维等高级心理活动的基础。在日常生活中要注意积累，建议熟练掌握几种画法，诸如熟记5种树的画法、5条鱼的画法、5种人的表情的画法等。

④ 归纳。

归纳是从一系列具体事实中概括出一般原理的思维方法。在实际运用中，可以将诸多复杂的个体归纳成简单的几何形体，找出其中的规律，并举一反三，进行制作。

⑤ 实践。

绘画没有捷径可走，学会了方法就要练习。只有不断地练习，才会熟能生巧。只要肯下功夫，就能画出一幅好画。

4. 简笔画构图。

好的构图往往能为主题服务，使画面布局和谐，使幼儿能够一目了然。简笔画的画面要尽量饱满，前后有主次，左右相呼应。

（1）主与次。

画面中的主要形象必须突出，要放在画面的主要位置，主要形象往往也比较突出，其他形象只是为了衬托主体而设计，不可喧宾夺主。

（2）多与少。

画面构成中，物体的组合尽可能体现多与少的关系。无须整齐划一，尽量使画面鲜明生动、和谐统一。

（3）呼与应。

画面中各个形象之间要相互呼应，故事内容要完整，情节要和谐，使图文相映成趣。

（4）前与后。

画面前后关系要交代清楚，才能体现画面的层次感和空间感，使整体效果更加和谐，充满美感。

（5）疏与密。

疏密组合设计能突出主题，表现层次，丰富画面，增强美感。

（6）虚与实。

虚实关系的运用也是构图中常用的表现方法之一。主体形象要尽量画得细致，表现要充分；次要部分可虚化，虚化的效果可以体现画面的空间感。

5. 简笔画配色。

简笔画的色彩分为自然色彩和理想色彩。自然色彩是我们自然生活中约定俗成的色彩。当人为地去打破这个规律时,人们在心理和审美上是不容易接受的。例如,你把花画成绿的,把草画成红的,就会破坏画面的美感。因此,从一般意义上讲,自然色彩是我们配色的基础。但是一幅好的绘画作品,理想色彩的运用是必不可少的,如果全是自然色彩,画面就显得缺少新意。理想色彩可以使画面更为生动活泼,可以唤起人类情感的共鸣,也可以带给幼儿足够想象的空间。

幼儿对色彩的认识是单纯的、执着的,在配色时大胆使用对比色,可以形成明快、热烈的色彩风格。

三、范例参考(图3-3-14—图3-3-32)

图3-3-14　儿歌配画《小池塘》

图3-3-15　歌曲配画《拉拉钩》

图 3-3-16　歌曲配画《泥娃娃》

图 3-3-17　歌曲配画《小木偶》

图 3-3-18　歌曲配画《数一数》

图 3-3-19　歌曲配画《小白船》

图 3-3-20　歌曲配画《长城》

图 3-3-21　诗歌配画《春天在哪里》

图 3-3-22　主题绘画《森林音乐会》

图 3-3-23　故事配画《好饿的小蛇》

图 3-3-24　故事配画《谁掉进了井里》

图 3-3-25　故事配画《小老鼠搬家》

图 3-3-26　故事配画《拿糖果》

图 3-3-27　故事配画《你好,你好》

图 3-3-28　故事配画《小雨点的歌》

图 3-3-29　故事配画《蛋壳的故事》

图 3-3-30　故事配画《乌龟背上的家》

图 3-3-31　故事配画《多多什么都爱吃》

图 3-3-32　故事配画《还有谁要上车》

四、素材库（图 3-3-33—图 3-3-51）

图 3-3-33　植物

图 3-3-34　花卉

图 3-3-35　交通工具

图 3-3-36　乐器与画具

图 3-3-37　厨具

图 3-3-38　陆上交通工具

图 3-3-39　坐具

图 3-3-40　节日

图 3-3-41 昆虫

图 3-3-42 小熊的野餐

图 3-3-43　字母卡通

图 3-3-44　动物系列一

图 3-3-45　动物系列二

图 3-3-46　卡通水手

图 3-3-47　男孩与女孩

图 3-3-48　幼儿园老师与小朋友

图 3-3-49　幼儿园小朋友

图 3-3-50　小朋友给幼苗浇水

图 3-3-51　全家福

第四节　手　　工

手工是幼儿园教师资格考试面试中常见的考点之一。考生现场抽取考题后，考官会要求考生根据考试内容和题目要求作答。一般地，这部分考试内容包括剪纸、刻纸、撕纸等，这就需要幼儿园教师掌握一定的造型能力和动手能力，并能举一反三，创作出更多的手工作品。

一、仿真题与解析

【仿真题 1】

试讲题目

1. 题目:纸工《贺卡》。

2. 内容:

(1)按照图示,制作纸工《贺卡》。(图 3-4-1)

(2)回答问题。

3. 基本要求:

(1) 按照图示,制作纸工《贺卡》。

(2) 回答问题:

① 该内容适合什么年龄段的幼儿学习?

② 如何利用纸工《贺卡》引导幼儿开展其他活动?

(3) 请在 10 分钟内完成上述任务。

答辩题目

1. 制作《贺卡》常用的材料是什么?

2. 怎样让幼儿表达对妈妈的爱?

① 取一张长方形纸，沿它的长边对折。

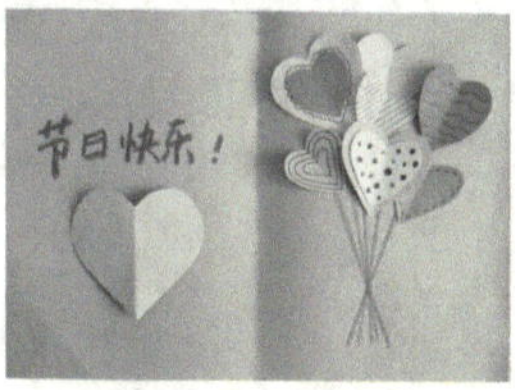

② 剪贴上美丽的图案，并写上祝福的文字。

③ 剪贴出爱心。

④ 进行装饰，完成制作。

图 3-4-1　纸工《贺卡》制作步骤

【解析】

1. 考核目标:该试题主要考查考生看图做手工的技能,以及利用材料组织活动的能力。

2. 答题思路:

(1) 该内容适合 4—5 岁的幼儿学习。

(2) 引发活动:利用纸工《贺卡》举办展览,做成小礼物送给小朋友、妈妈,布置环境,等等;活动设计合理,符合幼儿的年龄特点。

【仿真题 2】

试讲题目

1. 题目：纸工《企鹅》。

2. 内容：

（1）按照图示，制作纸工《企鹅》。（图 3-4-2）

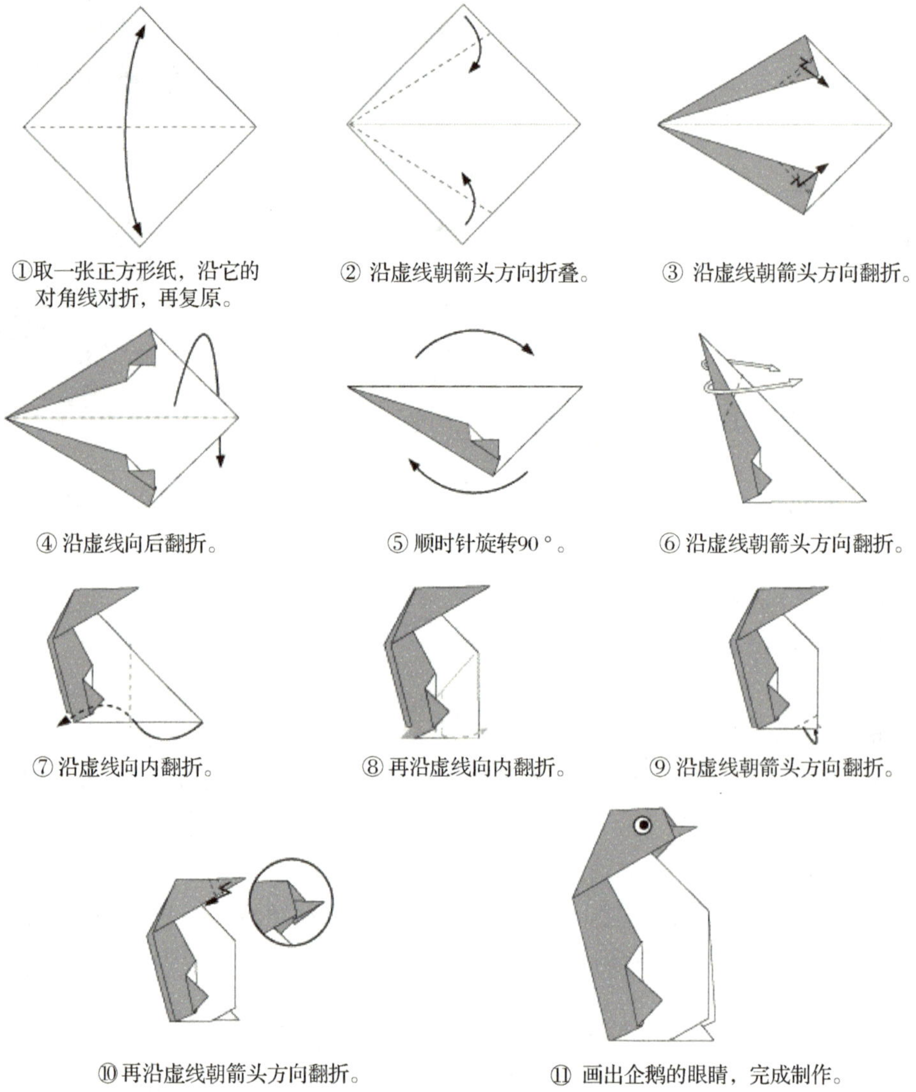

图 3-4-2　纸工《企鹅》制作步骤

（2）回答问题。

3. 基本要求：

（1）按照图示，制作纸工《企鹅》。

（2）回答问题：

① 该内容适合什么年龄段的幼儿学习?

② 如何利用纸工《企鹅》引导幼儿开展其他活动?

(3) 请在10分钟内完成上述任务。

答辩题目

1. 你认为折纸可以对幼儿有哪些方面的帮助?

2. 如何让幼儿快速掌握纸工《企鹅》的折叠技巧?

【解析】

1. 考核目标:该试题主要考查考生看图做手工的技能,以及利用材料组织教育活动的能力。

2. 答题思路:

(1) 该内容适合4—5岁的幼儿学习。

(2) 引发活动:利用纸工《企鹅》讲故事,做成小礼物送给小朋友、妈妈,布置环境,等等;活动设计合理,符合幼儿的年龄特点。

【仿真题3】

试讲题目

1. 题目:纸工《牵牛花》。

2. 内容:

(1) 按照图示,制作纸工《牵牛花》。(图3-4-3)

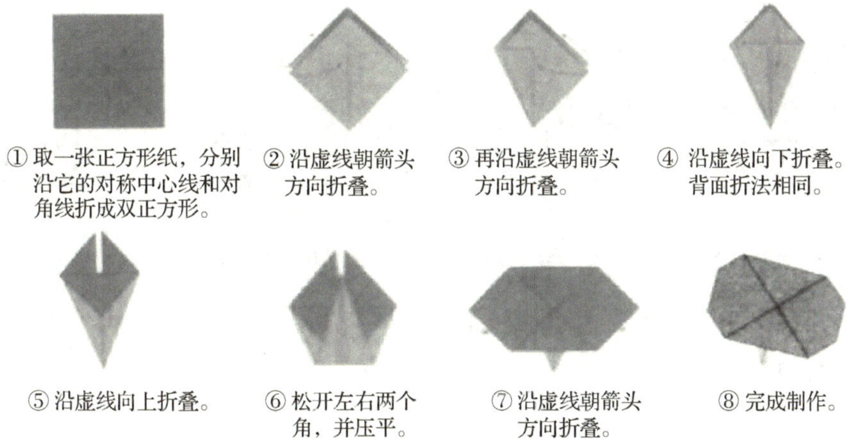

图3-4-3 纸工《牵牛花》制作步骤

(2) 回答问题。

3. 基本要求:

(1) 按照图示,制作纸工《牵牛花》。

(2) 回答问题:

① 该内容适合什么年龄段的幼儿学习？

② 如何利用纸工《牵牛花》引导幼儿开展其他活动？

(3) 请在10分钟内完成上述任务。

答辩题目

1. 请你反思一下今天试讲的表现。

2. 如何利用纸工《牵牛花》进行幼儿园墙面环境布置？

【解析】

1. 考核目标：该试题主要考查考生看图做手工的技能，以及利用材料组织教育活动的能力。

2. 答题思路：

(1) 该内容适合5—6岁的幼儿学习。

(2) 引发活动：利用纸工《牵牛花》表演活动，做成小礼物送给小朋友、妈妈，布置环境，等等；活动设计合理，符合幼儿的年龄特点。

【仿真题4】

试讲题目

1. 题目：纸工《小熊》。

2. 内容：

(1) 按照图示，制作纸工《小熊》。（图3-4-4）

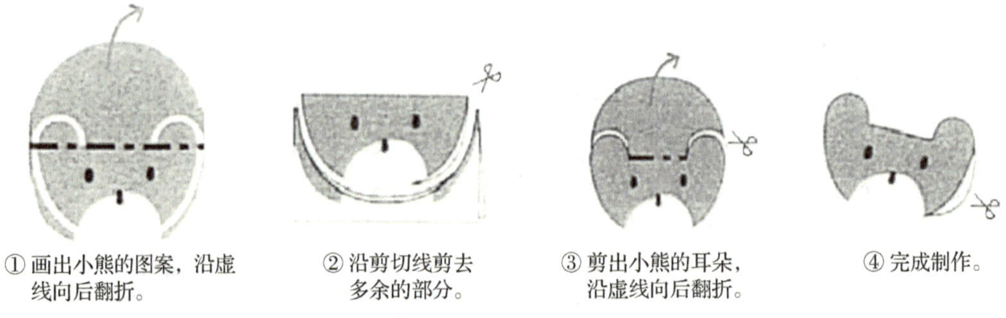

图3-4-4 纸工《小熊》制作步骤

(2) 回答问题。

3. 基本要求：

(1) 按照图示，制作纸工《小熊》。

(2) 回答问题：

① 运用纸工《小熊》的制作方法，还能创作哪些纸工动物作品？

② 你认为该内容适合3—4岁的幼儿学习吗？为什么？

(3) 请在10分钟内完成上述任务。

答辩题目

1. 利用纸工《小熊》可以引发幼儿开展哪些活动?

2. 哪个年龄段的幼儿可以使用剪刀?

【解析】

1. 考核目标:该试题主要考查考生的动手能力、想象力和创造力,以及组织教育活动的能力。

2. 答题思路:

(1) 准确按照图示,制作纸工《小熊》,并举一反三,制作其他纸工作品,诸如纸工《小猫》《小狗》等。

(2) 不适合。该内容适合4—5岁的幼儿学习,便于他们学习绘画和折剪的方法。

【仿真题5】

试讲题目

1. 题目:剪纸《松鼠》。

2. 内容:

(1) 按照图示,运用对称折剪的方法,制作剪纸《松鼠》。(图3-4-5)

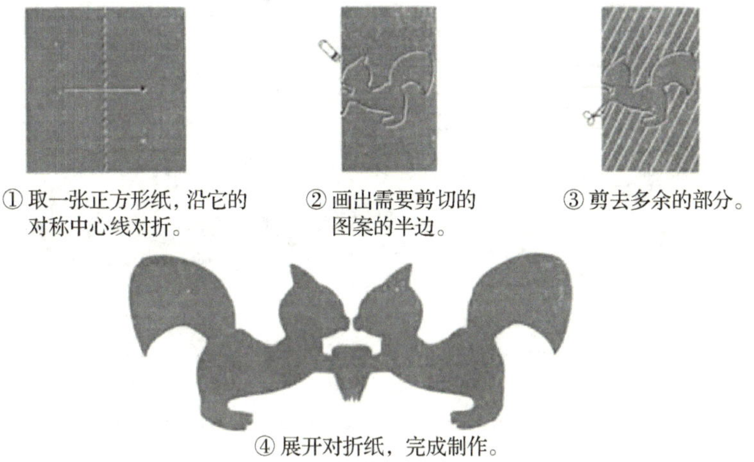

图3-4-5 剪纸《松鼠》制作步骤

(2) 回答问题。

3. 基本要求:

(1) 按照图示,运用对称折剪的方法,制作剪纸《松鼠》。

(2) 回答问题:

① 该内容适合什么年龄段的幼儿学习?

② 如何利用剪纸《松鼠》引导幼儿开展其他活动?

(3) 请在10分钟内完成上述任务。

答辩题目

1. 对称折剪需要注意哪些问题？

2. 幼儿园大班手工教学的目标是什么？

【解析】

1. 考核目标：该试题主要考查考生的动手能力、想象力和创造力，以及组织教育活动的能力。

2. 答题思路：

（1）该内容适合5—6岁的幼儿学习。

（2）引发活动：利用剪纸《松鼠》进行课堂演示，并根据小松鼠的形态特点、生活环境等，开展讲故事的活动。

【仿真题6】

试讲题目

1. 题目：剪纸《小鱼》。

2. 内容：

（1）按照图示，制作剪纸《小鱼》，并添画背景，完成手工作品《海底世界》。（图3-4-6）

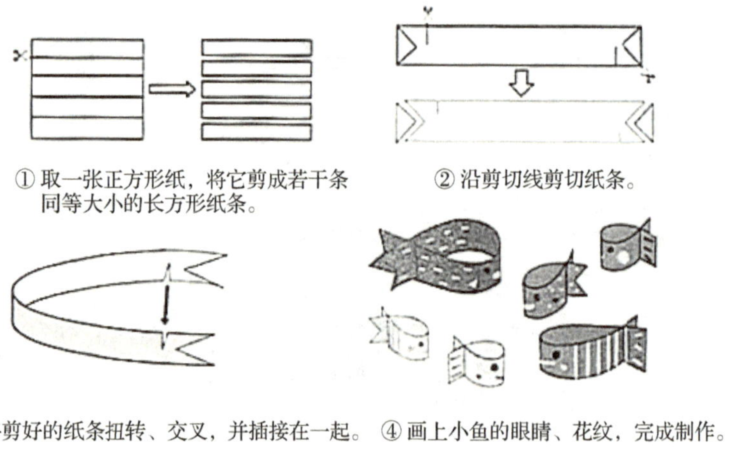

图3-4-6　剪纸《小鱼》制作步骤

（2）回答问题。

3. 基本要求：

（1）按照图示，制作剪纸《小鱼》，并添画背景，完成手工作品《海底世界》。

（2）回答问题：

① 该内容适合4—5岁的幼儿学习吗？为什么？

② 如何利用手工作品《海底世界》引导幼儿开展其他活动？

（3）请在10分钟内完成上述任务。

答辩题目

1. 你会如何开展一堂手工课?

2. 怎样培养幼儿对手工制作的兴趣呢?

【解析】

1. 考核目标:该试题主要考查考生的动手能力、想象力和创造力,以及组织教育活动的能力。

2. 答题思路:

(1) 不适合。该内容适合3—4岁的幼儿学习,便于他们学习使用剪刀剪切小鱼,并添画背景。

(2) 引发活动:利用手工作品《海底世界》可以带领幼儿开展钓鱼活动,也可以引导其制作泥工《小鱼》。

【仿真题7】

试讲题目

1. 题目:剪纸《蚂蚁》。

2. 内容:

(1) 按照图示,运用对称折剪的方法,制作剪纸《蚂蚁》。(图3-4-7)

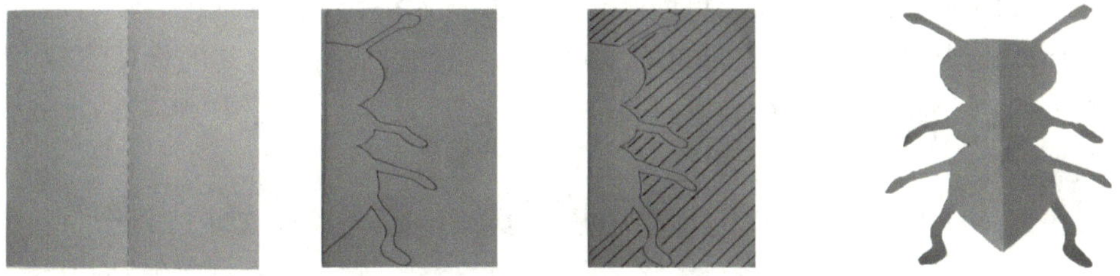

① 取一张正方形纸,沿它的对称中心线对折。 ② 画出需要剪切的图案的半边。 ③ 沿剪切线剪切图形。 ④ 展开对折纸,完成制作。

图3-4-7 剪纸《蚂蚁》制作步骤

(2) 回答问题。

3. 基本要求:

(1) 按照图示,运用对称折剪的方法,制作剪纸《蚂蚁》。

(2) 回答问题:

① 运用剪纸《蚂蚁》的制作方法,还能创作哪些剪纸动物作品?

② 该内容适合3—4岁的幼儿学习吗?为什么?

(3) 请在10分钟内完成上述任务。

答辩题目

1. 如何做好课前材料准备工作?

2. 如何培养幼儿的合作意识?

【解析】

1. 考核目标:该试题主要考查考生的动手能力、想象力和创造力,以及组织教育活动的能力。

2. 答题思路:

(1) 准确按照图示,制作剪纸《蚂蚁》,并举一反三,剪出其他对称造型,诸如剪纸《青蛙》《小兔》等。

(2) 不适合。该内容适合4—5岁的幼儿学习,便于他们学习绘画和对称折剪的方法。

二、技能指导(手工常见类型及制作方法)

手工是中华民族的传统艺术活动,它有许多艺术表现形式,诸如剪纸、布贴、叶贴、绒贴、豆贴、木屑贴画、草编、毛线编织、金属丝编织、刺绣、泥塑、根雕、陶艺、皮影等。

手工是幼儿园中常见的活动之一,它可以利用废旧材料,进行创作活动,变废为宝,美化环境;也可以锻炼幼儿多方面的技巧与能力,促进幼儿的全面发展。由于手工的材料具有丰富多样、可塑性强等特点,易于激起幼儿的创作兴趣,因而幼儿对手工活动可以说是情有独钟。幼儿园手工活动蕴含了从观察到思维、从认识到操作、从想象到创造的过程,是幼儿将已有的知识、技能、技巧及对周围美好事物的认识进行综合运用与创造的过程。而手工作品则是幼儿根据自己的兴趣爱好和情感需要动手、动脑制作出来的,不仅能给幼儿带来成功的喜悦,增强其自信心,还能激发幼儿再创作的兴趣,使其始终处于主动地位。

手工种类的划分依据不同,结果也不尽相同。一般地,从制作材料的物理性质上划分,手工有纸工、泥工、布工等不同的种类;从制作工艺上划分,手工有编织、刺绣、印染、粘贴、镶嵌等工艺类别。

在实践中,幼儿园教育活动和环境创设更多地会用到纸工、泥工、布工、综合材料造型等不同的种类。就纸工而言,纸的颜色丰富多彩,其种类繁多,常见的有皱纹纸、卡纸、蜡光纸、宣纸、手揉纸、海绵纸、瓦楞纸、植绒纸、背胶纸等,可运用折叠、粘贴、剪切、插接、编织、重构等方式进行造型。

1. 折纸。

折纸是我国传统的民间艺术形式之一。它既是一门手工艺术,也是一种游戏。因其材料方便易得、制作简便而广为流传。同时,折纸还是一项花费少、收益大的益智和审美活动。折纸在促进儿童的想象力、创造力、记忆力,以及手脑并用的训练和审美感知的培养等方面具有重要作用。尽管折纸千变万化,但万变不离其宗。折纸多用正方形纸或长方形纸,偶尔也用三角形纸或圆形纸作为材料。

(1) 了解折纸常用符号。(表3-4-1)

表 3-4-1　折纸常用符号一览表

名称	符号	折叠方法
山线(峰线)		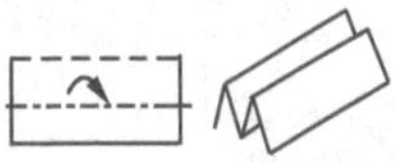 ①　②
谷线		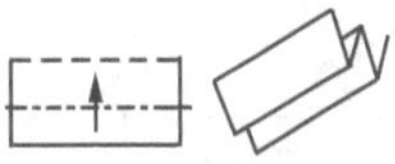 ①　②
向前折		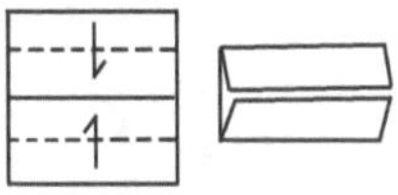 ①　②
向后折		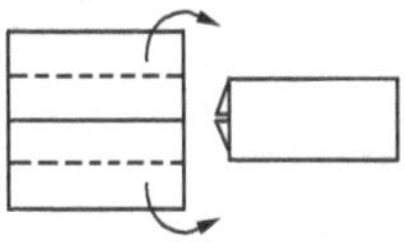 ①　②
折叠后展开		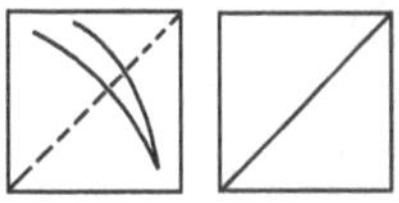 ①　②
局部放大		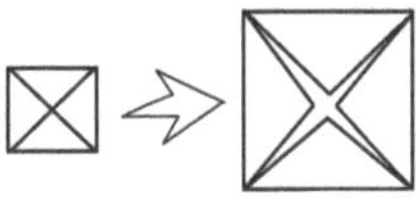 ①　②
剪掉	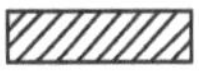	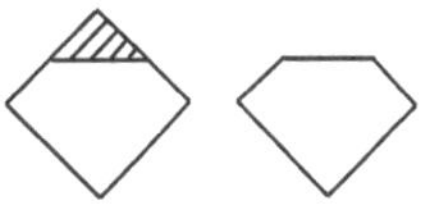 ①　②
翻面		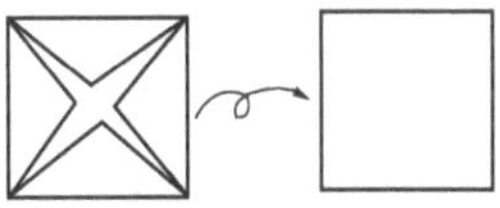 ①　②
剪开	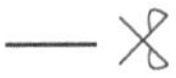	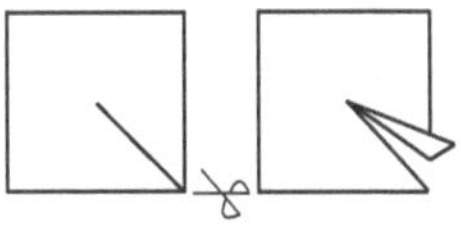 ①　②

续表

名称	符号	折叠方法
拉缩		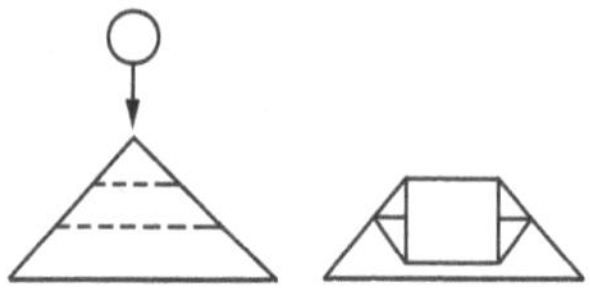 ① ②
吹气		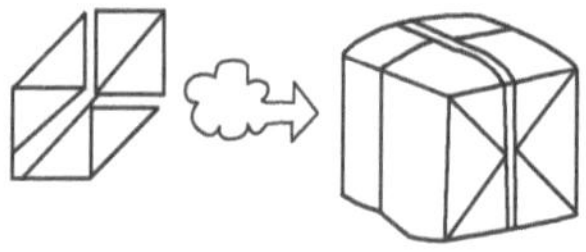 ① ②
手捏位置		

（2）掌握折纸基本折法，了解折纸规律。（表3-4-2）

表3-4-2　折纸基本折法一览表

序号	基本折法	折叠方法
1	对边折	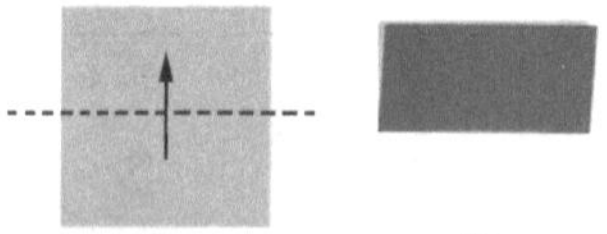 ① ②
2	对角折	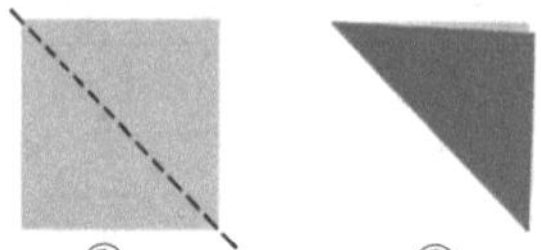 ① ②
3	集中折	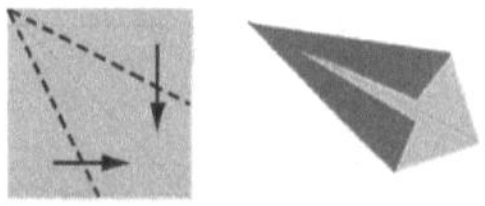 ① ②
		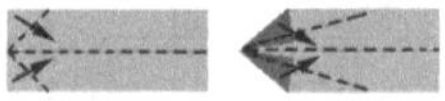 ① ②
		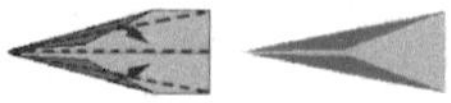 ① ②

续表

序号	基本折法	折叠方法
4	向中心折	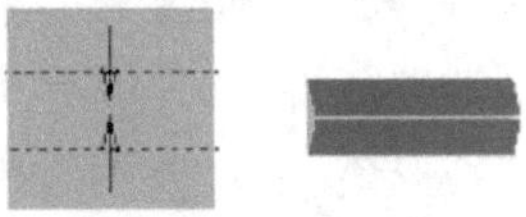 ① ②
		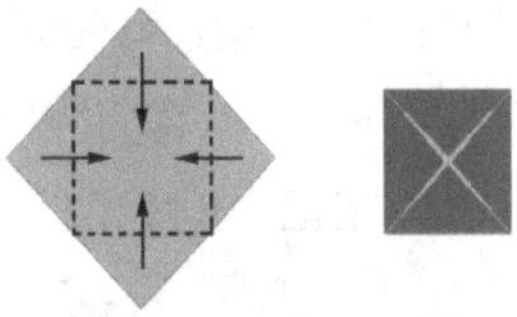 ① ②
5	双正方形	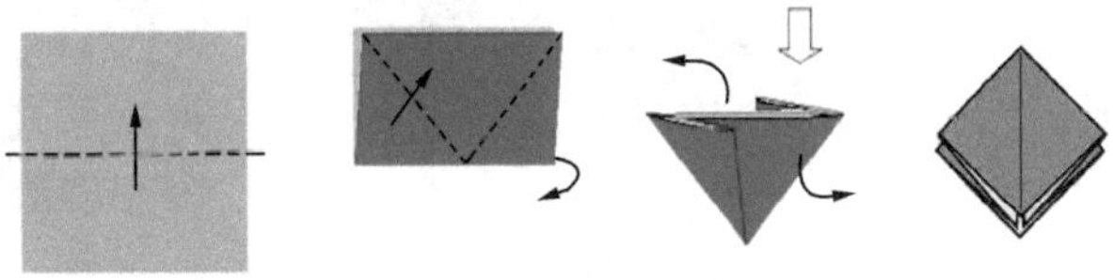 ① ② ③ ④
6	双三角形	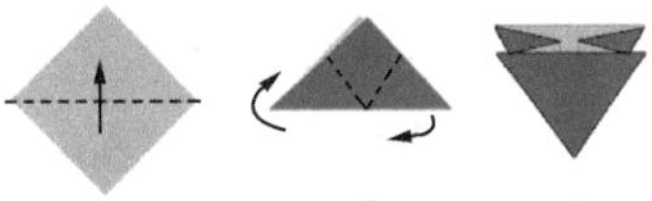 ① ② ③
7	三角形折菱形	 ① ② ③ ④
8	单菱形	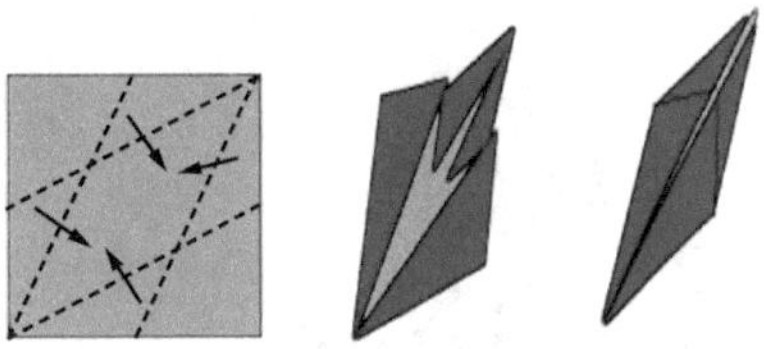 ① ② ③
9	双菱形	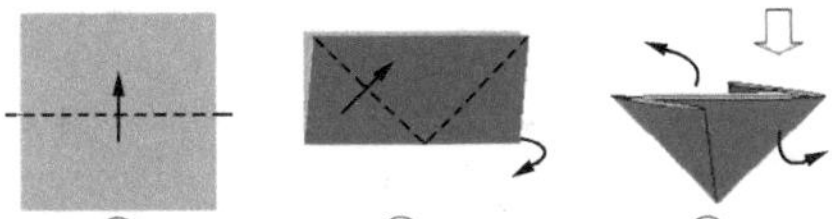 ① ② ③ 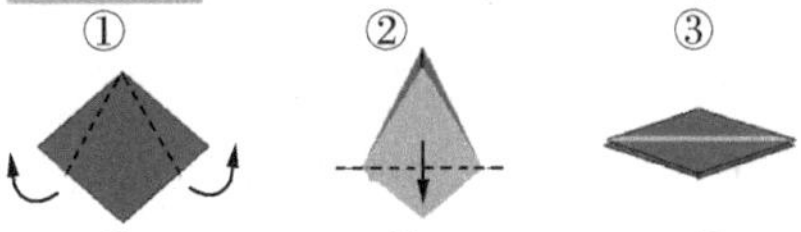 ④ ⑤ ⑥

(3) 熟悉折纸种类,善用折纸方法。

折剪法是对纸进行加工,在折叠的基础上根据所折之物的形象和特点剪去多余的部分,使形象更加逼真。

折组法是将所要表现的形象分成两个部分或者多个部分，分别将其折叠成形后，通过粘贴、插接等方法组合成一个完整的形象。

折绘法是将纸进行折叠，并画上花纹，使形象生动、逼真。

（4）设计折纸形象，丰富创作内容。

想象是折纸创作的源泉。在掌握了折纸的基本规律和方法后，考生须充分发挥自己的想象力，进行多种折叠的变化，就可以获得许多崭新、生动的形象。

在折纸的设计和创作中，考生需要根据形象的特征确定折纸的基本形态和折叠形式。例如，鸟类都有头部、尾巴、翅膀和脚，但不同的鸟又有各自的形态特征，鹤的脖子特别长，麻雀的脖子比较短，公鸡的尾巴长，孔雀开屏像把伞。因此，确定形象各个部分的比例也很重要。

折纸由于受纸张折痕的限制，造型宜方不宜圆，宜直不宜曲，形象具有简洁和夸张的特点。因此，折纸方法使用要适当，不必过分追求逼真和形似。

2. 剪纸。

剪纸（图 3-4-8）是我国传统的民间艺术形式之一，其表现方法多样，主要可以归纳为单色剪纸和彩色剪纸两种。刻纸（图 3-4-9）是剪纸的一种，主要是利用刻刀代替剪刀进行造型。幼儿园常用的单色剪纸是指只有一种颜色的剪纸，其操作简便，流行较广，虚实对比强烈，黑白明快醒目，作品简单大方，感染力强。

幼儿园小朋友也会采用撕纸（图 3-4-10）的方法，即不借助任何工具，只用手将纸撕成所需的图案。撕纸作品由于有粗细不匀和凹凸不齐的撕裂痕迹，加之纸张纤维的粗细和拉力的不同，会出现长短不一、刚柔相济的多种绒感，这是剪纸中安全性较强的一种形式。

图 3-4-8　剪纸

图 3-4-9　刻纸

图 3-4-10　撕纸

（1）剪纸工具和材料。

剪刀：细而尖的小剪刀。

纸张：毛边纸、宣纸、蜡光纸等薄型纸。

（2）剪纸造型特点。

① 线线相连与线线相断。

剪纸作品由于是在纸上剪刻出形象，因而必须采取镂空的方式，阳纹剪纸必须线线相连，阴纹剪纸必须线线相断。如果该连的线条断了，剪纸作品就会支离破碎，无法形成画面。

② 强调特征。

剪纸要强化形状和结构上的特征,表现各种物体的形态,并符合物体自身的运动规律,选择能够反映物体特征的最佳动态角度。

③ 概括简化。

剪纸要对自然形象删繁就简,既要强调造型的完整性,又要强调造型的独特性。

④ 夸张变形。

剪纸作品为了更好地写形和传神,突出主题,必须抓住物体的主要特点进行变形。

(3) 剪纸的表现形式。

阳纹剪纸:保留形体造型的线条,剪去或刻去线条以外的块面部分,如同篆刻中的阳文。其制作方便,效果明快醒目,是单色剪纸中较为普遍的一种形式。(图 3-4-11)

阴纹剪纸:手法与阳纹剪纸相反,剪去或刻去形体造型的线条,保留块面部分,依靠剪刻后的空白来表现形象,如同篆刻中的阴文。其特点是黑白对比强烈,需要适当结合阳刻,丰富画面效果。(图 3-4-12)

图 3-4-11　阳纹剪纸

图 3-4-12　阴纹剪纸

(4) 剪纸常见的制作方法。

① 折叠剪法。

折叠剪法就是将一张正方形纸折叠三四次后,在上面画上图样,并进行剪切,剪好后,展开图样,会出现两个或多个重复的图样围成一圈,呈圆形,其成品称作“团花”。折叠剪法可剪出三角形、正方形、五边形等多边形。

三折剪纸是将一张正方形纸沿它的对称中心线对折,以折边的中心点为顶点,把纸面分成顶角为 60°的三个部分,再把这三个部分折叠在一起,在纸面上画好图案后,剪切完成(图 3-4-13);也可以将一张正方形纸沿它的对角线对折,以折边的中心点为顶点,把纸面分成顶角为 60°的三个部分,再把这三个部分折叠在一起,在纸面上画好图案后,剪切完成(图 3-4-14)。如果将三折剪纸再对折一次,并进行剪切,即六折剪纸,以此类推,可剪出 3 的倍数的剪纸。

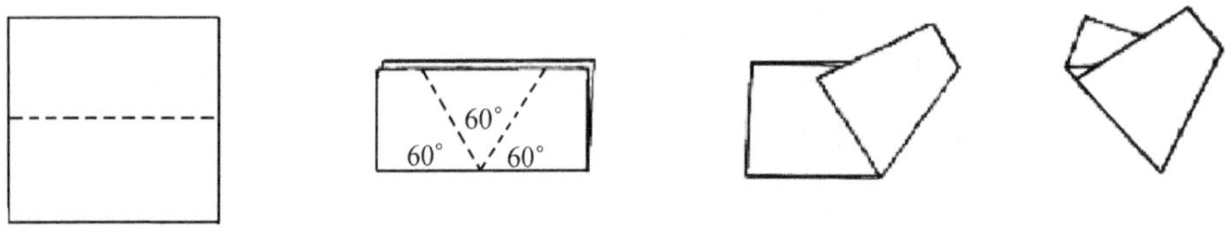

① 取一张正方形纸，沿它的对称中心线对折。
② 在对折后的三角形纸上画出中心点，并根据中心点画出两条虚线。
③ 沿其中一条虚线向内折叠。
④ 沿另一条虚线向内折叠。

⑤ 画出需要剪切的图形的1/6。
⑥ 剪切图形，打开对折纸，完成制作。

图 3-4-13　三折剪纸制作步骤系列一

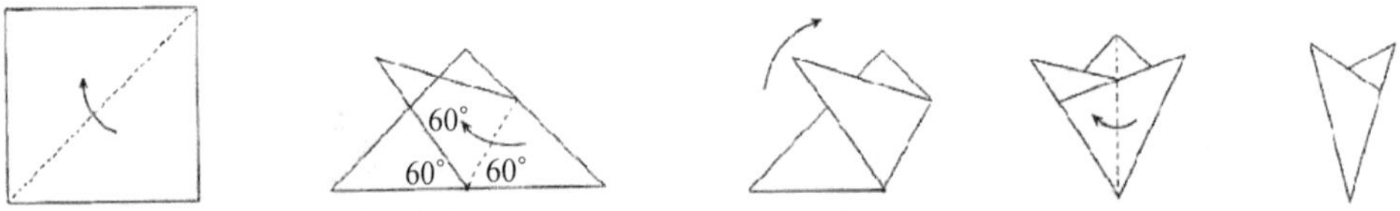

① 取一张正方形纸，沿它的对角线对折。
② 在对折后的三角形纸上画出中心点，并根据中心点画出两条虚线，沿其中一条虚线向内折叠。
③ 沿另一条虚线向内折叠。
④ 沿虚线朝箭头方向对折。
⑤ 对折完成。

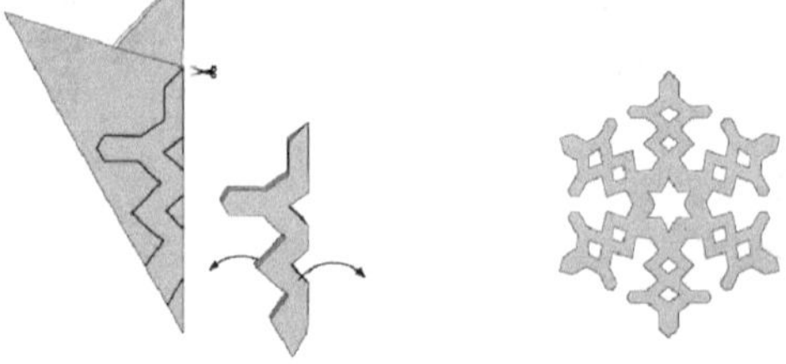

⑥ 画出需要剪切的图形的1/12，并剪切图形。
⑦ 打开对折纸，完成制作。

图 3-4-14　三折剪纸制作步骤系列二

四折剪纸也称“四瓣花剪纸”，是将一张正方形纸沿它的对称中心线对折，再沿它的长边对折，在纸面上画好图案后，剪切完成(图 3-4-15)。如果画的是图案的一半，剪好后就是两个完整的图案；如果画的是完整的图案，剪好后就是四个相同的图案。四折剪纸同样可以将一张正方形纸沿它的对角线对折，再沿它的长边对折，在纸面上画好图案后，剪切完成。如果四折剪纸再对折一次，并进行剪切，即八折剪纸，以此类推，可剪出 4 的倍数的剪纸。

① 取一张正方形纸，沿它的对称中心线对折。 ② 沿虚线对折。 ③ 画出天鹅的图案。

④ 沿剪切线剪切天鹅的图案。 ⑤ 打开对折纸，完成制作。

图 3-4-15 四折剪纸制作步骤

五折剪纸是将一张正方形纸沿它的对角线对折，再以三角形纸的中心点为起点向中间折叠，在纸面上画好图案后，剪切完成。(图 3-4-16)

① 取一张正方形纸，沿它的对角线对折。 ② 沿虚线折叠。 ③ 再沿虚线折叠。 ④ 沿虚线向内翻折。

⑤ 画出需要剪切的部分。 ⑥ 剪出图形，打开对折纸，完成制作。

图 3-4-16 五折剪纸制作步骤

② 对称剪法。

对称剪法是将一张正方形纸沿它的对称中心线对折，在纸面上画好图样，剪切完成，左右或上下两半图形完全吻合。如果对折多次后进行剪切，展开的图案呈多次重复的花纹，称为“二方连续纹样”。需要注意的是，画面要紧靠对折线，以免剪好后的图案不完整。(图 3-4-17)

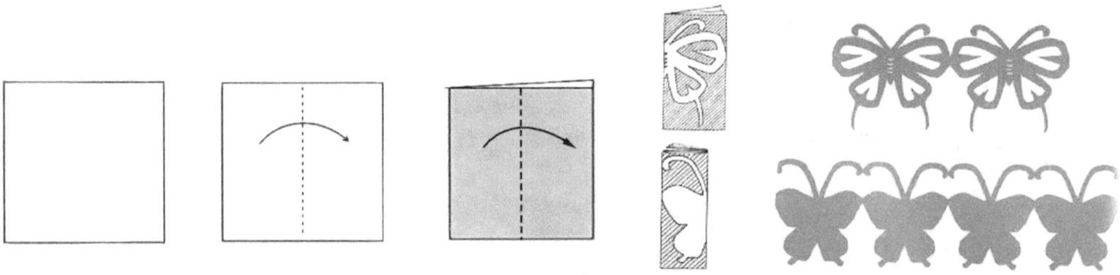

① 取一张正方形纸。 ② 沿正方形纸的对称中心线对折。 ③ 沿虚线对折。 ④ 画出需要剪切的图案的半边。 ⑤ 打开对折纸，完成制作。

图 3-4-17 对称剪法制作步骤

3. 泥工。

泥的可塑性较强，可随意变形，所塑造的形象往往生动夸张，特点鲜明，深受人们的喜爱。泥工可以培养幼儿的想象力、创造力，可以加深他们对形状、体积、空间的理解。

(1) 泥的种类。

随着现代科技水平的发展，人们使用泥的种类日益丰富，常用的有自然黏土、橡皮泥、软陶、超轻黏土、太空泥、面泥等。

橡皮泥色彩丰富，黏性强，使用方便，非常适合幼儿使用。

软陶色泽鲜艳，质感类似塑胶，颜色丰富，黏性强，是幼儿学习泥塑的上好材料。

超轻黏土轻柔、干净、不粘手、不留残渣，可操作性强，适合造型，容易混色，无须烘烤，自然风干，干燥后不会出现裂纹。同时，超轻黏土与纸张、玻璃、金属、蕾丝、珠片等材料的结合性好，易于表面上色。

(2) 基本技法。

抟：两手掌心相对，将泥料揉成球状。

搓：两手掌心相对，将泥料在掌心来回滚动，将其揉成圆柱状。

捏：大拇指和食指挤压成形。

压：用手或工具将泥料压扁或压出凹槽。

堆：不断增加泥料，使作品的形象显露出来。

剪：用剪刀将泥料剪成需要的形状。

划：用刀在泥料的表面，根据需要刻画出线条。

卷：用滚动的方法将泥料弯转成筒状。

粘接：将两部分泥料连接起来。

雕刻：在泥料干燥后，用刻刀剔除多余的部分。

(3) 泥工工具。

泥工刀：幼儿园泥工主要依靠双手捏、揉泥料来完成，但为了完美表现作品的细节，在手无法操作的地方需要借助泥工刀等工具，也可以用小勺、刻刀等来代替。

泥工板：为了保障制作环境的卫生，保持作品底部的平整，可以用泥工板或塑料板、玻璃板等做垫板。

(4) 制作要点。

在制作时，先要熟悉作品的基本形态，再从简单的造型开始，了解所设计形象的大小、形状、内容，然后进行制作。幼儿园泥工造型要注意作品的重心稳定，既要简单、美观，又要突出作品的趣味性。（图 3-4-18—图 3-4-20）

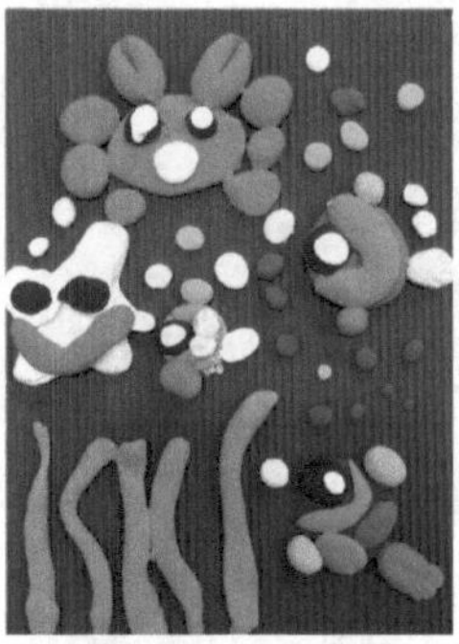

图 3-4-18　海底世界泥塑

图 3-4-19　多肉植物泥塑

图 3-4-20　全家福泥塑

4. 废物利用。

废物利用又称“环保手工”,是幼儿美术教学的重要组成部分。生活中可回收利用的废旧材料有很多,如果善于发现和创造,废旧材料就可以变成富有创意的艺术品。由于废旧材料具有取材方便、经济易得的特点,渐渐成为幼儿园玩教具制作和环境创设的主要材料。特别要重视的是,选择废旧材料时要注意安全、卫生、无毒、无副作用。

(1) 常见的废旧材料。

从日常生活中取来的废旧物品,根据材料的来源不同,可以简单分成以下三类:

① 自然物。

大自然中的各种树叶、树枝、花草、贝壳、沙子等。

② 日常生活用品。

食品类——蔬菜、水果及食品包装盒等;餐具类——各类餐具,诸如一次性的纸杯、纸碗、纸盘等(图 3-4-21、图 3-4-22);衣帽服装类——旧 T 恤、手套、鞋子等;生活垃圾类——各类瓶瓶罐罐(酒瓶、易拉罐、饮用水桶等);玩具类——各类积木、玩具车辆等。

③ 生活辅助用品。

日常生活中的各类绳状物(电线、毛线)、各类袋状物(纸袋、塑料袋)、各类筒状物(纸筒、笔筒)等(图 3-4-23、图 3-4-24)。

(2) 常用的制作技法。

① 添加。

把纸质或者塑料的废旧材料设计成作品的主要组成部分,在此基础上,用辅助材料制作相关零件,并以粘贴、插接的方法添加到主要部件上。

② 剪切。

把纸质或者塑料的废旧材料作为主体进行设计，剪掉局部，使其成为一个更加形象的造型，或是用剪掉的局部来完善所设计的造型。

图 3-4-21　纸杯造型

图 3-4-22　纸盘造型

图 3-4-23　纸袋造型

图 3-4-24　纸筒造型

③ 弯曲。

根据造型设计的需要，把人物的头发、植物的花瓣等进行弯曲、卷曲处理，并对作品进行装饰，以达到生动、传神的效果。

一般地，为了更好地表现设计造型，在制作过程中经常将多种方法综合使用。

三、视频范例（微信扫二维码查看视频）

四、素材库（幼儿园常用手工及流程）

（一）纸工

1. 纸飞机。（图 3-4-25）

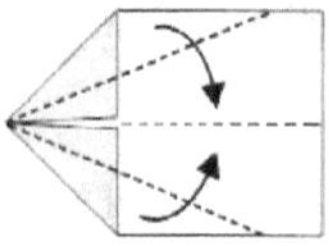
① 取一张长方形纸，沿它的短边对折，展开后沿虚线折出两个三角形，再将折好的三角形朝箭头方向折叠。

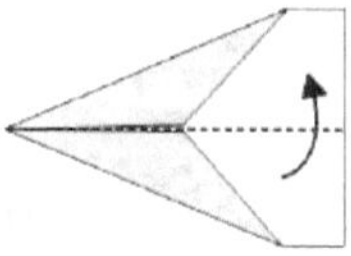
② 沿虚线向上折叠。

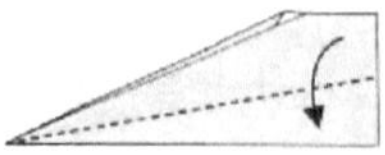
③ 沿虚线向下折叠。

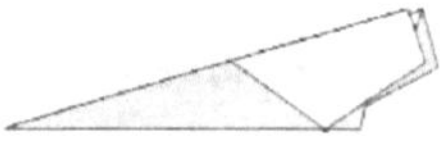
④ 展开折叠的机翼，完成制作。

图 3-4-25　纸飞机制作步骤

2. 小孩帽。(图 3-4-26)

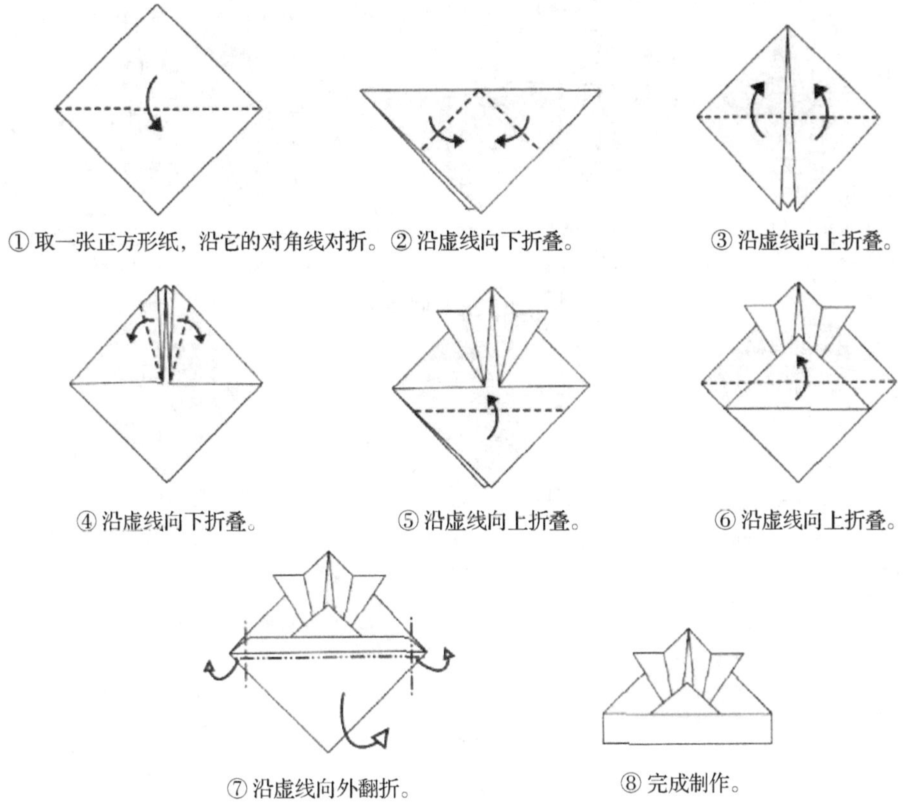

图 3-4-26　小孩帽制作步骤

3. 蘑菇。(图 3-4-27)

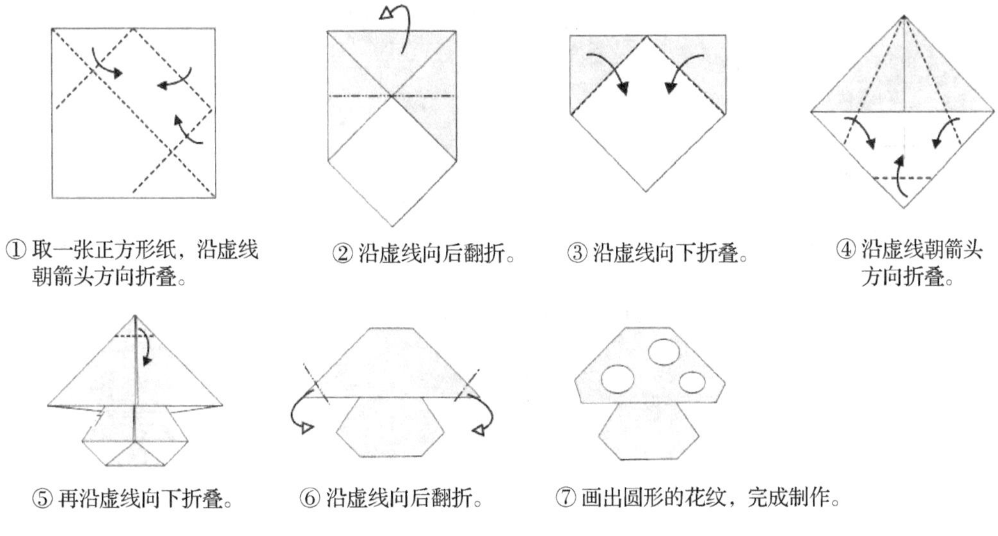

图 3-4-27　蘑菇制作步骤

4．天鹅。（图 3-4-28）

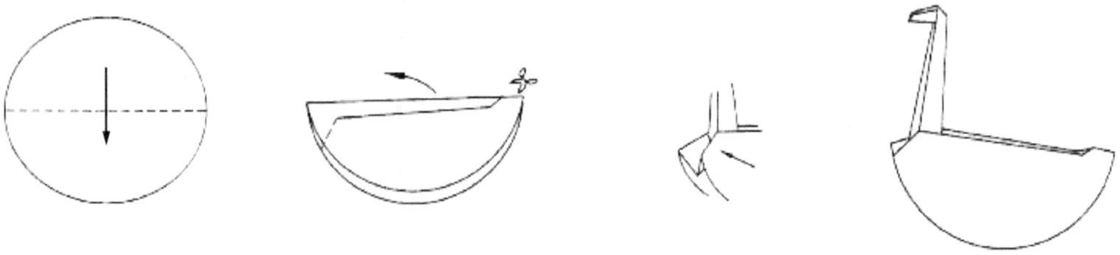

① 取一张圆形纸，沿虚线向下折叠。 ② 沿剪切线剪开，并沿虚线向上折叠。 ③ 根据箭头所指的方向，折出天鹅的头部。 ④ 折出天鹅的嘴巴，完成制作。

图 3-4-28　天鹅制作步骤

5．宝塔。（图 3-4-29）

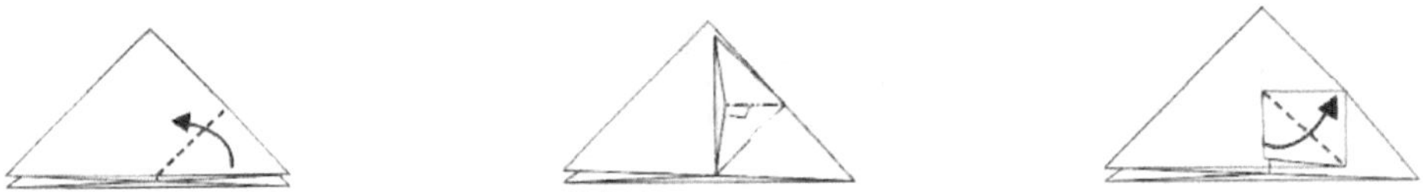

① 取一张正方形纸，将它折成双三角形的形状，再将三角形的纸的一个角向上折叠。 ② 将折上去的角向下打开，压成一个新的正方形。 ③ 沿虚线向上折叠。

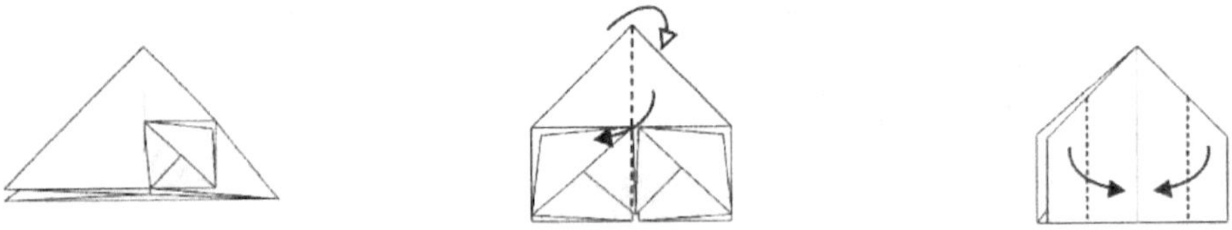

④ 将三角形纸的另一个角向上折叠，并重复步骤②和步骤③的制作方法。 ⑤ 沿虚线朝箭头方向翻折。 ⑥ 沿虚线向前翻折。

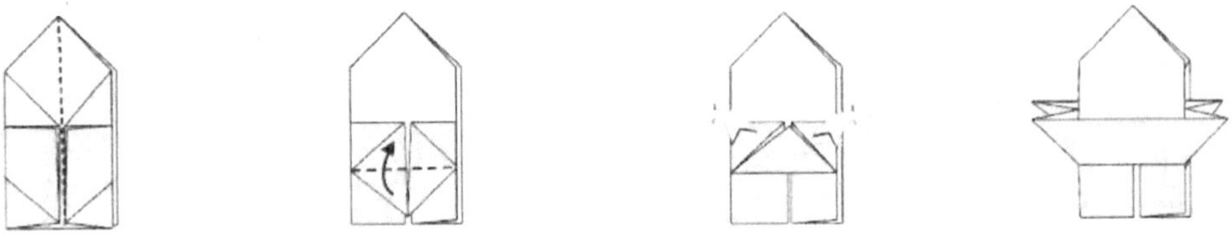

⑦ 背面也按照相同的方法翻折。 ⑧ 沿虚线向上折叠。 ⑨ 将上面的两个三角形纸向外拉开。背面也按照相同的方法操作。 ⑩ 完成制作。

图 3-4-29　宝塔制作步骤

6．冰激凌。(图 3-4-30)

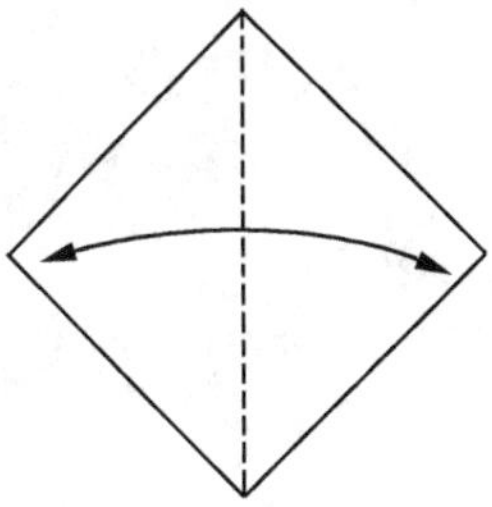

① 取一张正方形纸，沿它的对角线折出折痕。

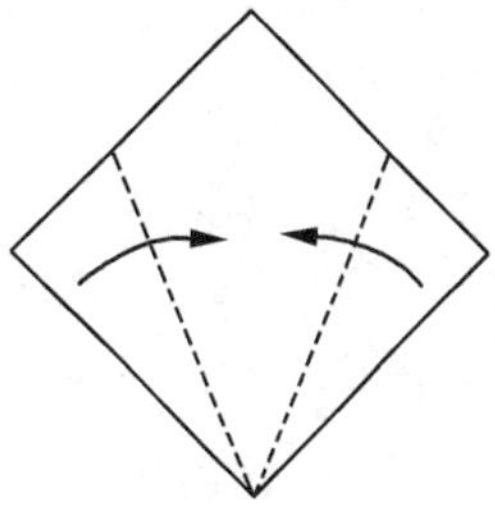

② 沿虚线朝箭头方面折叠。

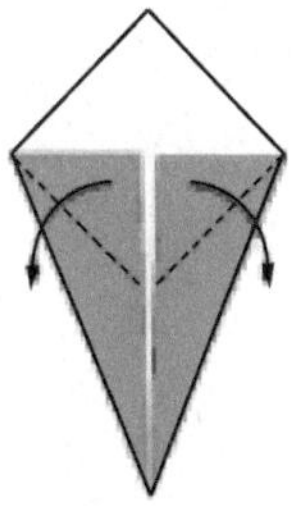

③ 沿虚线向下折叠。

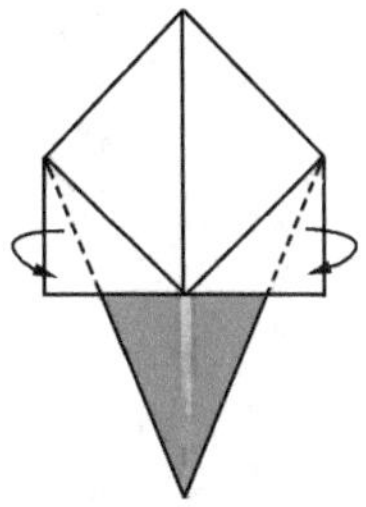

④ 沿虚线向后翻折。

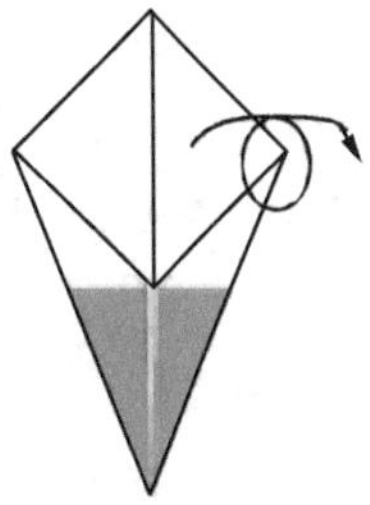

⑤ 翻面。

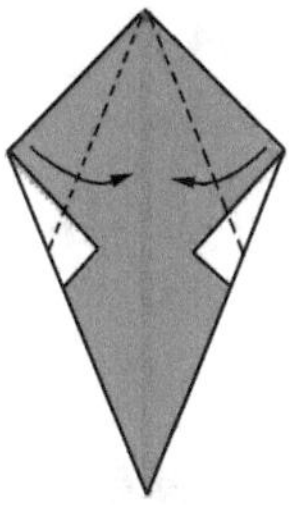

⑥ 沿虚线朝箭头方向折叠。

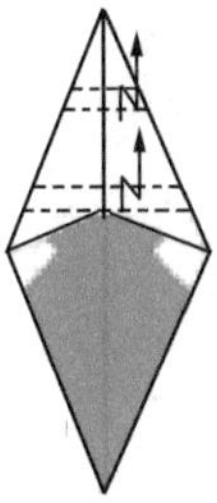

⑦ 沿虚线朝箭头方向翻折。

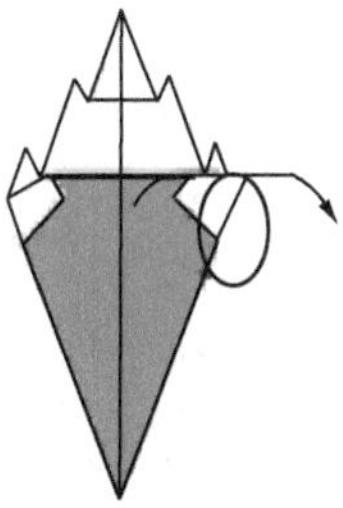

⑧ 翻面。

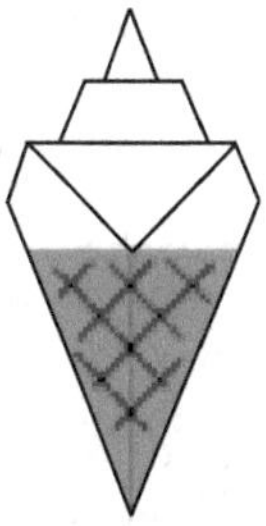

⑨ 画出菱形的花纹，完成制作。

图 3-4-30　冰激凌制作步骤

7. 小船。（图 3-4-31）

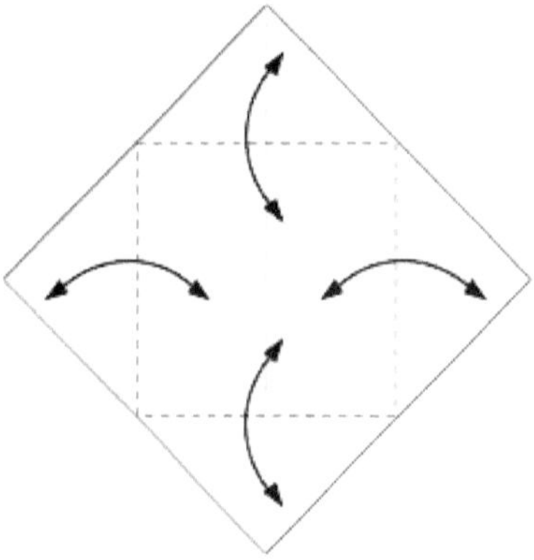

① 取一张正方形纸，沿虚线折出折痕。

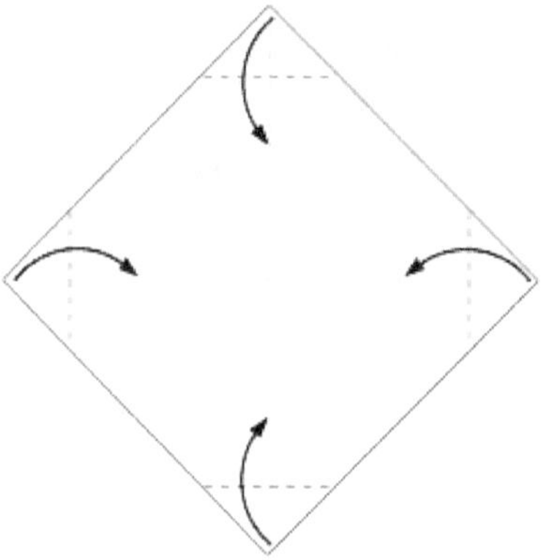

② 沿虚线朝箭头方向折叠。

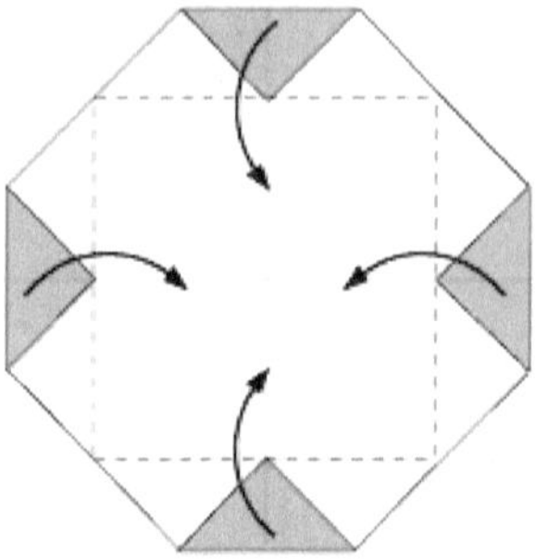

③ 沿虚线朝箭头方向折叠。

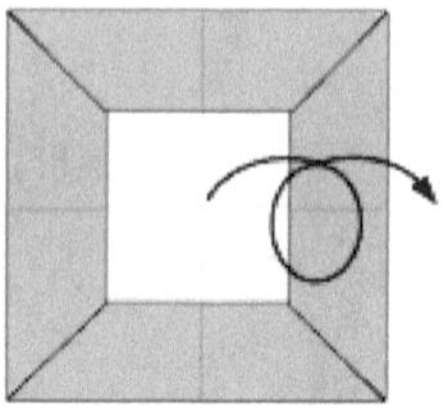

④ 翻面。

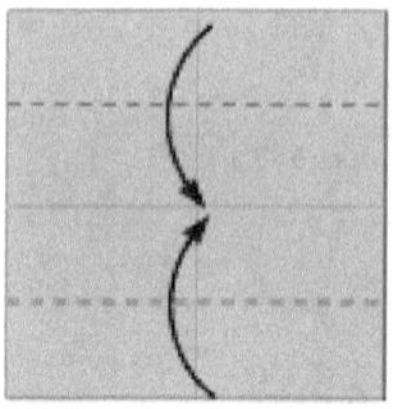

⑤ 沿虚线朝箭头方向折叠。

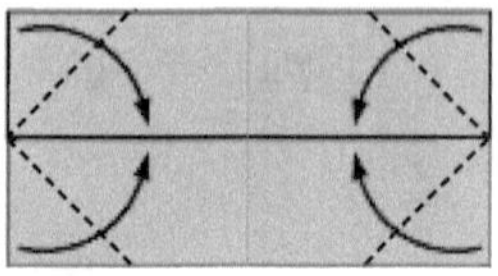

⑥ 沿虚线朝箭头方向折叠。

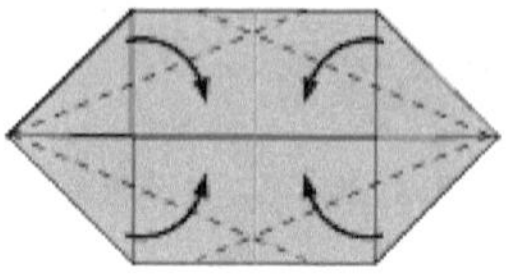

⑦ 沿虚线朝箭头方向折叠。

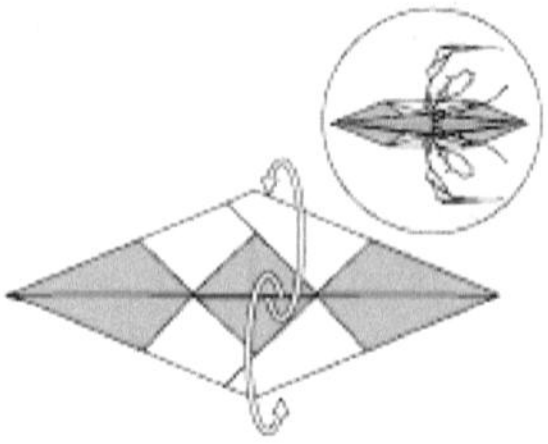

⑧ 从内部将纸撑开。

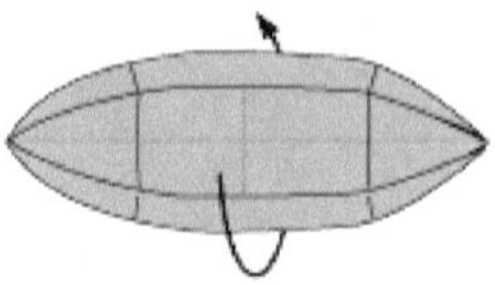

⑨ 翻转。

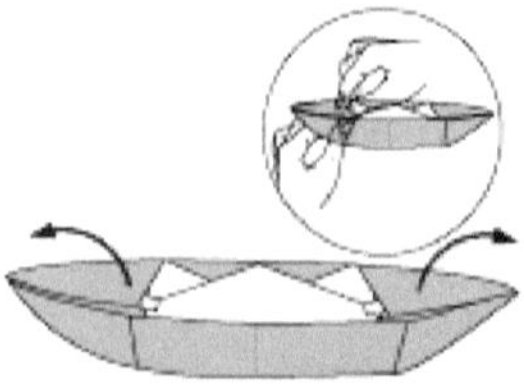

⑩ 朝箭头方向向外翻折，做出船篷。

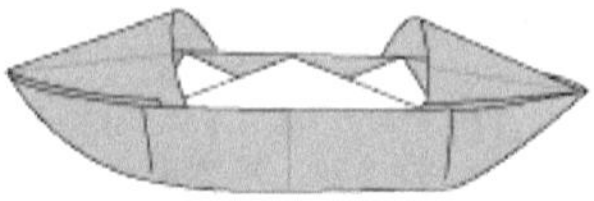

⑪ 完成制作。

图 3-4-31　小船制作步骤

8. 狐狸头。(图 3-4-32)

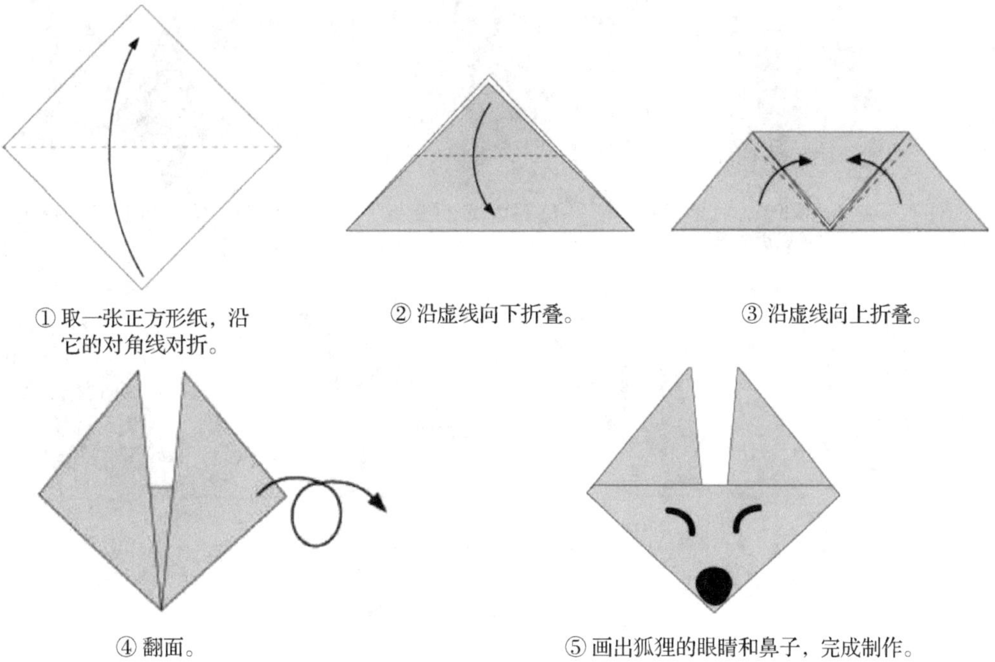

图 3-4-32　狐狸头制作步骤

9. 鹦鹉。(图 3-4-33)

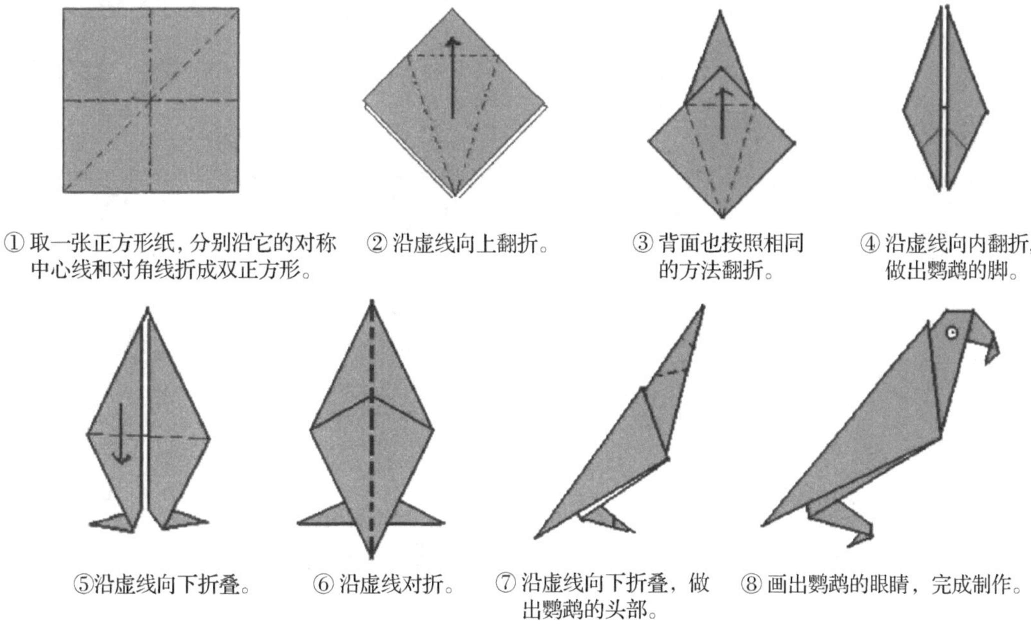

图 3-4-33　鹦鹉制作步骤

10．蜗牛。（图 3-4-34）

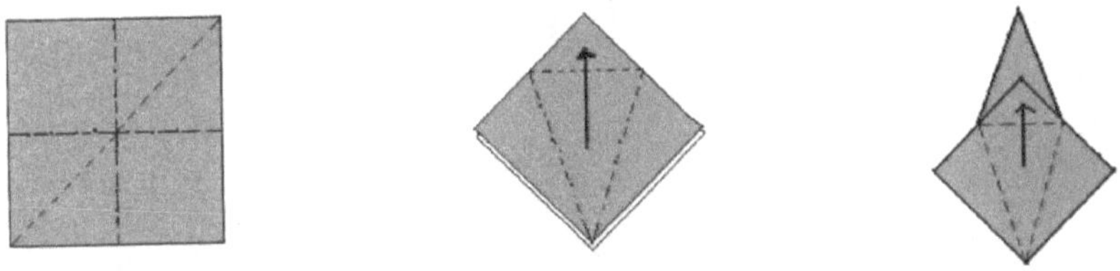

① 取一张正方形纸，分别沿它的对称中心线和对角线折成双正方形。

② 沿虚线向上翻折。

③ 背面也按照相同的方法翻折。

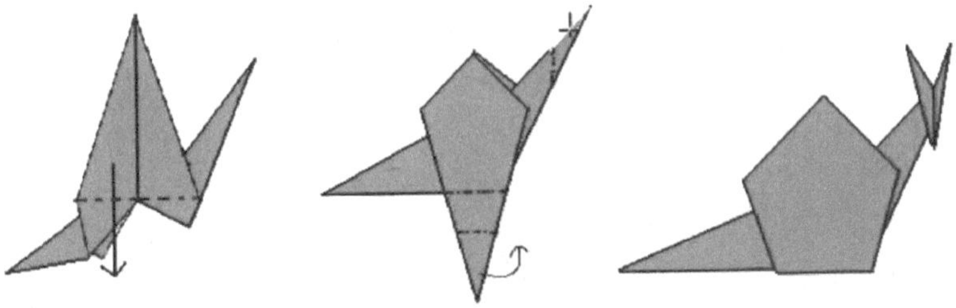

④ 沿虚线向内翻折，做出蜗牛的腹足。

⑤ 沿虚线向下折叠。

⑥ 沿虚线向上折叠，做出蜗牛的壳。

⑦ 完成制作。

图 3-4-34　蜗牛制作步骤

11．小马。（图 3-4-35）

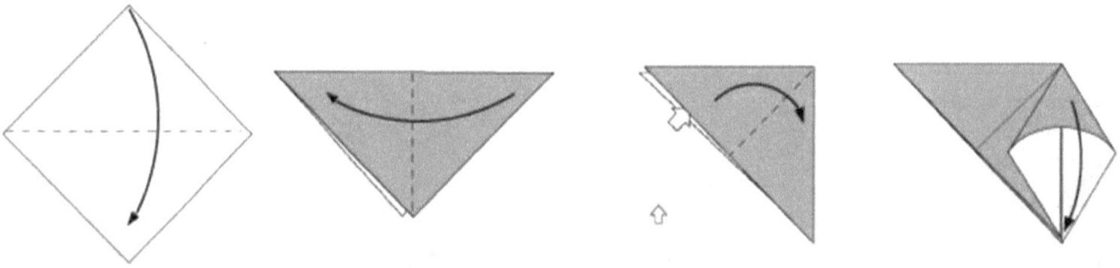

① 取一张正方形纸，沿它的对角线对折。

② 沿三角形纸的对称中心线对折。

③ 将三角形纸其中一个角撑开，沿虚线折叠。

④ 压平。

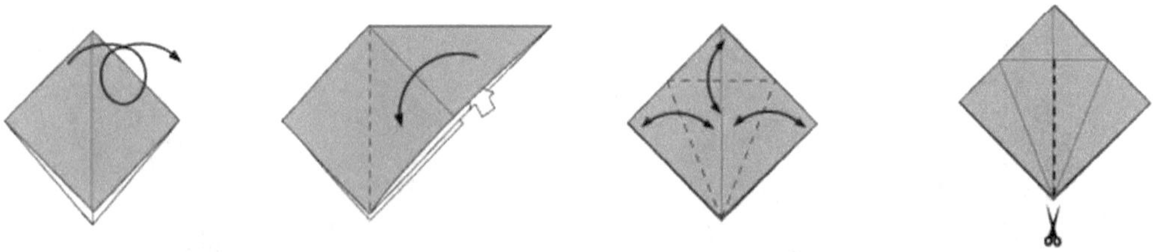

⑤ 翻面。

⑥ 背面也按照相同的方法折叠，压平。

⑦ 沿虚线朝箭头方向折出折痕。背面也按照相同的方法操作。

⑧ 沿剪切线剪切。背面也按照相同的方法剪切。

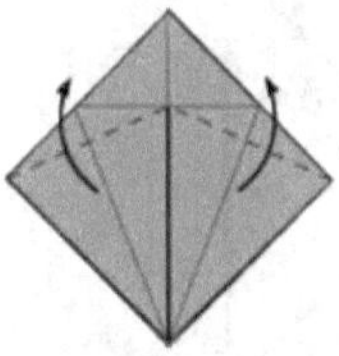

⑨ 沿虚线向上折叠。背面也按照相同的方法折叠。

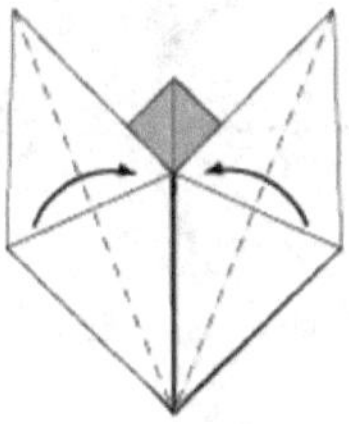

⑩ 沿虚线朝箭头方向折叠。背面也按照相同的方法折叠。

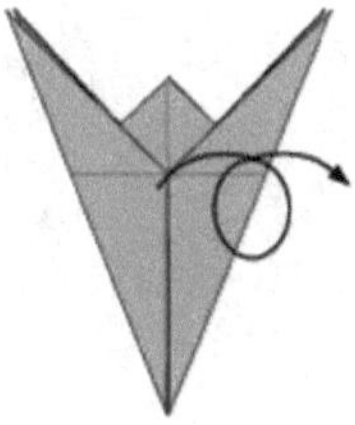

⑪ 翻面。

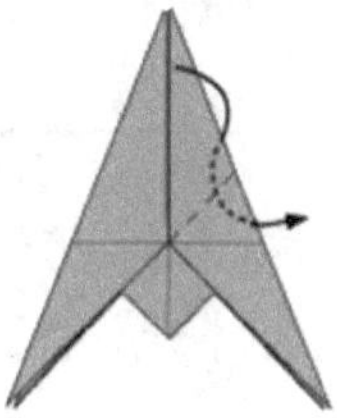

⑫ 沿虚线朝箭头方向翻折。

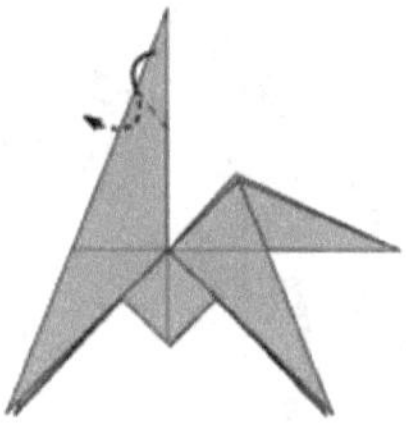

⑬ 沿虚线朝箭头方向翻折。

⑭ 沿虚线向内翻折。

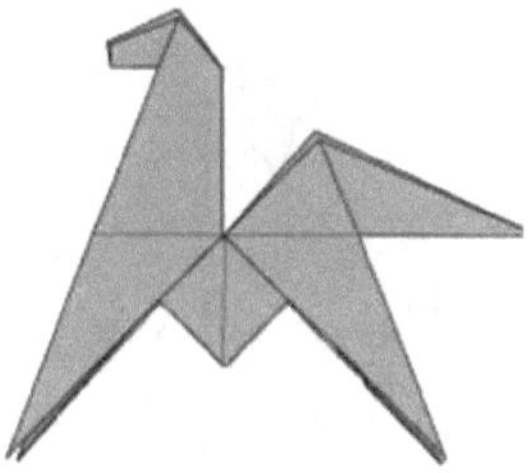

⑮ 完成制作。

图 3-4-35　小马制作步骤

12．热带鱼。(图 3-4-36)

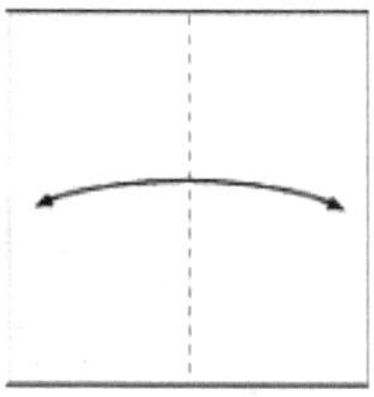

① 取一张正方形纸，沿它的对称中心线折出折痕。

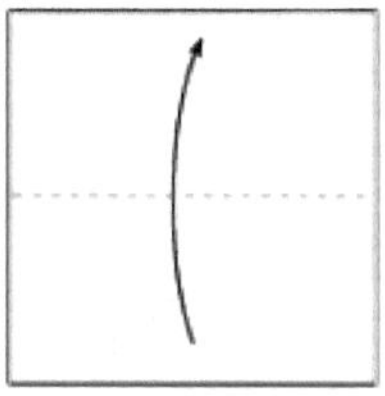

② 沿正方形纸的另一条对称中心线对折。

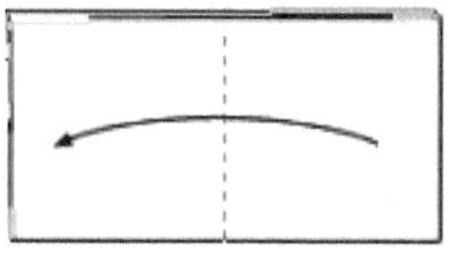

③ 沿虚线对折。

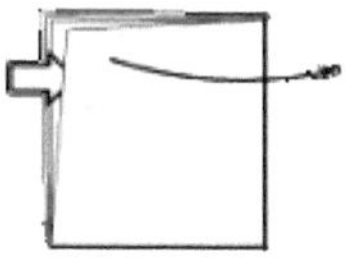

④ 将正方形纸的一个角撑开后向外翻折。

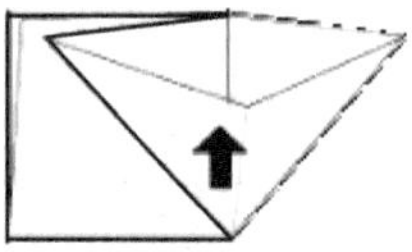

⑤ 压平。

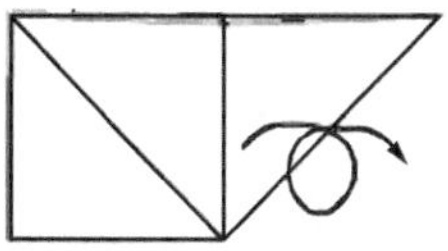

⑥ 翻面。

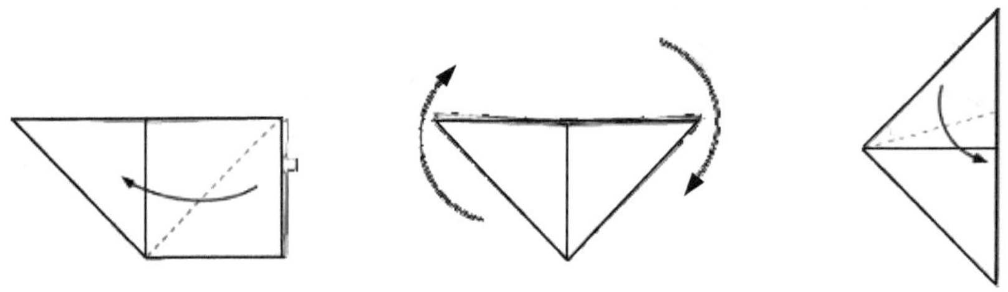

⑦ 沿虚线折叠，将正方形纸的另一个角撑开后向外翻折，压平。 ⑧ 顺时针旋转90°。 ⑨ 沿虚线向下折叠。

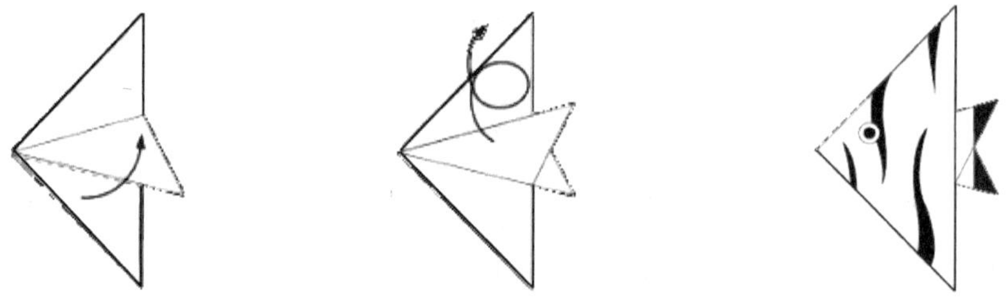

⑩ 沿虚线向上折叠。 ⑪ 翻面。 ⑫ 画出热带鱼的花纹和眼睛，完成制作。

图 3-4-36　热带鱼制作步骤

13．蝉。（图 3-4-37）

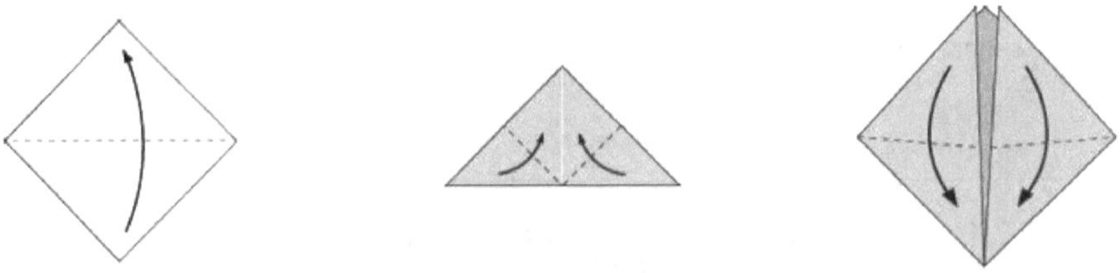

① 取一张正方形纸，沿它的对角线对折。 ② 沿虚线向上折叠。 ③ 沿虚线向下折叠。

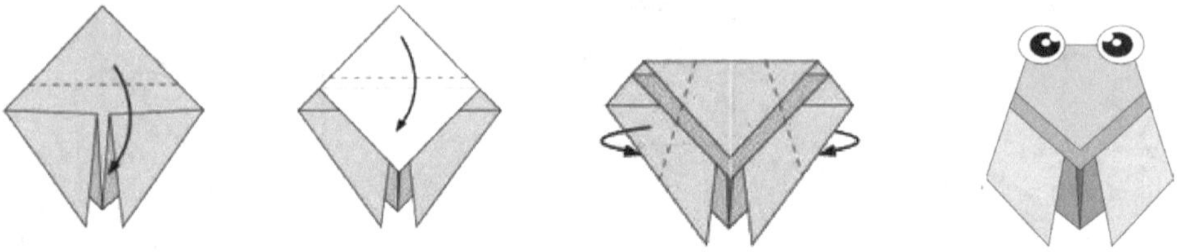

④ 沿虚线向下折叠。 ⑤ 再沿虚线向下折叠。 ⑥ 沿虚线向后翻折。 ⑦ 贴上蝉的眼睛，完成制作。

图 3-4-37　蝉制作步骤

14. 圣诞老人。(图 3-4-38)

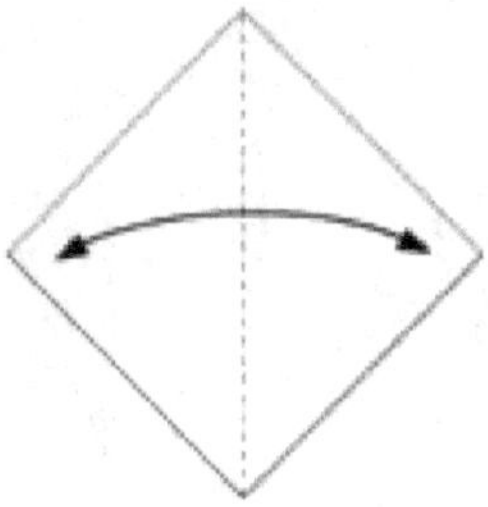

① 取一张正方形纸，沿它的对角线折出折痕。

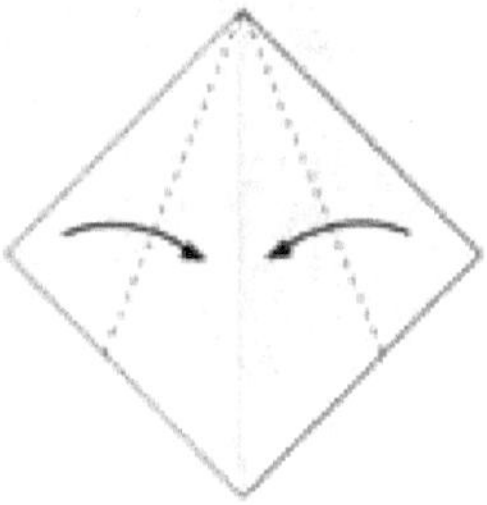

② 沿虚线朝箭头方向折叠。

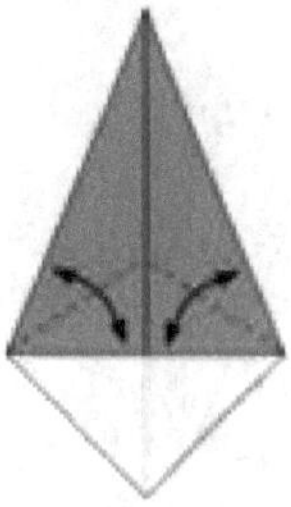

③ 沿虚线向上折出折痕。

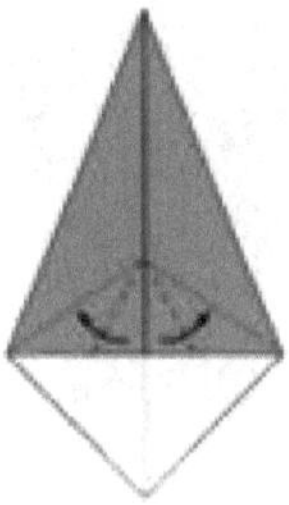

④ 沿虚线向上折叠。

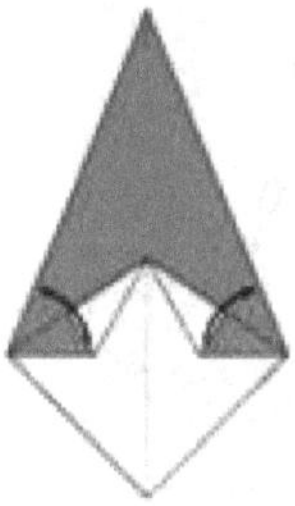

⑤ 再沿虚线向上折叠。

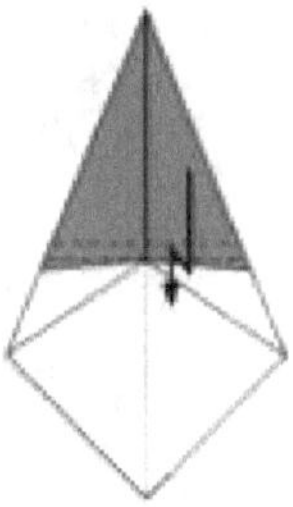

⑥ 沿虚线向下翻折。

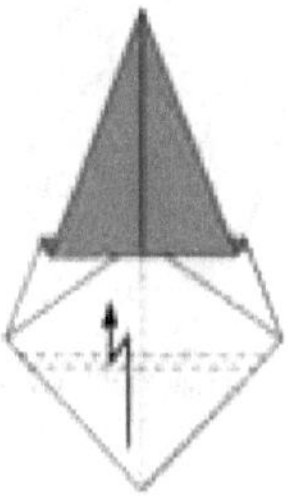

⑦ 沿虚线向上翻折。

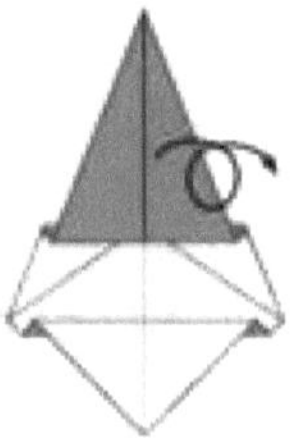

⑧ 翻面。

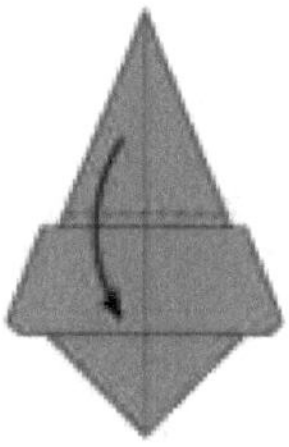

⑨ 沿虚线向下折叠。

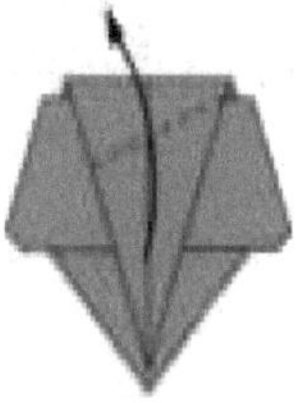

⑩ 沿虚线向斜上方折叠。

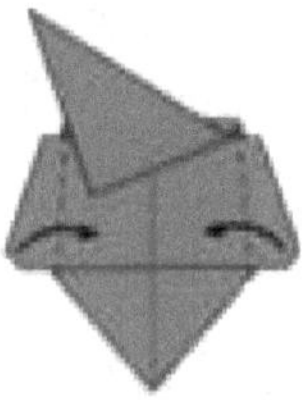

⑪ 沿虚线朝箭头方向折叠。

⑫ 翻面。

⑬ 画出圣诞老人的眼睛和鼻子，完成制作。

图 3-4-38　圣诞老人制作步骤

15．纸鹤。（图 3-4-39）

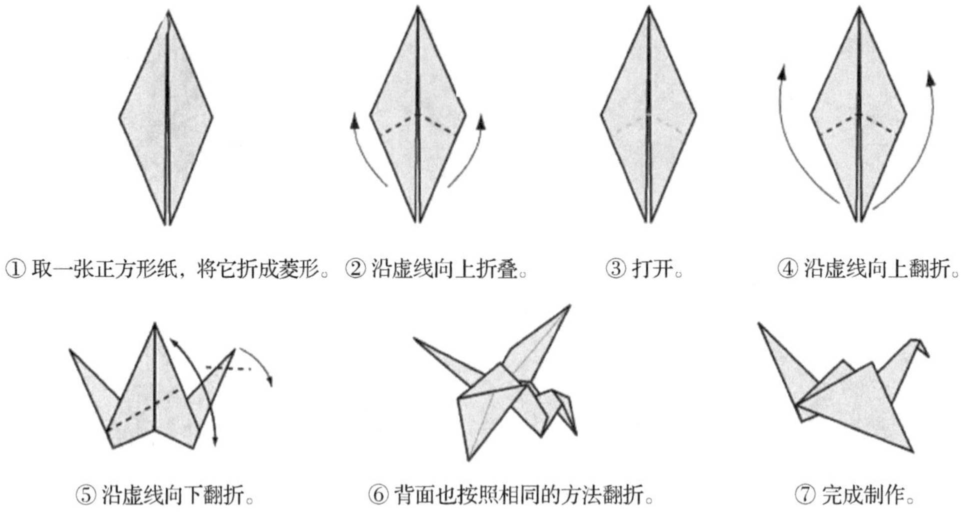

图 3-4-39　纸鹤制作步骤

（二）剪纸

1．小狗。（图 3-4-40）

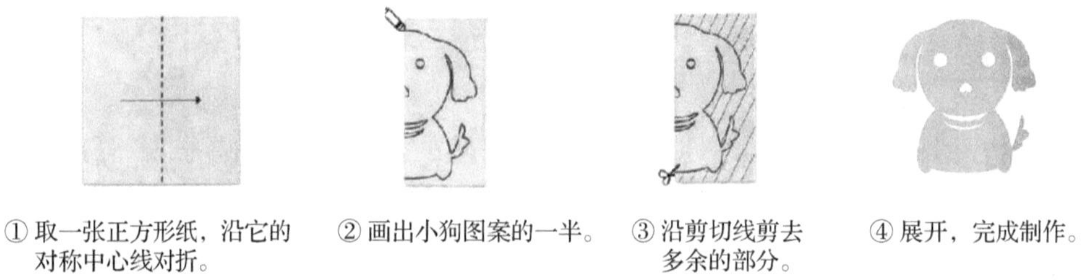

图 3-4-40　小狗制作步骤

2．青蛙。（图 3-4-41）

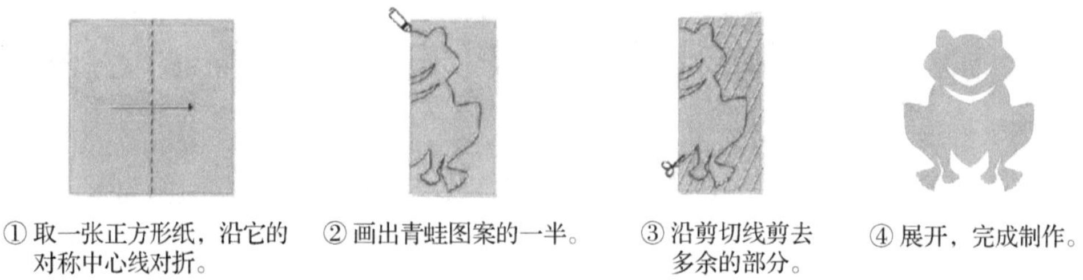

图 3-4-41　青蛙制作步骤

3. 袜子。(图 3-4-42)

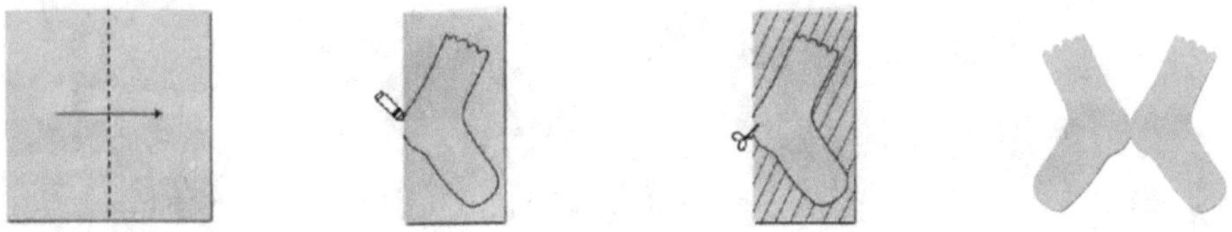

① 取一张正方形纸，沿它的对称中心线对折。 ② 画出袜子的图案。 ③ 沿剪切线剪去多余的部分。 ④ 展开，完成制作。

图 3-4-42　袜子制作步骤

4. 鸭子。(图 3-4-43)

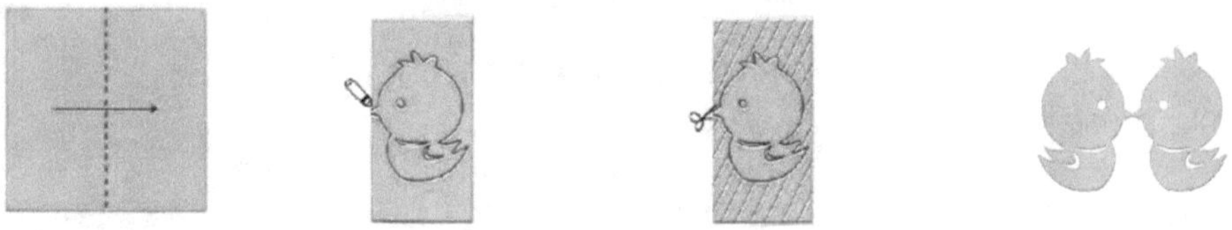

① 取一张正方形纸，沿它的对称中心线对折。 ② 画出鸭子的图案。 ③ 沿剪切线剪去多余的部分。 ④ 展开，完成制作。

图 3-4-43　鸭子制作步骤

5. 蜜蜂。(图 3-4-44)

① 取一张正方形纸，沿它的对称中心线对折。 ② 画出蜜蜂图案的一半。 ③ 沿剪切线剪去多余的部分。 ④ 展开，制作完成。

图 3-4-44　蜜蜂制作步骤

6. 三角折剪窗花。(图 3-4-45)

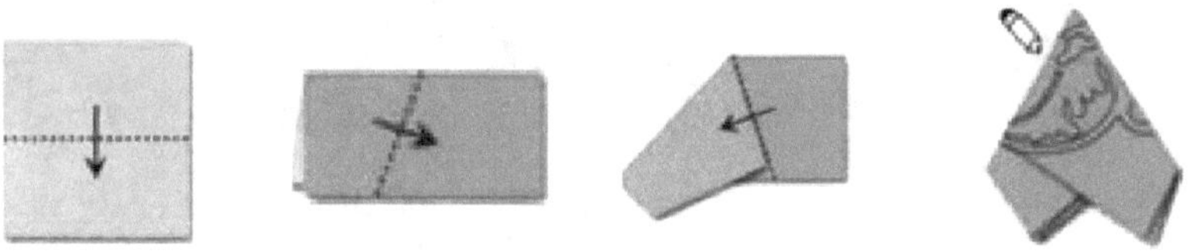

① 取一张正方形纸，沿它的对称中心线对折。 ② 沿虚线朝箭头方向折叠。 ③ 再沿虚线朝箭头方向折叠。 ④ 画出图案。

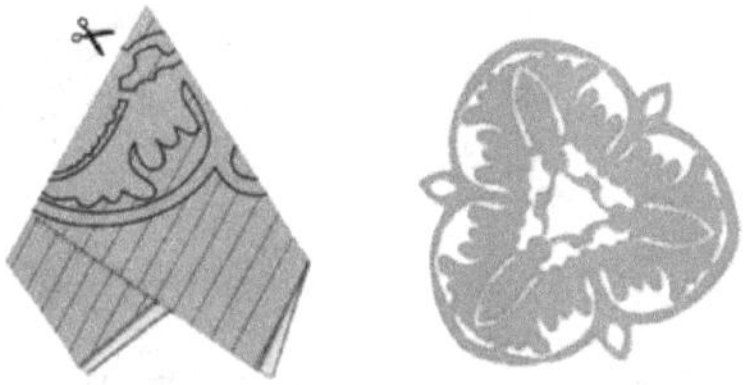

⑤ 剪去多余的部分。 ⑥ 展开，完成制作。

图 3-4-45　三角折剪窗花制作步骤

7. 四角折剪窗花。（图 3-4-46）

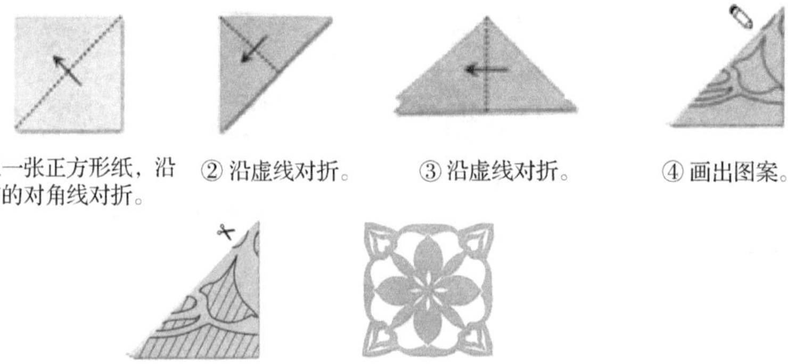

① 取一张正方形纸，沿它的对角线对折。 ② 沿虚线对折。 ③ 沿虚线对折。 ④ 画出图案。

⑤ 剪去多余的部分。 ⑥ 展开，完成制作。

图 3-4-46　四角折剪窗花制作步骤

8. 五角折剪窗花。（图 3-4-47）

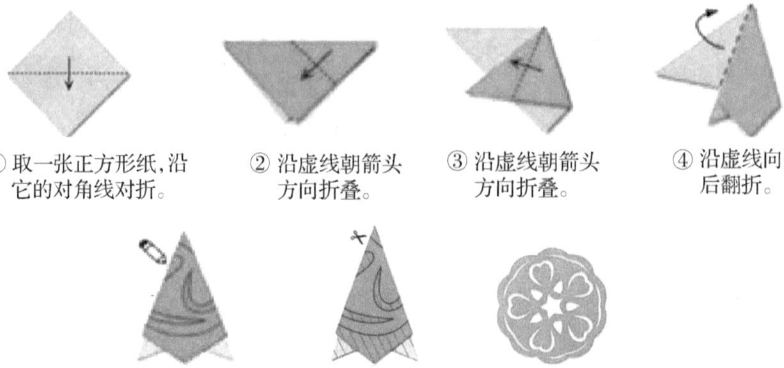

① 取一张正方形纸，沿它的对角线对折。 ② 沿虚线朝箭头方向折叠。 ③ 沿虚线朝箭头方向折叠。 ④ 沿虚线向后翻折。

⑤ 画出图案。 ⑥ 剪去多余的部分。 ⑦ 展开，完成制作。

图 3-4-47　五角折剪窗花制作步骤

9. 六角折剪窗花。（图 3-4-48）

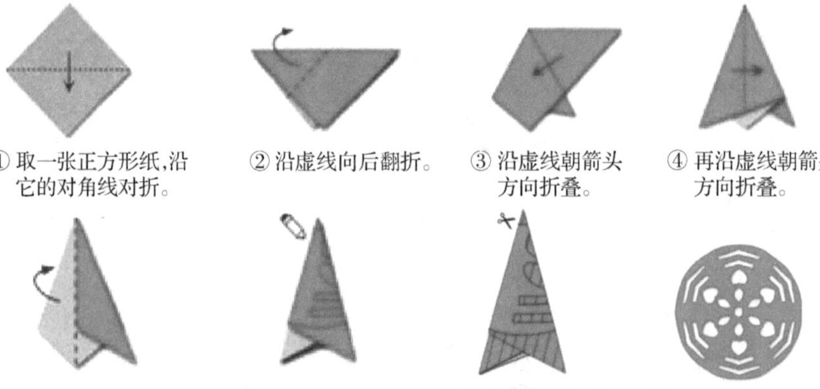

① 取一张正方形纸，沿它的对角线对折。 ② 沿虚线向后翻折。 ③ 沿虚线朝箭头方向折叠。 ④ 再沿虚线朝箭头方向折叠。

⑤ 沿虚线向后翻折。 ⑥ 画出图案。 ⑦ 剪去多余的部分。 ⑧ 展开，完成制作。

图 3-4-48　六角折剪窗花制作步骤

(三)黏土造型

1. 小猴子黏土造型。(图 3-4-49)

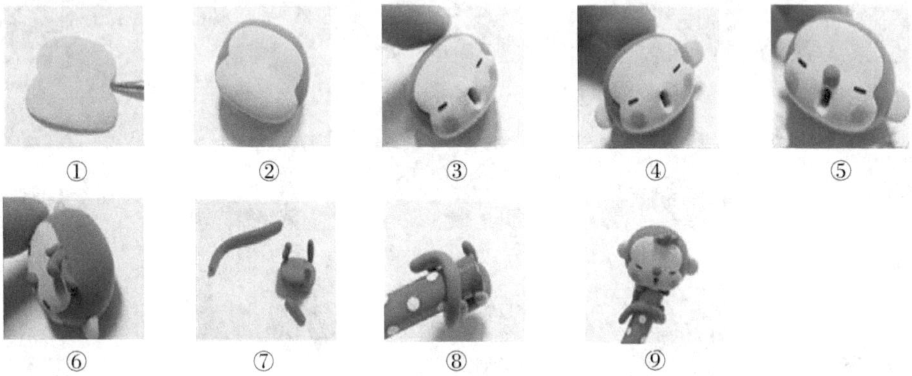

图 3-4-49　小猴子黏土造型制作步骤

2. 小熊黏土造型。(图 3-4-50)

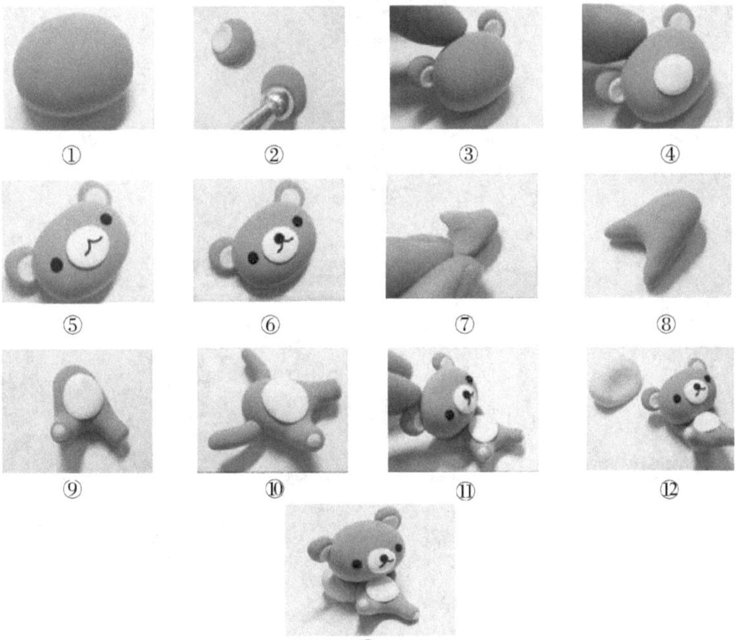

图 3-4-50　小熊黏土造型制作步骤

3．机器猫黏土造型。（图3-4-51）

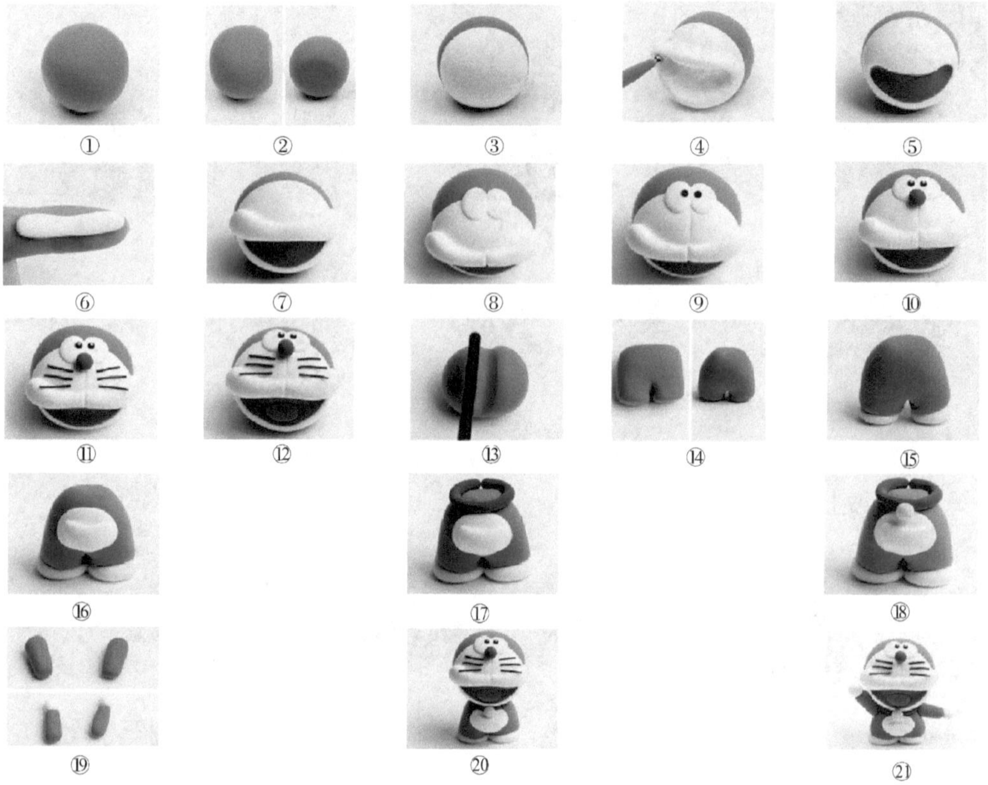

图3-4-51　机器猫黏土造型制作步骤

4．小花猫黏土造型。（图3-4-52）

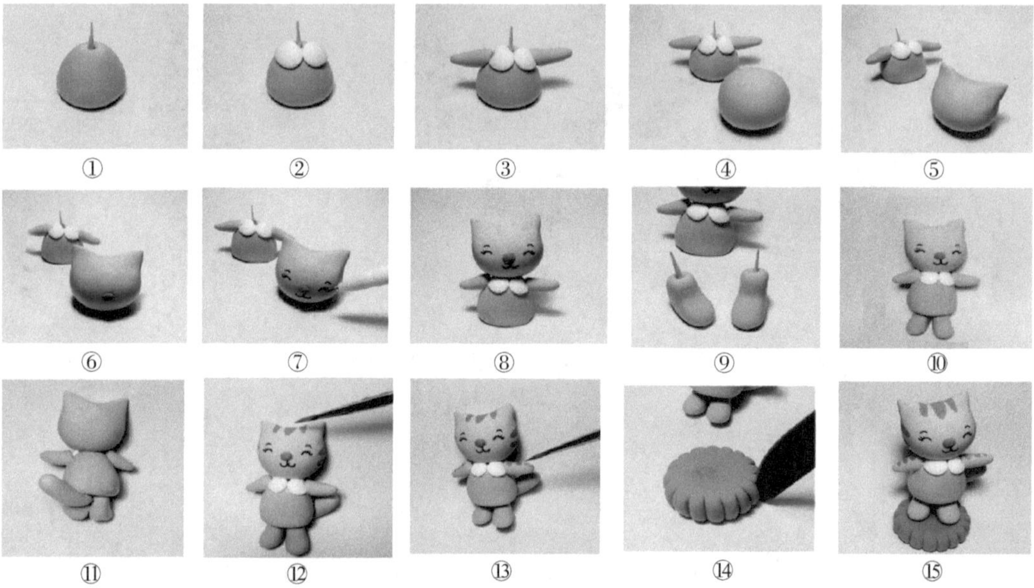

图3-4-52　小花猫黏土造型制作步骤

(四) 废物利用

1. 花环。(图 3-4-53)

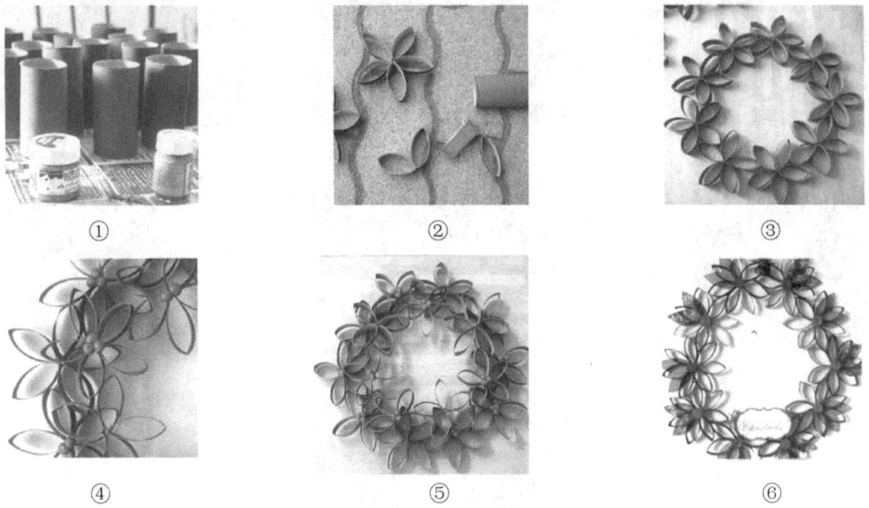

图 3-4-53 花环制作步骤

2. 战斗机。(图 3-4-54)

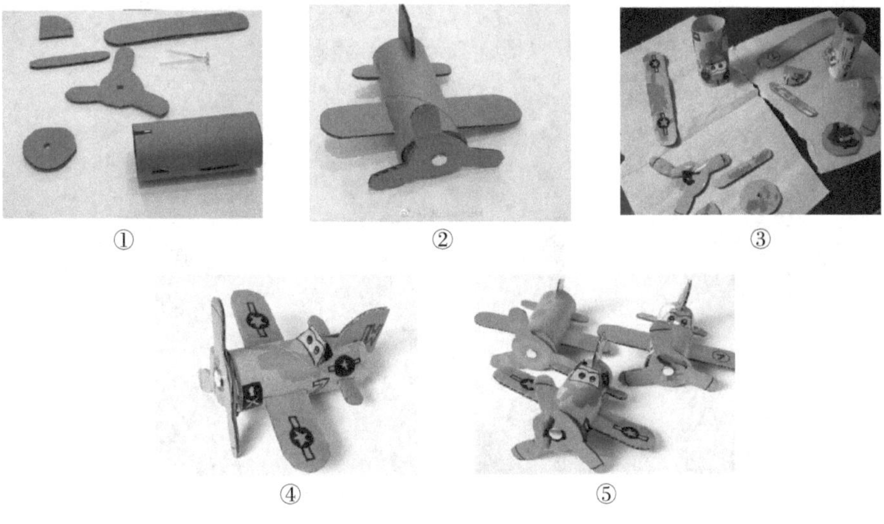

图 3-4-54 战斗机制作步骤

3．直升机。（图 3-4-55）

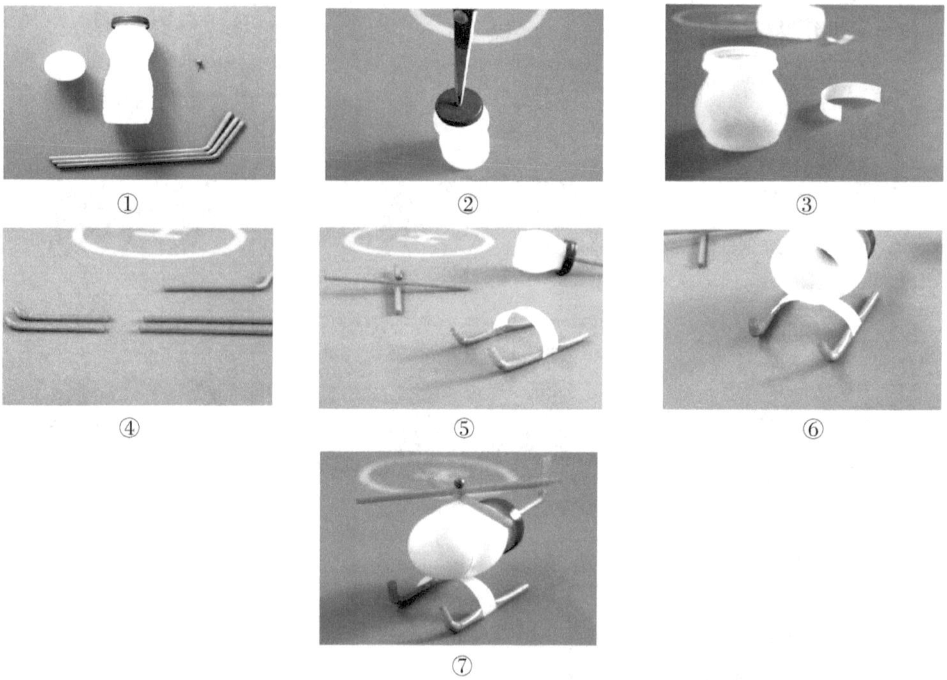

图 3-4-55　直升机制作步骤

4．圣诞企鹅。（图 3-4-56）

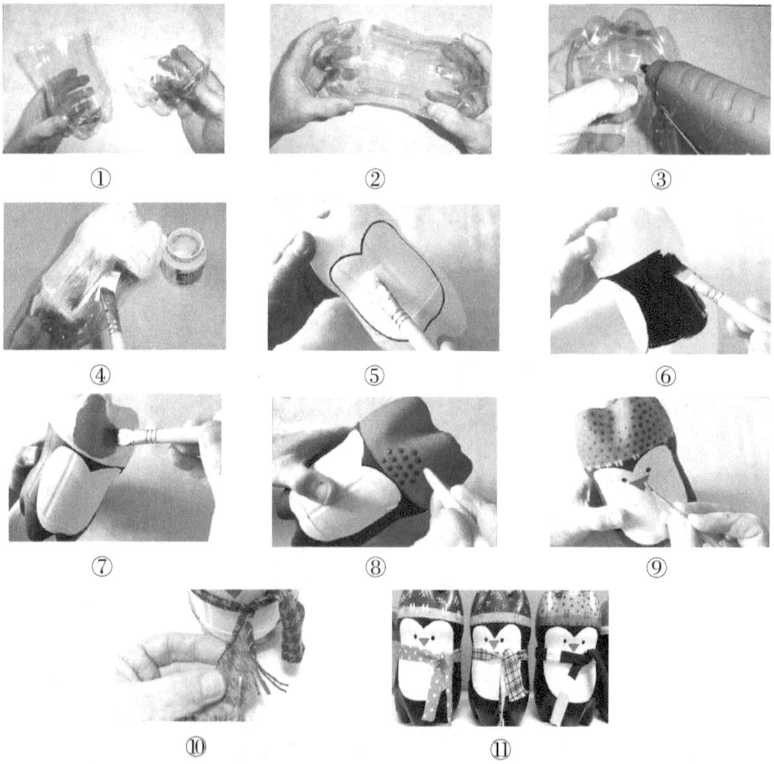

图 3-4-56　圣诞企鹅制作步骤

5. 小绵羊。(图3-4-57)

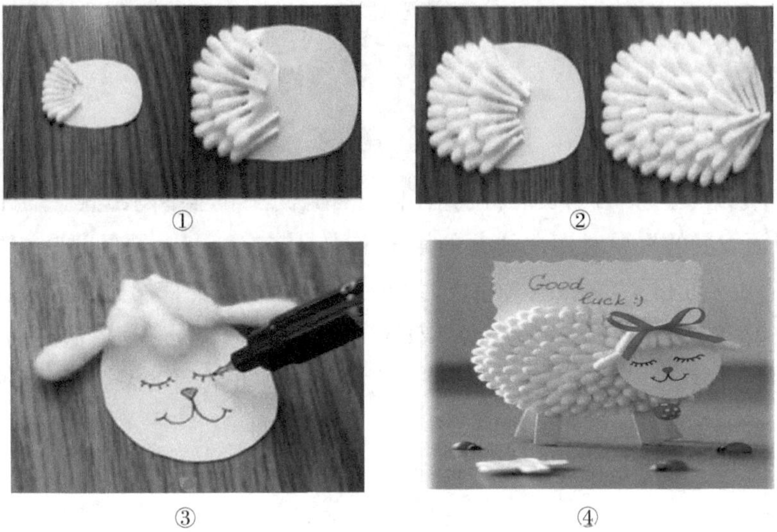

图3-4-57　小绵羊制作步骤

6. 小章鱼。(图3-4-58)

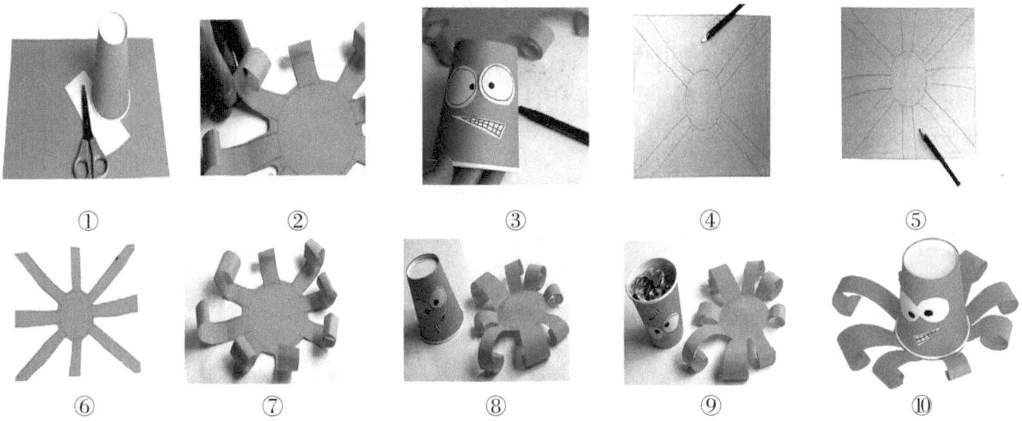

图3-4-58　小章鱼制作步骤

7. 青蛙王子。(图3-4-59)

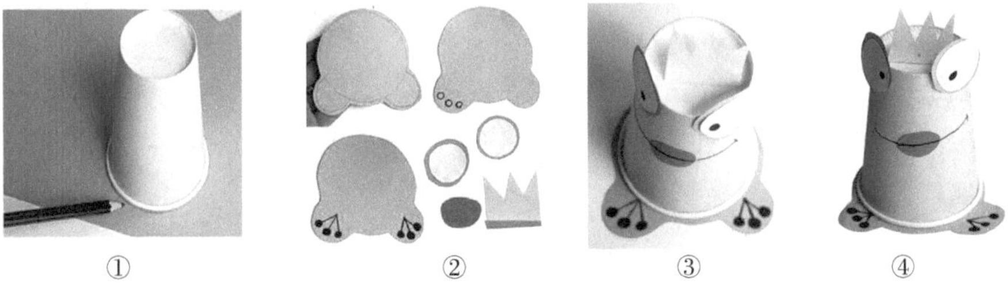

图3-4-59　青蛙王子制作步骤

第五节　故事讲述（或故事表演）

《指南》中对于儿童语言的发展特别指出：语言是交流和思维的工具。幼儿期是语言发展，特别是口语发展的重要时期。幼儿的语言能力是在交流和运用的过程中发展起来的。幼儿园教师应为幼儿创设自由、宽松的语言交往环境，鼓励和支持幼儿与成人、同伴交流，让幼儿想说、敢说、喜欢说，并能得到积极回应；应为幼儿提供丰富、适宜的低幼读物，经常和幼儿一起看图书、讲故事，丰富幼儿的语言表达能力，培养幼儿的阅读兴趣和良好的阅读习惯。

一、仿真题与解析

【仿真题1】

试讲题目

1. 题目：《亲亲爱爱好朋友》。

2. 内容：小班刚入园的幼儿在与同伴交往中，想表达友好时却时常采用抓咬的方式。请设计情景表演为幼儿示范与同伴友好交往的行为和做法。

3. 基本要求：

（1）根据上述内容，创编一个简单的故事，进行情景表演。

① 设置1—2个角色，故事情节简短感人。

② 故事有针对性，易于幼儿理解。

（2）选择或制作道具。

① 利用信封或纸杯等材料，根据情景表演的需要，制作简单的人物角色。

② 道具适用于表演。

（3）模拟面对小班幼儿表演。

要求语言生动，有一定的感染力。

（4）请在10分钟内完成上述任务。

答辩题目

1. 在生活中，面对幼儿争抢玩具的情况，你该如何处理？

2. 如何培养幼儿的分享意识？

【解析】

1. 角色定位：构思所要表演的主人公，可以是人，也可以是动物。考题中提及的授课对象是小班幼儿。小班幼儿在入园初期比较懵懂，因此教师要思考哪种角色更能吸引他们。

2. 道具选择：可以选用信封或纸杯制作简易的手偶，利用手偶进行情景表演。

3. 角色转换:该考题中如果考生一人分饰两角,在对话过程中要注意站位的转换、音调的变化、动作的改变等,要让评委清晰地看到故事中的两个不同的人物。

4. 表演范例。

(1) 道具:在信封上画一个洋娃娃,代表洋娃娃玩具。

(2) 人物:贝贝和妞妞。

(3) 故事主要情节:

一天,贝贝从家里带来了一个洋娃娃玩具,这个洋娃娃玩具有着大大的眼睛、卷卷的头发、七彩的裙子,美丽极了。贝贝说:“这是我最喜欢的玩具之一,她是一个美丽的小公主。”

妞妞看到了,喜欢极了。这是她一直想要的玩具,可是她的妈妈说家里已经有很多玩具了,不能再买了。这可怎么办呢?

“如果我向贝贝借洋娃娃玩具来玩一玩,她会同意吗?”妞妞自言自语道。她走到贝贝面前,说:“贝贝,我能借你的洋娃娃玩具玩一玩吗?”

贝贝说:“当然可以啦!”

于是,她们一起给洋娃娃玩具换衣服、梳头发,快乐极了。

妞妞说:“贝贝,谢谢你愿意和我一起玩洋娃娃玩具。”

贝贝说:“哈哈,我们都是好朋友。”

她们面对面开心地笑了起来。

【仿真题2】

太阳和月亮

太阳出来了,
小动物们醒来了,
一只小狗汪汪叫,
两只兔子蹦蹦跳,
三只小鸟喳喳叫,
白天真热闹。

月亮出来了
小动物们回家了,
一只小狗睡着了,
两只兔子睡着了,
三只小鸟睡着了,
黑夜静悄悄。

试讲题目

1. 题目：儿歌《太阳和月亮》。

2. 内容：

（1）模拟面对幼儿表演儿歌。

（2）模拟组织幼儿学习儿歌。

3. 基本要求：

（1）模拟面对幼儿表演儿歌。

普通话标准，语气、语调、动作、表情符合儿歌内容，有感染力。

（2）模拟组织幼儿学习儿歌。

活动有趣，能吸引幼儿参与，有利于幼儿熟悉、理解、朗读儿歌。

（3）请在10分钟内完成上述任务。

答辩题目

1. 本次活动的目标是什么？

2.《纲要》中语言领域的总目标是什么？

【解析】

1. 表演分析。

这是一个适合小班幼儿的活动。根据小班幼儿的年龄特点和认知规律，在本次语言活动中，可以以游戏的方式帮助幼儿学儿歌和编儿歌。在教学准备上，建议考生在候考室准备时采用简笔画的形式绘制图画，便于师幼之间互动。

活动的延伸部分建议考生引导幼儿进行创编。在幼儿的创编过程中，教师要注重幼儿思维的发散，激发幼儿发挥想象力，引导他们创编出更多的内容，而不只局限于动物。

2. 活动范例。

（1）教师导入活动。

师："小朋友们，今天我们班上来了两个小朋友，其中一个是谁呀？"（出示太阳的图片）

（2）幼儿看图理解儿歌。

① 教师引导幼儿理解诗歌第一段的内容。

师："太阳出来了，是什么时候？"

师："是呀，是白天。白天，小朋友们都醒来了，那还有谁也会醒来呢？谁来说说看？"

师："太阳出来了，小动物们醒来了。大家猜猜看，都有哪些小动物醒来啦？"

师："汪汪汪，谁来啦？一只小狗汪汪叫。"（一边做小狗摇尾巴的动作，一边引导幼儿一起念儿歌）

师："瞧，这是谁来啦？两只兔子蹦蹦跳。"（一边做兔子跳跃的动作，一边引导幼儿一起念儿歌）

师："瞧，这又是谁来啦？三只小鸟喳喳叫。"（一边做小鸟挥动翅膀的动作，一边引导幼儿一起念儿歌）

师:“哇,有这么多的小动物醒来了,白天真热闹呀!”

② 教师引导幼儿理解儿歌第二节的内容。

师:“还有一个小朋友也来了,它是谁呀?”(出示月亮的图片)

师:“月亮什么时候出来呀?”

师:“月亮出来了,小动物们回家了。大家猜猜看,都有哪些小动物睡着了呢?”

师:“几只小狗睡着了?一只小狗睡着了。”(一边做小狗睡着的动作,一边引导幼儿一起念儿歌)

师:“几只兔子睡着了?两只兔子睡着了。”(一边做兔子睡着的动作,一边引导幼儿一起念儿歌)

师:“几只小鸟睡着了?三只小鸟睡着了。”(一边做小鸟睡着的动作,一边引导幼儿一起念儿歌)

师:“哇,黑夜静悄悄……”

(3) 教师播放儿歌,并与幼儿一同表演儿歌。

① 教师播放儿歌。

师:“今天,太阳和月亮还带来了一首好听的儿歌,它的名字叫作《太阳和月亮》,让我们一起来听一听吧!”

② 师幼共同表演儿歌。

师:“小朋友们,让我们一边做动作一边来表演儿歌吧!”

(4) 教师创编表演动作,并引导幼儿表演儿歌。

① 教师创编表演动作。

师:“小朋友们,太阳出来了,还有哪些小动物醒来了呢?”

② 幼儿表演儿歌。

师:“小朋友们,让我们一起把刚才说的这些都编进儿歌里吧!谁愿意来演一演呢?”

(5) 活动结束。

师:“白天真热闹,夜晚静悄悄,小动物们都睡着了。让我们轻轻地回教室吧!”

【仿真题 3】

大狮子和小老鼠

有一天,一只大狮子正在草地上睡大觉。一只小老鼠正好路过草地:“嘻嘻,大狮子正好睡着了,这下我可以好好玩玩了。”于是,小老鼠一下子跳到大狮子的背上,它刚想站起来看看大狮子的脸,不料大狮子忽然醒了,看见了小老鼠:“好啊,你这个小东西,敢跳到我的背上,我要吃掉你!”小老鼠连忙恳求道:“好心的大狮子,求求你放了我吧!说不定哪一天我会帮助您的。”“哈哈哈,你这么小,我这么大,我怎么会需要你的帮助?”大狮子骄傲地说着。小老鼠不停地恳求大狮子放了它。最后,大狮子就放走了小老鼠。

没过几天，大狮子在草地上散步，一不小心掉进了猎人设计的陷阱里，大狮子急得大叫起来："谁来帮帮我？谁来帮帮我？"小老鼠听到了大狮子的呼救声，连忙跑来对大狮子说："亲爱的大狮子，别着急，我有办法救你。"说着，小老鼠跳到大网上，咬断了一根线，又咬断了另一根线……慢慢地，网上出现了一个大洞，大狮子得救了。"谢谢你，谢谢你，小老鼠。虽然我这么大，你这么小，但是我能帮助你，你也能帮助我。让我们成为好朋友吧！"大狮子说道。

从此以后，大狮子和小老鼠成了一对好朋友。

试讲题目

1. 题目：故事《大狮子和小老鼠》。

2. 内容：

(1) 模拟面对幼儿根据故事内容进行表演。

(2) 回答问题。

3. 基本要求：

(1) 模拟面对幼儿根据故事内容进行表演。

① 表演内容从"有一天，一只大狮子正在草地上睡大觉"开始，到"大狮子就放走了小老鼠"结束。

② 普通话标准，语气、语调、动作、表情符合角色形象，有感染力。

(2) 回答问题。

如果请4—5岁的幼儿根据故事内容进行表演，你会如何组织这一活动？

(3) 请在10分钟内完成上述任务。

答辩题目

1. 请问指导幼儿进行故事表演的难点主要有哪些？

2. 如何培养幼儿良好的阅读习惯？

【解析】

1. 表演分析。

此考题除答辩题目之外，主要分为故事表演和回答问题两个部分。这既有别于其他考题中故事表演的形式，即要求考生直接表演故事片段，并回答如何组织活动；又有别于考生模拟教学活动的开展。这是考生需要理清思路的地方。

在模拟表演时，考生须表现出小老鼠和大狮子两种动物的特点：小老鼠声音细小，大狮子声音粗犷。在肢体表现上，考生须表现出小老鼠调皮胆小、大狮子威猛霸气的一面。

2. 回答范例。

此考题符合中班幼儿的年龄特点。在组织表演前，我会让幼儿熟悉这个故事的内容。在组织幼儿进行表演时，我会尝试和幼儿一起来说故事。我来念大狮子说的话，让幼儿来念小老鼠说的话，表演中的旁白也由我来说。幼儿的声音稚嫩，可以表现出小老鼠的特质；我通过念大狮子说的话,可以激发幼儿表演的兴趣。

在熟读故事后,我会尝试加入动作来进行故事表演,与幼儿一起讨论大狮子、小老鼠的几个动作要点。例如,如何表现恳求、焦急、呼救、感谢等情感特点。随后,请一名幼儿和我一起来表演,由我来扮演大狮子,幼儿扮演小老鼠。

在表演结束后,幼儿已经对整个故事比较熟悉了。因此,我可以邀请幼儿来扮演小老鼠和大狮子,并完成整个表演。之后,我还要引导全班小朋友一起讨论表演者在表演时的优缺点,并寻找更好的表现方式,引导下一组小朋友进行表演。

3. 注意事项。

针对如何组织活动的问题,没有固定的答案。考生要根据自己设计的活动形式来理清思路,进行作答。只要考生思路清晰、自信坦然,就可以取得不错的成绩。

二、技能指导

谈到故事,先要理解故事的含义。故事是文学体裁中的一种,侧重于描述事件发展的过程,强调情节的生动性和连贯性,比较适合口头讲述已经发生的事情或者想象的内容。童话故事是儿童文学中的一种,通常是以幼儿为对象,适合幼儿听、读、讲的故事。童话故事寓教于乐,符合幼儿的心理特点,能有效地拓宽他们的知识面,培养他们对知识的兴趣,是开启幼儿智慧大门的一把钥匙。听故事不仅可以开阔幼儿的眼界,还可以提升他们的思维能力和想象力,促进他们的思维更加活跃,促使他们的想象力更加丰富。

故事讲述既要求考生以浅显易懂的语言将考题所要求的故事进行绘声绘色的讲述,又要求考生有连贯的语言叙述能力、丰富的肢体表现力、抑扬顿挫的声音表现力、灵活的应变能力等。在进行故事讲述之前,考生先要了解《指南》中对语言发展提出的要求。在倾听与表达方面,考生要认真听并能听懂常用的语言,愿意讲述并能清楚地表达,具有文明的语言习惯。因此,考生要在现场营造一个自由、宽松的语言环境,用浅显、适当的语言进行讲述或表演,引导幼儿养成注意聆听的习惯,尽力展现个人的语言表达能力。

下面讲一讲故事讲述(或故事表演)的主要形式:

1. 直接讲述完整故事。

如果是直接讲述故事,对教师的要求比较高,需要教师在短时间内对故事的梗概进行记忆,并能用丰富的语言和肢体动作进行表现。在讲述时,考生需要注意以下三点:

(1) 声音的抑扬顿挫。

在幼儿园教学活动中,有的教师讲故事十分精彩,幼儿全程专注地聆听;有的教师讲故事平铺直叙,幼儿在短暂聆听后开始专注其他的事情。由此看出,语言如何吸引幼儿非常重要。因此,教师要根据故事的情境采取适当的方式进行表达。例如,在故事《小蝌蚪找妈妈》中,当小蝌蚪询问:“你是我的妈妈吗?”教师可以用懵懂好奇的语气来表达小蝌蚪心中的疑惑。当小蝌蚪找到妈妈时,教师可以用热情、高兴的语气来表达小蝌蚪内心的欢喜。

(2) 动作的支撑和配合。

有些故事适合教师完整讲述,有些故事适合加入丰富多彩的肢体动作。例如,在故事

《拔萝卜》中，小动物们使出吃奶的劲儿拔萝卜的动作，考生可以利用双手做拔萝卜及弯腰的动作来展现。一般地，夸张的动作能够吸引幼儿对故事产生浓厚的兴趣。

（3）自问自答式讲述。

有些考生在讲故事时会提出疑问，停顿后会给出答案，继续讲述故事。这种停顿式的讲述，给了幼儿思考的空间，也使故事变得有意思。例如，在故事《你别想让河马走开》中，教师说："小老鼠会用什么办法解决问题呢？原来呀，小老鼠扭动它的鼻子，抖动它的胡须，在河马耳朵边说悄悄话呢！"这样的讲述可以使故事更具有层次感。

2. 通过角色扮演来讲故事。

有别于考生个人的完整讲述，以角色扮演的形式进行讲述，会使故事变得更加生动。考生可以利用多种道具来进行情景表演，可以一人通过动作、道具、声音等方式来展现多个角色，也可以多人利用互动的方式来表演。在讲述时，考生需要注意以下三点：

（1）使用道具讲故事。

考生在备考室的准备时间有限，准备道具的时间也十分有限。例如，在有些情况下考官会提供一个信封或者一个纸杯，考生可以利用其充当手偶或者故事情境中的某一物品来进行讲述，这往往能起到事半功倍的效果。

（2）一人分饰多角讲故事。

一人分饰多角的故事讲述，考验的是考生的表演能力。一方面，考生可以通过更换站位的方式来表现不同的人物；另一方面，也可以利用声调的变化来表现。此外，考生还可以利用道具来丰富故事内容。在日常故事教学中，一人分饰多角讲故事更能激发幼儿的学习兴趣。

（3）互动讲故事。

在故事讲述的过程中，如果考生能够完整讲述固然好，但对于内容冗长的故事，长时间讲述会降低幼儿的专注度。因此，适当加入互动环节能够改善这一局面。考生在讲到故事的精彩之处时，可以给幼儿抛出问题，激发其进一步探究的欲望。

3. 引发式的故事讲述。

（1）提问导入。

考生带着疑问去阅读故事，这是常见的形式之一。例如，在故事《小河马和大口罩》中，考生可以向幼儿提问："小朋友们，你们戴过口罩吗？你们在什么情况下会戴口罩呢？"随后，再提问："今天故事里的小河马又是为了什么事情戴口罩呢？我们一起来听一听吧！"考生让幼儿带着疑问去聆听故事，可以激发其进一步听故事的兴趣。

（2）谜语导入。

故事中的主人公多种多样，故事所谈到的中心思想也各不相同。通过猜谜语的方式，引出故事中重要的内容，也是考试时常用的方法之一。

三、素材库(常见的故事)

【故事1】

小河马和大口罩

有一天,小河马得了重感冒,不停地打喷嚏。"阿嚏",小河马把自己家的窗户喷得老远老远,它自言自语道:"看来我该去医院了。"小河马来到医院看病,大熊医生说:"小河马,你得了重感冒,把这瓶药带回家,每天按时服用。这个大口罩给你,你要好好地戴在你的大嘴巴上。"

小河马戴着大口罩,捧着药回家去。半路上,它忍不住又打了个大喷嚏。"阿嚏",这个喷嚏可了不得,把小河马喷得老高,它的口水满地淌。戴在小河马嘴上的大口罩呢,早已飞过大树梢,不见了。小河马摸了摸嘴巴,看了看大树,大声地叫道:"啊!我的大口罩不见了。"

小白兔正在采蘑菇,看见落在草地上的大口罩,就捧着一个大蘑菇高兴地说:"哇,这不是一个很好的篮子吗?"于是,小白兔捡起大口罩,用它来装蘑菇。小白兔拎着蘑菇回家去,路上遇到了小羊和小鹿。小羊和小鹿说:"小白兔,你好!"小白兔说:"小羊和小鹿,你们好!这两个大蘑菇送给你们吃。"小羊和小鹿说:"谢谢你,小白兔!"

小白兔回到家,把大蘑菇倒进盆里,又把大口罩往窗外一扔。树上的小松鼠看见扔在地上的大口罩,自言自语道:"咦,这不是一个很好的吊床吗?"说着,小松鼠捡起了大口罩,做成了一张吊床,躺在上面,开心地说:"哈哈,真舒服!"

第二天早晨,森林医院门口的病人可真多呀!"阿嚏,阿嚏",一个个喷嚏打得可响了!大熊医生打开门一看,傻了眼,小白兔、小羊、小鹿、小松鼠都来看病啦!小朋友们,这是怎么一回事呢?

试讲题目

1. 题目:故事《小河马和大口罩》。
2. 内容:
(1)模拟面对幼儿根据故事内容进行表演。
(2)回答问题。
3. 基本要求:
(1)模拟面对幼儿根据故事内容进行表演。
①表演内容从"小白兔正在采蘑菇"开始,到"小朋友们,这是怎么一回事呢"结束。
②普通话标准,语气、语调、动作、表情符合角色形象,有感染力。
(2)回答问题。
如果请5—6岁的幼儿根据故事内容进行表演,你会如何组织这一活动?

（3）请在10分钟内完成上述任务。

答辩题目

1. 请你反思一下今天的试讲表现。

2. 你想通过这个故事告诉幼儿什么道理？

【故事2】

请让我搭车吧

森林里的大狮子做了一辆很棒的旅游车，司机就是大狮子。一天，大狮子开着旅游车出发了。

旅游车“咕噜咕噜”地跑在林间的小路上。小路边，站着一只小狐狸。小狐狸招招手，对大狮子说：“大狮子，请让我搭车吧！”大狮子说：“搭车可以，不过在车上可千万别大声喊叫。”“好的，好的！”小狐狸满口答应，飞快地上了车。

旅游车“咕噜咕噜”地跑在田野里。田野里，站着一只小刺猬。小刺猬招招手，对大狮子说：“大狮子，请让我搭车吧！”大狮子说：“搭车可以，但是上车后千万不能让你身上的刺刺到其他乘客。”“一定，一定！”小刺猬也满口答应，飞快地上了车。

旅游车“咕噜咕噜”地跑在山路上。山路上，走来了一只长颈鹿，它对大狮子说：“大狮子，请让我搭车吧！”大狮子说：“搭车可以，可是上车后不许把你的脖子伸出窗外。”长颈鹿答道：“知道啦！”这时，迎面又来了一群小松鼠，它们对大狮子说：“大狮子，请让我们搭车吧！”大狮子说：“搭车可以，可是上车后千万不能上蹿下跳的。”这群小松鼠说：“知道啦！”

旅游车又上路了，“咕噜咕噜”地爬过了山坡，长颈鹿突然叫了起来：“呀，是大海！”话音刚落，狐狸也跟着大叫起来：“快看呀！大海，大海！”这时候，刺猬滚作一团，长颈鹿把长脖子伸出了窗外，小松鼠们也窜上窜下地跳到了大狮子头上，旅游车摇摇晃晃的。大狮子紧张地大叫起来：“大家小心，大家小心！”旅游车晃晃悠悠地冲下山坡，“轰”的一声，撞在了树上！

小动物们都呆住了，连声说：“对不起，对不起！大狮子，都怪我们没有遵守约定，我们一定改正。”

…………

最后，大狮子原谅了小动物们，又开着旅游车上路啦！

试讲题目

1. 题目：故事《请让我搭车吧》。

2. 内容：

（1）模拟面对幼儿根据故事内容进行表演。

（2）回答问题。

3. 基本要求：

（1）模拟面对幼儿根据故事内容进行表演。

① 表演内容从"旅游车'咕噜咕噜'地跑在山路上"开始,到"我们一定改正"结束。

② 普通话标准,语气、语调、动作、表情符合角色形象,有感染力。

(2) 回答问题。

如果请5—6岁的幼儿根据故事内容进行表演,你会如何组织这一活动?

(3) 请在10分钟内完成上述任务。

答辩题目

1. 你的故事表演想要传递给幼儿一个什么道理?

2. 在《指南》语言领域中,倾听与表达的目标有哪些?

【故事3】

借你一把伞

下雨了,糟糕了!娜娜没有带伞,她正站在雨中淋雨。

小蚂蚁拿着小小的草叶走过来,说:"借你一把伞。"娜娜接过伞,撑了起来,可小蚂蚁的伞太小了,雨漏下来了。青蛙拿着丝瓜叶跳过来,说:"借你一把伞。"可青蛙的伞是漏斗伞,挡不了雨。

兔子拿着长有叶须的胡萝卜,说:"借你一把伞。"可兔子的伞会漏雨,根本挡不了雨。

小狐狸将芋头叶送给娜娜,小狐狸的伞是不是刚好呢?撑着撑着,啊!雨漏下来了,娜娜和小动物们跑了起来。

大熊拿着大大的荷叶走了过来,说:"借你一把伞。"可大熊的伞好大好重啊!

小狗拿着伞跑了过来,说:"借你一把伞。"啊,那就是娜娜的伞嘛!下雨了,大家一起撑着伞排队走。还有谁没有伞呢?一起来吧!

试讲题目

1. 题目:故事《借你一把伞》。

2. 内容:

(1) 模拟面对幼儿根据故事内容进行表演。

(2) 回答问题。

3. 基本要求:

(1) 模拟面对幼儿根据故事内容进行表演。

① 表演内容从"小蚂蚁拿着小小的草叶走过来"开始,到"可大熊的伞好大好重啊"结束。

② 普通话标准,语气、语调、动作、表情符合角色形象,有感染力。

(2) 回答问题。

如果请4—5岁的幼儿根据故事内容进行表演,你会如何组织这一活动?

(3) 请在10分钟内完成上述任务。

答辩题目

1. 你觉得自己刚才的故事表演存在哪些不足？
2. 如何在日常生活中培养幼儿的语言表达能力？

【故事4】

蛀牙王子

从前，有一个王国。王国里住着一个可爱的小王子，他什么都爱吃，不过他最爱吃甜甜的食物，诸如巧克力、蛋糕、水果糖、饼干等。就连洗泡泡澡时、晚上睡觉时，小王子也要吃甜食！

王后不让小王子吃太多糖果，所以小王子就把糖果藏得到处都是。甜甜香香的糖果引来了许多蚂蚁和蟑螂，渐渐地，房间里的蚂蚁和蟑螂越来越多。大家伤透了脑筋，只好分头去找被藏起来的糖果，尽量不让小王子吃到更多的糖果。

有一天，平时笑嘻嘻的小王子突然捂着嘴巴大哭起来，哭得非常非常大声，还一直喊着："好痛啊，好痛啊！"国王让小王子张开嘴巴，他仔细一看，紧张地叫道："小王子有蛀牙，得赶快送医院！"大家一听，都叫了起来："啊！原来我们的小王子是蛀牙王子！"

到了医院，小王子还在哭，医生马上帮小王子检查牙齿。医生说："小王子的牙齿被虫蛀了好几个洞，要赶快补一补才行！"时间一分一秒地过去了，牙齿终于补好了，小王子再也不喊痛了，他立马伸手要糖吃。医生看到了，就说："你一定是糖果吃得太多，又没刷牙，才会牙痛，对不对？"小王子说："我刷牙啦！"医生问："你什么时候刷的牙？"小王子想了一下，说："上次吃了糖果，三天以后我就刷牙了！""什么？"医生叫了起来，"吃完东西要漱口，牙齿要天天刷才行！"小王子难为情地说："我知道了……"

以后，小王子会怎么做呢？请你说一说吧！

试讲题目

1. 题目：故事《蛀牙王子》。
2. 内容：

（1）模拟面对幼儿讲故事。

（2）模拟向幼儿提问。

3. 基本要求：

（1）模拟面对幼儿讲故事。

① 有幼儿意识，模拟面对幼儿讲故事。

② 普通话标准，口齿清楚，语速适宜，有感染力。

（2）模拟向幼儿提问。

在讲故事的过程中，模拟向4—5岁的幼儿提2个问题。要求提出的问题有助于幼儿理解故事或吸引幼儿的注意力。

(3) 请在10分钟内完成上述任务。

答辩题目

1. 如果一名幼儿每天都不刷牙,你会如何引导他改掉这个坏习惯?
2. 你觉得教师在给幼儿讲故事时应该注意哪些问题?

【儿歌1】

谁的耳朵

谁的耳朵长,
谁的耳朵短,
谁的耳朵遮着脸?

驴的耳朵长,
马的耳朵短,
象的耳朵遮着脸。

谁的耳朵尖,
谁的耳朵圆,
谁的耳朵听得远?

猫的耳朵尖,
猴的耳朵圆,
狗的耳朵听得远。

试讲题目

1. 题目:儿歌《谁的耳朵》。
2. 内容:
(1) 模拟面对幼儿表演儿歌。
(2) 模拟组织幼儿学习儿歌。
3. 基本要求:
(1) 模拟面对幼儿表演儿歌。
普通话标准,语气、语调、动作、表情符合儿歌内容,有感染力。
(2) 模拟组织幼儿学习儿歌。
活动有趣,能吸引幼儿参与,有利于幼儿熟悉、理解、朗读儿歌。
(3) 请在10分钟内完成上述任务。

答辩题目

1. 当你在表演儿歌时，有个小朋友打断了你，你该怎么办？
2. 你理想中优秀的幼儿园教师是怎样的？

【儿歌2】

春天走来了

春天悄悄走来了，
它在哪里我知道：
它在树枝荡秋千，
它在风筝尾上摇，
它在小鸟嘴里叫，
它在桃花瓣上笑，
它用温柔的小手，
帮我脱掉厚棉袄。

试讲题目

1. 题目：儿歌《春天走来了》。
2. 内容：

（1）模拟面对幼儿表演儿歌。
（2）模拟组织幼儿学习儿歌。

3. 基本要求：

（1）模拟面对幼儿表演儿歌。
普通话标准，语气、语调、动作、表情符合儿歌内容，有感染力。
（2）模拟组织幼儿学习儿歌。
活动有趣，能吸引幼儿参与，有利于幼儿熟悉、理解、朗读儿歌。
（3）请在10分钟内完成上述任务。

答辩题目

1. 幼儿园如何做好幼小衔接的工作？
2. 当你面对怕生、不爱说话的幼儿时，你会如何引导？

【儿歌3】

老师早

小宝宝，蹦又跳，
走进幼儿园，

先说“老师早”。
太阳见了眯眯笑,
鸟儿听了跟着叫:
“老师早!老师早!”
宝宝从小有礼貌。

试讲题目

1. 题目:儿歌《老师早》。
2. 内容:
(1) 模拟面对幼儿表演儿歌。
(2) 模拟组织幼儿学习儿歌。
3. 基本要求:
(1) 模拟面对幼儿表演儿歌。
普通话标准,语气、语调、动作、表情符合儿歌内容,有感染力。
(2) 模拟组织幼儿学习儿歌。
活动有趣,能吸引幼儿参与,有利于幼儿熟悉、理解、朗读儿歌。
(3) 请在10分钟内完成上述任务。

答辩题目

1. 你觉得教这首儿歌的重难点在哪里?
2. 在《指南》中,社会领域的总目标是什么?

【儿歌4】

我有一双小小手

我有一双小小手,
一只左来一只右。
会洗脸来会刷牙,
还会穿衣和梳头。

我有一双小小手,
一共十个手指头,
自己的事情自己做,
还做妈妈的小帮手。

试讲题目

1. 题目：儿歌《我有一双小小手》。
2. 内容：
(1) 模拟面对幼儿表演儿歌。
(2) 模拟组织幼儿学习儿歌。
3. 基本要求：
(1) 模拟面对幼儿表演儿歌。
普通话标准，语气、语调、动作、表情符合儿歌内容，有感染力。
(2) 模拟组织幼儿学习儿歌。
活动有趣，能吸引幼儿参与，有利于幼儿熟悉、理解、朗读儿歌。
(3) 请在10分钟内完成上述任务。

答辩题目

1. 如果有个小朋友不喜欢上幼儿园，每天入园都哭，你该怎么办？
2. 这首儿歌表演时的难点在哪里？

【儿歌5】

家

蓝蓝的天空是白云的家，
高高的大树是小鸟的家，
绿绿的草地是小羊的家，
清清的河水是小鱼的家，
红红的花儿是蝴蝶的家，
快乐的幼儿园是小朋友的家。

试讲题目

1. 题目：儿歌《家》。
2. 内容：
(1) 模拟面对幼儿表演儿歌。
(2) 模拟组织幼儿学习儿歌。
3. 基本要求：
(1) 模拟面对幼儿表演儿歌。
普通话标准，语气、语调、动作、表情符合儿歌内容，有感染力。
(2) 模拟组织幼儿学习儿歌。
活动有趣，能吸引幼儿参与，有利于幼儿熟悉、理解、朗读儿歌。
(3) 请在10分钟内完成上述任务。

答辩题目

1. 如何通过家园共育来提高幼儿的素质?

2. 这首儿歌表达了怎样的情感?

第六节　一物多玩

《纲要》指出:幼儿园应提供丰富的、可操作的材料,为每个幼儿都能运用多种感官、多种方式进行探索提供活动的条件。幼儿是在与材料的相互作用中主动学习和发展的,材料的可变性是引发幼儿一物多玩的物质前提。生活中不起眼的废旧材料和自然材料是一物多玩的首选材料,幼儿可以根据自己的意愿,自由组合和创造。幼儿园教师可以经常利用废旧材料加工成玩具,或是将低结构材料直接投放在游戏中供幼儿一物多玩。因此,以往的幼儿园教师资格考试面试都出现了这类题型,主要考查考生运用废旧材料加工玩具和设计游戏的能力。

一、仿真题与解析

【仿真题 1】

试讲题目

1. 题目:户外游戏《玩树叶》。

2. 内容:

(1) 利用树上的落叶,列举幼儿可以玩的游戏类型。

(2) 模拟室外落叶的情境,组织幼儿玩树叶游戏。

3. 基本要求:

(1) 利用树上的落叶,列举幼儿可以玩的游戏类型。

① 请说出 2 种游戏的玩法,并说出适合的年龄段。

② 语言流畅、逻辑清晰,有说服力。

(2) 模拟室外落叶的情境,组织幼儿玩树叶游戏。

要求示范有利于幼儿借鉴,语言易于幼儿理解。

(3) 请在 10 分钟内完成上述任务。

答辩题目

1. 在组织上述游戏时有哪些注意事项?

2. 上述游戏对幼儿有哪些发展价值?

【解析】

游戏一：中班《落叶的秘密》

1. 玩法：在进行秋季散步或户外活动时，教师带领幼儿在户外捡落叶，这是幼儿喜欢的活动之一。幼儿手里拿着一个小篮子，到树下自由地捡落叶，并将落叶放到篮子里。捡完落叶后，教师和幼儿围坐成一个圈，一同观察落叶，分享有趣的发现。教师既可以让幼儿观察落叶的外形，并让幼儿与身旁的同伴分享自己的看法；又可以让幼儿观察落叶的不同颜色，并让幼儿按照颜色进行分类，把树叶送到相应颜色标识的筐里。

2. 功能：该游戏主要训练幼儿的观察能力，让他们在生活中做个有心人。

游戏二：大班《落叶拼画》

1. 玩法：在进行户外活动时，教师可以利用孩子捡到的落叶、树枝，向幼儿提供一些木片等辅助材料，让幼儿在草地上用这些材料进行拼画。幼儿可以自由结伴，向其他幼儿介绍自己的作品，并体验创造和分享的乐趣。

2. 功能：该游戏主要训练幼儿的审美能力，让他们学会利用身边的材料创作美丽的图画。

【仿真题 2】

试讲题目

1. 题目：互动游戏《玩椅子》。

2. 内容：

(1) 利用现场提供的椅子创编游戏，并说明玩法。

(2) 回答问题。

3. 基本要求：

(1) 利用现场提供的椅子创编游戏，并说明玩法。

① 请说出 2 种游戏的玩法，并说出适合的年龄段。

② 语言流畅、逻辑清晰，有说服力。

(2) 回答问题。

请说一说每个游戏能促进幼儿哪些方面的发展。为什么？

(3) 请在 10 分钟内完成上述任务。

答辩题目

1. 在组织上述游戏时有哪些注意事项？

2. 假如有一名幼儿不想玩你设计的游戏，而要按照自己的想法玩，你该怎么做？

【解析】

游戏一：中班《走椅子》

1. 玩法：将若干把椅子靠在一起连接起来，宛如平衡木一般，让幼儿双手平举在椅子上面行走。

2. 功能:该游戏主要训练幼儿的平衡能力,增强他们战胜困难的勇气。

游戏二:中班《抢椅子》

1. 玩法:将若干把椅子围成一个圈,椅子的数量比幼儿的人数少一个。播放音乐,让幼儿跟随音乐的节奏在椅子外圈绕圈走,待音乐停止,幼儿迅速找到一把椅子坐下,而找不到椅子的幼儿就会出局。到下一轮时,再拿掉一把椅子,重复游戏直至剩下最后一名幼儿,即为获胜者。

2. 功能:该游戏主要训练幼儿的反应能力、听辨音乐节奏的能力,让他们体验集体游戏的快乐。

【仿真题 3】

试讲题目

1. 题目:互动游戏《玩拼图》。

2. 内容:

(1) 设计拼图游戏并说明玩法。

(2) 回答问题。

3. 基本要求:

(1) 设计拼图游戏并说明玩法。

① 利用现场提供的物品,为幼儿设计 2 个拼图。

② 简要说明每个拼图适宜的年龄段和玩法。

(2) 回答问题。

幼儿在玩这 2 个拼图时,可能会遇到什么问题?教师可以怎样帮助他们?

(3) 请在 10 分钟内完成上述任务。

答辩题目

1. 拼图游戏的发展价值是什么?

2. 小、中、大班拼图游戏的难易程度如何体现?

【解析】

游戏一:小班《水果拼图》。

1. 玩法:先将一张 A4 纸剪成 4 份,再在每张纸上用彩色笔画上幼儿熟悉的水果,诸如香蕉、西瓜、橙子、苹果等,然后用剪刀把每个水果随意剪成 4 ~ 6 片,水果拼图就做好了,最后将拼图打散,并要求幼儿根据记忆进行拼搭。

2. 功能:该游戏主要训练幼儿的观察能力,增强他们的动手能力。

游戏二:中班《图案拼图》。

1. 玩法:先找来废旧的图书,将其中一页剪下,然后将这张纸用剪刀剪成 16 ~ 20 片不规则的几何图形,拼图就做好了,最后将拼图打散,并要求幼儿根据图例进行拼搭。在拼搭拼图时,可以先让幼儿观察图例,再将拼图打散,然后让幼儿拼搭。当幼儿熟悉拼图后,可以将图例拿走，适当增加拼搭的难度。

2. 功能：该游戏主要训练幼儿的记忆力，增强他们的动手能力。幼儿因为不熟悉图片，观察能力不够强，难以快速地将拼图拼搭好，尤其是小班幼儿刚接触拼图，掌握不了拼图的基础方法。因此，教师可以带领幼儿在拼图前先观察图例，再示范拼图的简便方法，以便让幼儿学会用图形匹配的方式完成拼图。

二、答题技巧

1. 利用生活中常见的物品作为幼儿游戏的材料，是幼儿园教师应该具备的基本能力。这些材料常常带有低结构、可变性、可操作性强的特征，诸如呼啦圈、磁铁、报纸、易拉罐等，可以一物多玩。考生在考试前应了解考试提供的材料，思考这些材料中哪些可以通过简单的加工或者组合，变成有趣的游戏材料；或是多搜集一些幼儿园常见的自制玩具，多了解一物多玩的活动，做好考前准备。

2. 在幼儿园的体育游戏、角色游戏、建构游戏、表演游戏、科学区游戏、益智区游戏、美工区游戏中，会经常将废旧材料进行简单加工作为玩具使用。因此，在做这类题目时，考生要拓宽思路；不要局限于设计某类游戏，也不要局限于设计室内游戏。

3. 在制作玩具或设计游戏时，考生应充分考虑不同材料间的组合，这样可以设计出更多的玩法。例如，关于塑料瓶的多种玩法，考生可以设计用球击打塑料瓶的游戏，也可以设计用绳子击打陀螺的游戏。

4. 考生须认真审题，抓住题目的重点，分清哪些是演示、哪些只需回答问题即可，除非考题要求考生当场制作玩具。由于展示时间有限，考生可以在准备室将玩具制作好，面试时直接出示玩具来演示玩法。

5. 玩具的设计一定要符合幼儿的年龄特点。因此，考生要熟悉《指南》中各领域不同年龄段的教学目标。

6. 在演示玩法时，考生要注意使用生动形象的语言，表现出与玩具的互动感。在讲解游戏规则时，考生要注意讲解的完整性，注意展示标准的示范动作。

三、素材库

（一）呼啦圈一物多玩

1.《跳圈游戏》。

（1）年龄班：中班 。

（2）游戏目标：训练幼儿双脚并拢、连续向前跳的运动能力。

（3）玩法：将6～8个呼啦圈一个挨一个连续排成竖列，让幼儿双腿并拢跳入圈内，连续跳6～8个圈。

2.《投圈游戏》。

（1）年龄班：大班。

(2)游戏目标:训练幼儿的定向投掷能力。

(3)玩法:将呼啦圈用绳子吊挂着,用沙包或皮球向圈中投掷。

3.《开火车游戏》。

(1)年龄班:大班。

(2)游戏目标:训练幼儿的快速反应能力。

(3)玩法:用多个呼啦圈围成一个大圆圈,安排幼儿参加游戏,幼儿的人数比呼啦圈的个数多一个。音乐开始后,幼儿绕圈跑,音乐声一停,幼儿就马上跳入圈中抢圈,每人一个圈。未抢到圈的幼儿会被淘汰,教师会撤去一个圈,让幼儿继续游戏,直至剩下最后一个人,即为获胜者。

(二)磁铁一物多玩

1.《磁铁的秘密》。

(1)年龄班:中班。

(2)游戏目标:引导幼儿探究磁铁吸引铁等金属的特性,并让其感受探究的乐趣。

(3)玩法:先提供回形针、易拉罐、硬币、橡皮等不同材质的物件,再让幼儿大胆猜测哪些物件会被磁铁吸住、哪些不会被吸住,然后请幼儿拿着磁铁进行实验并记录实验结果,最后让幼儿分享探究的结果。

2.《看谁吸得快》。

(1)年龄班:大班。

(2)游戏目标:引导幼儿体验磁铁的特性,提高其肢体的协调能力。

(3)玩法:先在透明的塑料瓶中放上若干回形针,再让幼儿在塑料瓶外用磁铁吸住回形针,然后让幼儿将回形针移出瓶子。待幼儿熟练操作后,可以让幼儿互相比赛,看谁能够最快吸出瓶内所有的回形针。

3.《钓鱼乐》。

(1)年龄班:大班。

(2)游戏目标:训练幼儿的手、眼协调能力和专注力,提高其计数能力。

(3)玩法:先在卡纸上绘制各种各样的鱼,在鱼嘴上别上回形针,再取一根木棒,在它的一端系上绳子,将绳子的一端固定一块磁铁,然后将鱼扔在地上让幼儿用自制的鱼竿钓鱼,并清点鱼的数量。

(三)报纸一物多玩

1.《迎风跑》。

(1)年龄班:大班。

(2)游戏目标:锻炼幼儿的奔跑能力。

(3)玩法:幼儿把报纸贴在胸前,向前奔跑。在奔跑的过程中,幼儿要想办法不让报纸落地。

2.《报纸变变变》。

(1)年龄班:大班。

（2）游戏目标:培养幼儿的团队合作能力。

（3）玩法:幼儿踩在报纸上玩石头、剪子、布的游戏,输的一方必须将报纸对折。谁的报纸越变越小,小到脚不能踩了,谁就为输的一方。

3.《揪尾巴》。

（1）年龄班:中班。

（2）游戏目标:锻炼幼儿的奔跑和躲闪能力。

（3）玩法:先让一名幼儿将报纸折成纸条并将其当作尾巴塞进裤子里,再让另一名幼儿追赶前一名幼儿,如果他能成功揪掉前面一名幼儿的尾巴,即为获胜者。

4.《保龄球》。

（1）年龄班:大班。

（2）游戏目标:锻炼幼儿的手、眼协调能力。

（3）玩法:先让一名幼儿在规定的地点把酸奶瓶摆成倒三角形,再让另一名幼儿用报纸做成的球将对面的酸奶瓶打倒。每名幼儿玩 3 次后交换角色,看谁打倒的酸奶瓶最多,即为获胜者。

（四）易拉罐一物多玩

1. 投掷。

教师先将易拉罐摆放在分层的架子上,再让幼儿手握沙包站在距离目标 2 ~ 3 米处,并让其瞄准目标用力挥臂投掷,锻炼幼儿的手臂力量及空间感知能力。

2. 纵跳触物。

教师先将易拉罐悬挂在钢丝上,根据幼儿的实际情况调整易拉罐悬挂的高度,再引导幼儿用力蹬地、向上纵跳、触碰易拉罐,锻炼幼儿的腿部力量和弹跳能力。

3. 行进跳。

教师先将易拉罐以 5 个为一组用宽胶带固定并摆成一排,间隔约 80 厘米,再引导幼儿双脚并拢向前跳跃,锻炼幼儿的腿部力量。

4. 走梅花桩。

教师先将易拉罐以 7 个为一组用宽胶带固定成梅花桩的形状,间隔约 50 厘米,摆成一条直线或曲线,再引导幼儿在梅花桩上行走,锻炼幼儿的平衡能力。

5. 踩高跷。

教师先取 2 个废旧的易拉罐,在其两侧各凿一个洞,再取一条长约 1.5 米的绳子穿入洞中系紧,然后引导幼儿将双脚踩在 2 个易拉罐上,用手提绳子,一步一提,像踩高跷一样行走。

第七节　游戏指导

1989 年我国制定的《规程》中首次提出“幼儿园应以游戏为基本活动”,奠定了游戏在幼儿教育中的地位,其后《纲要》和《指南》都进一步阐述了游戏在幼儿一日生活中的地位和价值。在《标准》中也将设计与组织指导幼儿游戏作为幼儿园教师应当具备的专业能力。

幼儿园游戏按照不同的角度可以分成不同的类别,我国常用的分类方法是将游戏分为创造性游戏和有规则的游戏两大类。创造性游戏带有自发、自主、想象的特征,包括角色游戏、建构游戏、表演游戏;有规则的游戏带有显性的教育目的,有明确的玩法和规则。这一节着重介绍对角色游戏、建构游戏和表演游戏的指导。

一、仿真题与解析

【仿真题 1】

银行太挤了

大班的角色游戏:几个幼儿新开了一家银行,大家都争相跑去取钱,一会儿的工夫,银行里就挤满了人。银行的工作人员快招架不住了,一个劲儿地喊:“别挤了,大家排排队! 房子要塌了!”

试讲题目

1. 题目:角色游戏《银行太挤了》。
2. 内容:
(1) 模拟演示。
(2) 回答问题。
3. 基本要求:
(1) 模拟演示。
① 模拟演示游戏并进行游戏指导。
② 语意明了、语调柔和,能为幼儿所接受。
(2) 回答问题。
遇到上述情况,你会如何处理呢?
(3) 请在 10 分钟内完成上述任务。

答辩题目

1. 在组织上述游戏时有哪些注意事项?

2. 你认为应该如何带领幼儿进行角色游戏？

【解析】

1. 模拟演示。

所谓介入法，是指在游戏过程中对幼儿的指导。在介入指导前，教师要准备好角色道具，诸如保安的帽子、号牌等，并在银行旁边的区域排好椅子，待一切准备就绪后，教师会扮演保安的角色，走到拥挤的队伍旁，表明自己的身份："大家好，我是这个银行的保安，我想问问顾客朋友们，在排队前，你们都领了号牌吗？"这时，教师可以拿出事先准备好的号牌，依次发放给扮演顾客的幼儿，然后说："拿到号牌的顾客可以坐到椅子上，听我叫号，叫到号的顾客可以到窗口取钱了。"

2. 回答问题。

在角色游戏开展过程中，新开设的游戏区常常由于幼儿游戏经验不足、人数过多等情况出现问题。针对上述情况，我会选择这样两种方法介入：第一种方法是在游戏过程中，我通过扮演银行的保安人员，利用交叉介入法指导幼儿做游戏，向顾客发放号牌，让其按号牌至窗口取钱；第二种方法是在游戏结束后，我会采用与幼儿共同讨论的方式指导幼儿做游戏，例如，我会请今天玩该游戏的幼儿谈谈做游戏时的感受和遇到的问题，并组织幼儿一同来解决问题。

【仿真题 2】

试讲题目

1. 题目：《搭积木》。

2. 内容：

（1）模拟演示。

（2）回答问题。

3. 基本要求：

（1）模拟演示。

① 请幼儿利用积木搭建 2 个不一样的造型。

② 请分别说明幼儿搭建的造型属于哪个年龄段的作品。

（2）回答问题。

在大班幼儿搭建积木活动中，教师可以怎样引导幼儿提高搭建水平？

（3）请在 10 分钟内完成上述任务。

答辩题目

1. 在组织上述游戏时有哪些注意事项？

2. 如果有一名幼儿在搭建积木时不慎弄伤了手，你会如何处理？

【解析】

1. 模拟演示。

小班幼儿的积木作品《小屋》,运用了堆叠的建构技巧。中班幼儿的积木作品《阁楼》,运用了架空的技术,表现出明显的对称性。

2. 回答问题。

我会采用这样两种方法来提高幼儿的搭建水平:第一种方法是在游戏前,我可以利用带幼儿外出参观,或者引导他们观赏图片等形式,让他们对生活中建筑物的外形特征进行观察,组织他们讨论建筑物的门窗、屋顶可以用什么样的建构材料来表现,从而丰富他们的经验;第二种方法是在幼儿搭建完积木以后,可以请他们介绍自己的作品,再请其他幼儿欣赏这些作品,并让他们互相分享经验,以此来提高他们的搭建水平。

【仿真题 3】

喜羊羊与灰太狼

在进行游戏时,几个大班幼儿利用教师提供的材料表演了《三只羊》的故事后,有一名幼儿提出了想演动画片《喜羊羊与灰太狼》里的故事,得到了大家的热烈响应。可是他们却不知道该如何表演……

试讲题目

1. 题目:《喜羊羊与灰太狼》。

2. 内容:

(1) 模拟演示。

(2) 回答问题。

3. 基本要求:

(1) 模拟演示。

① 模拟故事表演,并指导幼儿表演的技巧。

② 表述清晰,便于幼儿理解。

(2) 回答问题。

教师指导幼儿表演的技巧有哪些?

(3) 请在 10 分钟内完成上述任务。

答辩题目

1. 在组织上述游戏时有哪些注意事项?

2. 如何让幼儿领悟故事中角色所表达的情感?

【解析】

1. 模拟演示。

教师提问："你为什么想演动画片《喜羊羊和灰太狼》里的故事呢?"幼儿回答："因为这个动画片很好看,我很喜欢里面的情节。"教师继续提问："还有哪些小朋友也想要演这个动画片里的故事呢?"幼儿回答："我们都想演。"教师引导："如果要演动画片《喜羊羊和灰太狼》里的故事,大家先想一想里面有哪些角色。请小朋友们回去仔细思考,明天给大家分享答案。"

2. 回答问题。

我会尊重幼儿的想法。表演游戏能够促进幼儿语言表达、沟通合作、策划组织、表演等综合能力的提升,只要是幼儿喜欢的作品,且内容健康,适合幼儿表演,都可以作为表演游戏的素材。《喜羊羊和灰太狼》是本班幼儿熟悉并喜爱的作品,因此我会进一步征询幼儿的意见和想法,引导他们利用服饰、道具进行表演。

【仿真题4】

五指相遇

示范手指游戏玩法,并回答问题。

一个小朋友,出门走走走,	(右手握拳,左手竖起大拇指,向右手移动)
碰到大石头,	(左手紧靠右手)
摔个大跟斗。	(左手大拇指朝下,紧靠右手的拳头)
两个小朋友,出门走走走,	(双手伸出食指,相对移动)
大家见了面,	(双手食指相对)
相互点点头。	(双手食指相对,微微弯曲)
三个小朋友,出门走走走,	(左手伸出食指、中指、无名指,向前移动)
看见老爷爷,	(右手伸出大拇指)
扶他慢慢走。	(左手的食指、中指、无名指勾住右手的大拇指)

试讲题目

1. 题目:手指游戏《五指相遇》。

2. 内容:

(1) 模拟演示。

(2) 回答问题。

3. 基本要求:

(1) 模拟演示。

① 有节奏地念儿歌、做动作,模拟面对幼儿示范游戏玩法。

② 语速恰当,动作与内容相匹配,且易于幼儿模仿。

(2) 回答问题。

在组织这个游戏过程中,如果遇到幼儿手口配合不一致、双手配合不协调的问题,你有哪些解决方法?

(3) 请在10分钟内完成上述任务。

答辩题目

1. 在组织上述活动时应注意哪些问题?

2. 你认为手指游戏教学的重点是什么?

【解析】

1. 模拟演示。(略)

2. 回答问题。

手指游戏是幼儿园常用的游戏形式之一,因为幼儿五指的协调能力还有待提高,所以容易出现口手配合不一致、双手不协调的问题。对此,我们常用的方法有三种:一是教师可以引导幼儿进行口手分练。只有当幼儿念熟儿歌或者灵活进行手指表演时,才能真正实现口手配合一致。因此,教师可以先教幼儿儿歌,待幼儿能够熟背儿歌时,再加入手指动作。二是教师可以带领幼儿放慢速度逐句练习,对于比较难掌握的部分,可以引导幼儿重点练习,注意镜面示范。三是教师可以在一些过渡环节带领幼儿玩手指游戏,增加幼儿练习的机会。

二、答题技巧

(一) 角色游戏

1. 明确概念。

角色游戏是幼儿按照自己的意愿,运用模仿和想象,通过角色扮演,创造性地反映现实生活和体验的游戏。该游戏来自幼儿的生活经验,幼儿会将生活中的所见所闻反映到游戏中。角色游戏的前提是幼儿的自主自愿,活动主要特征是模仿和想象。

2. 了解各年龄段幼儿角色游戏的特点。

(1) 小班幼儿的游戏水平较低,处于独自游戏向平行游戏过渡的阶段,喜欢和同伴玩相同或相似的游戏。小班幼儿在角色游戏的过程中,总是在模仿成人生活中的一些片段。游戏的目的性不强、角色意识不强,喜欢重复某个单一动作,游戏情节简单,没有明确的主题。他们的游戏不是从角色分配开始的,而是在很大程度上受周围事物(诸如玩具、材料等)的直接支配,且游戏时间较短。小班幼儿的游戏主要是对成人生活活动过程的无系统模仿,因而他们很快就会忘记游戏的规则。

(2) 中班幼儿处于联合游戏阶段,其角色游戏水平较小班幼儿有明显提高,不仅游戏情节丰富了,而且游戏时间延长了。他们为实现共同的游戏目标而忠实地扮演着自己的角色,彼此配合,协同活动。总的来说,中班幼儿的角色游戏情节还是比较简单的,虽然其角色意识增强了,但是他们持续进行游戏的时间不够长,喜欢频繁更换主题。该阶段的幼儿已经有了与他人合作的意识和与同伴交往的愿望,但缺乏合作技巧和与同伴交往的能力,因此常常在游戏中与同伴发生纠纷。

（3）大班幼儿处于合作游戏阶段，他们的游戏情节丰富、主题多样。除了能理解角色游戏中各种角色的社会职责，他们基本上还能按照社会约定俗成的要求扮演好角色，并能反映较为复杂的人际关系，从模仿成人使用物品的动作到反映人与人之间的关系。该阶段的幼儿基本能够按照自己的意愿主动选择游戏主题，并有计划地做游戏，游戏规则也较为复杂。大班幼儿能事先计划游戏，商量分配游戏的角色，而且能理解和坚持游戏的规则，对参加游戏的成员提出严格遵守游戏规则的要求。同时，个别能力较强的幼儿还具备一定的协调与领导能力，游戏水平较高，在游戏遇到困难或纠纷时也能独自解决，具有较强的解决问题的能力。

3. 掌握角色游戏指导的路径和方法。

总体而言，幼儿园教师对于角色游戏的指导主要体现在以下三个方面：

（1）角色游戏开始前，教师通过为幼儿游戏提供合理的场地、适宜的材料、丰富的相关经验和充足的游戏时间来保障游戏的开展。

（2）在角色游戏过程中，教师借助观察幼儿游戏，若发现幼儿在游戏中出现问题，则可选择适宜的时机介入游戏，利用平行或交叉介入的方式指导幼儿进行游戏。

（3）在角色游戏结束后，教师组织幼儿交流游戏感受，与幼儿共同探讨游戏中出现的问题和解决方法，纠正幼儿的错误经验，梳理幼儿的零散经验，以提高幼儿角色游戏的水平。

4. 指导过程体现各学习阶段不同的教学重点。

由于各年龄段幼儿在角色游戏中的发展水平和游戏特点不同，因而要有针对性地指导不同年龄段幼儿参与游戏。

（1）小班幼儿游戏的教学重点在于增强小班幼儿的角色意识，丰富他们的生活经验。教师要指导小班幼儿运用玩具和材料扮演其感兴趣的角色，同一主题、同一种类的游戏材料要有足够的数量，便于小班幼儿开展独立游戏和平行游戏，避免小班幼儿之间因玩具不足而发生争吵。教师还可以提供一些必要的角色标志，诸如司机的方向盘、妈妈的围裙、医生的白帽和白大褂等，这些标志可以提醒小班幼儿扮演的角色身份。在游戏过程中，教师要启发小班幼儿回忆已有的表象和经验，引导他们通过角色的积极活动表现角色的特点。例如，教师启发扮演妈妈角色的幼儿思考："你妈妈在家里一般会做什么？还会做什么？"在教师的帮助下，这位"妈妈"表现出上班、下班、烧饭、带孩子的情境。允许小班幼儿在游戏中平行地扮演相同的角色。这种情况是比较常见的，教师不应过多干涉。例如，两名小班幼儿都要当"妈妈"，可以让一名小班幼儿当"妈妈"，让另一名小班幼儿当"爸爸"。此外，教师要以角色身份介入学前儿童游戏之中，并及时予以指导和帮助。

（2）教师可以拓展中班幼儿的知识经验，引导他们丰富游戏主题和游戏情节，帮助他们学会分配角色。教师还可以提供半成品的游戏材料，鼓励中班幼儿动手探究，培养他们的创新能力和动手操作能力。中班幼儿的语言表达能力较小班幼儿有明显提升，教师可以引导和鼓励中班幼儿自己解决游戏中的矛盾和纠纷，提升他们的人际交往水平。同时，教师在游戏中应注意观察中班幼儿游戏的情节及其发生纠纷的原因，以平行游戏或合作游戏的方式指导中班幼儿进行游戏。此外，中班幼儿已经具有一定的自主性，教师还可以引导中班幼儿制定游戏规则并尝试评价游戏的过程和结果。

(3)对于大班幼儿,教师可以进一步培养其游戏的自主能力和动手探究能力,鼓励大班幼儿之间进行更深层次的交流与合作,提升大班幼儿与同伴的交往技能和合作水平。在对大班幼儿的角色游戏进行指导时,教师可以多用建议、询问等形式,给予大班幼儿一定的自主空间,将游戏的主动权交还给他们。除了让大班幼儿选择游戏主题,还可以让他们自己解决游戏中遇到的问题。在游戏评价环节中,以大班幼儿自评或互评为主,教师可以鼓励大班幼儿在游戏中的自我创造并通过讲评来讨论问题、分享经验。

(二)建构游戏

1. 明晰概念。

建构游戏又称"结构游戏",是幼儿利用积木、积塑、黏土等各种结构材料进行建构或建造现实生活中各种形象的活动。

2. 熟悉不同年龄段幼儿建构发展水平。

(1)小班幼儿的建构活动往往是无意识、无目的的,建构的特点是独自游戏和平行游戏,他们只对搭建的动作感兴趣,而不在乎搭建出什么,甚至"大高楼"的倒塌也不会影响小班幼儿的游戏兴趣,堆高材料就是其游戏目的。小班幼儿在建构中时常更换建构作品的名称,或是等建构完成后再根据建构作品的外部特征为建构作品命名,但他们一般不能准确描述建构作品搭建的细节。因此,小班幼儿建构游戏的嬉戏性较强,建构作品结构较为简单。

(2)中班幼儿思维、想象、生活经验等较小班幼儿更加丰富,建构的目的性更强,其建构的形式由水平单一搭建向整体布局过渡,诸如从搭建楼房向小区过渡等,掌握架空、围合、实心垒高和空心垒高等技巧。中班幼儿已经能运用已有的经验对物体进行再现和创作。

(3)大班幼儿已经具备一定的独立建造能力,掌握了一定的搭建技巧,会使用辅助材料,事先对搭建物进行一定的设想和规划,并能通过分工、合作完成一件较为复杂的工程。大班幼儿能够搭建出有场景、有情节、具有较高水平的建筑群,且建构作品多为立体结构,讲究对称和平衡,较为形象,且贴近生活。

3. 针对各年龄段幼儿的特点进行建构游戏指导。

(1)教师先引导小班幼儿认识积木、纸盒等建构材料,让小班幼儿模仿学习,并提供同一种类且数量较多的建构材料,避免小班幼儿因相互模仿而争抢玩具,再引导小班幼儿学习连接、延长、围合、加宽、垒高等主要构造技能。例如,教师让小班幼儿在建构区搭建马路、围墙等简单物体。教师引导小班幼儿建立建构游戏的规则,诸如不抢别人的玩具、轻拿轻放玩具、不乱扔玩具、玩后收拾整理玩具等,教会小班幼儿收拾整理建构材料的方法。

(2)教师可以增加中班幼儿在造型方面的训练,例如,引导中班幼儿学会选择高低、宽窄、厚薄、长短不一的建构材料搭建不同的物体。教师可以引导中班幼儿学习架空、覆盖、桥式和塔式等建构技能,形成里外空间的概念。例如,中班幼儿可以学习搭高楼、架大桥等。教师不仅可以尝试提供作品构造图,引导中班幼儿学习看图纸搭建物体;还可以要求中班幼儿有目的、有计划、有顺序地搭建,让他们与同伴共同完成一个物体的搭建。

（3）教师不仅可以引导大班幼儿学习转向、穿过、平式联结和交叉联结等建构技能，搭建复杂的三维物体，诸如立交桥、拱形门等；还可以引导大班幼儿掌握整齐对称、平衡的构造，让他们尝试整体布局并学习选择使用辅助材料。例如，在公园里搭建相呼应的前门和后门，在住宅区里搭建左右对称的凉亭、路边的花圃等。教师引导大班幼儿在搭建前进行商讨和分工，提出设想和规划，通过分工与合作完成一项较为复杂的工程。

（三）表演游戏

1. 明晰概念。

表演游戏是幼儿按照童话或故事中的情节扮演某一角色，再现文化作品内容的一种游戏形式。幼儿需要用动作、表情、语言和服饰把自己所熟悉和理解的文艺作品中的角色，创造性地进行表演。表演游戏分为桌面表演、木偶表演、影子戏表演和戏剧表演。在幼儿园教师资格考试面试中的表演游戏，多数是以自己创编的或来自文学作品中的故事为线索，通过幼儿扮演其中的角色来再现故事情节的一种游戏活动。

2. 掌握表演游戏指导的基本方法。

幼儿表演游戏以娱乐性为主，因此教师应采用间接的指导方式。

（1）教师示范表演，激发幼儿表演欲望，引导幼儿观察和模仿。

（2）教师运用讲解、谈话等方式帮助幼儿选择与熟悉表演内容，也可以在语言活动中适当教授部分文学作品，待幼儿熟悉后再进行表演。

（3）教师通过参与幼儿的表演对游戏进行指导。教师可以担任幼儿不熟悉的、有困难的角色。在游戏中教师以角色身份出现，通过和幼儿一起商讨演出程序、选择和使用道具、布置环境等一系列活动给幼儿启发。

（4）教师可以利用观众身份对幼儿进行指导。

3. 依据小、中、大班幼儿表演游戏特点进行指导。

（1）小班幼儿无法独立表演游戏，但他们对模仿成人动作十分感兴趣，所以教师生动、热情的示范会直接激发小班幼儿参与游戏的主动性。

（2）中班幼儿能独立完成角色分配的任务，有一定的角色更换意识。在有头饰的情况下，中班幼儿能够准确地挑选头饰进行表演。但中班幼儿游戏的目的性较弱，需要成人适时提示才能坚持游戏主题，他们往往会因为准备道具、材料而忘了游戏的最终目的。中班幼儿角色扮演以一般性表现为主，以动作展示为主要表现手段。因此，教师应为中班幼儿提供相对固定的表演空间，提供的表演材料要简单、易搭，以2~4种为宜。在游戏的初始阶段，教师可以帮助中班幼儿做好分组工作，并讲解角色更换原则。教师不要急于示范，要耐心地等待中班幼儿协商、讨论，提醒中班幼儿坚持游戏主题。

（3）大班幼儿能独立完成角色分配的任务。当教师拿出头饰后，大班幼儿一般会积极地争抢头饰，并能在戴上头饰后迅速形成角色认同，进入游戏协商、计划阶段。大班幼儿在游戏开始前能根据游戏的规则、情节、出场顺序等方面进行协商；进入游戏之后，大班幼儿互动交流的内容则集中在动作和对白方面；在一轮游戏之后，大班幼儿会通过协商等方式更换角色。大班幼儿扮演意识较强,能够自觉地等待着自己“上场”时刻的到来,而且在扮演角色时能注意语气、语调与日常语言的区别。大班幼儿具备一定的表现技巧,能灵活运用多种表现手段,但是其表现技巧仍有待提高。教师除了提供时间、空间、基本材料,在游戏的初始阶段还应当尽量让大班幼儿自己做主。随着游戏的展开,教师应及时为大班幼儿提供反馈,提高大班幼儿表现故事、塑造角色的能力。

三、知识链接

(一)角色游戏中常见问题与指导

1. 幼儿缺乏角色扮演的意识。

幼儿在角色游戏开始前会因为缺乏角色扮演意识而停留在摆弄玩具或材料的水平上。教师可以通过提问等方式来帮助幼儿明确自己所扮演的角色。例如,教师可以提问:“今天你想扮演什么角色?娃娃家里除了妈妈还有谁呢?”

2. 幼儿缺乏角色分工的合作意识和技能。

幼儿由于缺乏对角色之间的社会性关系的认识,因而不会进行合作形式的角色扮演。例如,在进行餐厅游戏时,幼儿只顾自己操作,没有与顾客进行沟通。教师可以扮演顾客进入餐厅,通过点菜、请服务员介绍菜品等方式,帮助幼儿了解餐厅中社会性活动和角色之间的关系。

3. 幼儿缺乏生活经验。

生活经验是幼儿角色游戏的源泉,如果幼儿缺乏与游戏主题相关的经验,就会出现游戏进程中断等问题。针对这种情况,教师可以借助展示图片、引导幼儿讨论问题等形式,丰富幼儿的相关经验。

4. 游戏环境创设不当,引发相应的游戏问题。

角色游戏需要适宜的游戏空间和材料的支持,游戏空间的密度、游戏材料的数量和种类等因素都会直接影响幼儿游戏的开展。如果出现这类问题,教师应及时调整游戏材料,通过观察或询问的方式了解幼儿的需要,并提供适宜的游戏空间和材料。

5. 幼儿玩“出格”的游戏。

由于幼儿经验有限,因而他们时常会玩一些扮演死人、乞丐,以及生孩子等“出格”的游戏。对此,教师应帮助幼儿梳理经验,因势利导,而非强制中断。具体可参见以下案例。

【案例呈现】

南方一些地区的丧葬习俗不仅要摆放花圈,还要烧纸钱,给死人供奉食物。当前来吊唁的亲友进门时,家属要放声大哭。有的人家里还专门请人来代哭(代哭者的“哭”类似于“唱”),一个四五岁的小女孩大概是看到过这种丧葬仪式,印象也很深刻。于是,有一天在幼儿园玩“娃娃家”的游戏时,她就对其他孩子说:“今天我们不玩‘娃娃家’了,我们玩‘哭丧’。”她领着小伙伴,把娃娃当死人,哭啊,拜啊,玩起了“哭丧”游戏。

接连两天,她和小朋友都在玩这个游戏。刚开始,老师没有注意。到了第三天,老师发现“娃娃家”那里很热闹,围了许多孩子。老师一了解,这才发现孩子们在玩“哭丧”的游戏。老师认为这种游戏不好,属于封建迷信。可是孩子们又玩得非常投入。怎么办呢?老师想出了一个办法。她假装“医生”,来到“娃娃家”,开口说:“我是医生,你们家发生什么事了?”

“娃娃死了。”小朋友回答说。

“是吗?让我来检查一下。”“医生”说。

“医生”摸了摸娃娃的胸口,说:“哟,娃娃的心脏还在跳呀,娃娃没有死啊!谁是爸爸妈妈?怎么孩子病了也不送去医院抢救啊?快,把娃娃抱上,跟我走,赶快送娃娃去医院抢救!”

“医生”把“病人”及其“家属”带上“救护车”,又让他们“呜呜”地使劲模仿现实生活中救护车的鸣笛声。估计孩子们剩余的精力发泄得差不多了,“医生”让他们下车,说是到“医院”了。

到了“医院”,“医生”对“病人”进行了检查,认为“病人”要“住院治疗”,让“爸爸妈妈”先回去。幼儿虽不甘心,但也只好空手而归了。“哭丧”的游戏也就玩不起来了。

第二天,幼儿来跟老师要娃娃。老师以“娃娃的病还没好,不能出院”为由拒绝了幼儿的请求,于是幼儿只得无可奈何地回去了。几天以后,老师认为幼儿已经没有兴趣再玩“哭丧”的游戏了,就把娃娃还给了幼儿,叮嘱幼儿别让娃娃死掉了。

在上述游戏干预的实例中,教师通过对幼儿游戏的干预改写了幼儿游戏的“脚本”:娃娃没有死,只是因为“爸爸妈妈”疏于照顾而使娃娃生病了。现在亟须送娃娃去看病而不是办丧事。这种干预可以说是对幼儿游戏粗暴的干预,因为教师对幼儿游戏“脚本”的改写表现出“强加于人”的倾向,尽管教师介入幼儿游戏时所采用的方法是比较适宜的,但是教师干预的目的是要“禁止”幼儿玩在其看来“出格”的游戏,干预所获得的效果只是抑制了幼儿对于“丧葬仪式”的认知兴趣而没有真正使幼儿的认知兴趣获得满足。因此,教师的这种干预并没有真正体现对幼儿游戏兴趣和需要的尊重。

教师对幼儿“脚本”的改写应当能够丰富幼儿的经验,扩展幼儿游戏的内容。就上述例子来说,教师首先应当看到的是幼儿对于“丧葬仪式”这种社会现象表现出来的兴趣。“生与死”的问题往往是幼儿感兴趣的问题,但他们并不理解“生与死”和葬礼的意义。教师应当帮助幼儿正确认识“生与死”的问题,使幼儿获得与其发展水平相当的理解,丰富他们的情绪体验(诸如“难过”“悲伤”“同情”等),而不是刻意回避这样的问题。曾经,在一个幼儿园中,幼儿喂养的一只鸭子死了,幼儿很难过。教师组织幼儿为鸭子举行了一个非常严肃而庄重的葬礼。为鸭子举行的葬礼不仅丰富了幼儿的情感,使幼儿懂得尊重和敬畏生命,也使幼儿理解了“葬礼”的意义。

在当前的这个例子中,幼儿自发的“哭丧”游戏为教师扩展课程的内容提供了很好的主题“生成”的机会。教师可以通过游戏之后的讨论来引导幼儿认真地思考“人们为什么这样做”等问题,并根据幼儿的兴趣来适当地扩展主题,丰富幼儿的认识和体验。如果教师刻意地回避这类问题,可能会导致幼儿产生对于这种葬礼文化现象产生误解。任何一个民族都有着与其历史文化传统相适应的“婚丧嫁娶”的礼仪,这些礼仪中积淀着一个民族深厚的传统和文化。

（二）建构游戏常用材料与搭建技巧

1. 建构材料。

建构材料是幼儿开展建构游戏的基础，幼儿园常用的建构材料一般有：积木、积塑、插塑、插棒等。

2. 建构技能。

（1）雪花片技巧：一字插、十字插、花形插、围合连接、几何形体插、整体组合插法。（图3-7-1）

图3-7-1　十字插、花形插、围合连接、整体组合插法（从左至右）

（2）积木搭建技巧：堆放、平铺、垒高、延长、架空、围合、对称和盖顶等。

【案例呈现】

两名幼儿在搭同样结构或模式的建构物时，一名幼儿的建构物稳定性差，总是倒塌，但他毫不气馁，低着头一遍遍地重新搭；另一名幼儿的建构物却很稳定，原因是他在搭最高一层时用了较矮的积木而不是和下一层高度相同的积木。在这种情况下，教师可以提醒第一名幼儿观察一下同伴的建构物，让他想一想同伴的建构物和自己的有什么不一样的地方，自己的建构物总是倒塌的原因。如果幼儿能自己发现解决问题的方法，那么对于幼儿来说会更加有意义。

（三）表演游戏的指导流程范例

幼儿的表演技能是在游戏中不断提升的，不可能一蹴而就。因此，教师要适当给予幼儿充足的游戏机会，引导幼儿在游戏过程中发现问题，以多种方式来提高幼儿的表演技能。

【案例呈现】

小猪盖房子

故事《三只小猪》深受小朋友们的喜爱，由于故事中的角色个性鲜明，情节有趣，特别是那只盖了砖房的小猪，它的聪明、勇敢给小朋友们留下了深刻的印象。因此，我把《三只小猪》的故事作为游戏主题，让幼儿在游戏中明白做事不要图省力的道理。

［活动总目标］

1. 幼儿能根据角色的特征运用表演道具装扮角色，并能根据故事内容布置游戏场地。

2. 幼儿积极参与游戏，尝试运用语言、动作、表情进行表演，大胆地表现角色的性格特征。

3. 幼儿能与同伴合作游戏，学会用协商的方式，与同伴轮流扮演角色。

4. 幼儿懂得遵守游戏规则，能有条理地整理游戏材料。

5. 幼儿会根据游戏开展的情况进行简单的评价，并提出下一次游戏的改进方案。

第一次游戏

[活动目标]

1. 幼儿熟悉角色的出场顺序，能运用连贯的语言进行表演。

2. 幼儿能根据自己所扮演的角色，运用表演道具装扮自己。

3. 幼儿能分组学习，并以协商的方式分配角色。

[活动准备]

1. 经验准备。

(1) 幼儿已经熟悉了《三只小猪》的故事，初步了解故事情节和角色对话。

(2) 教师和幼儿讨论木房、砖房的替代物。

2. 物资准备：角色头饰、背景、积木等。

3. 环境创设：布置游戏场地。

[活动过程]

1. 教师展示布置好的游戏场地，并出示幼儿制作的道具，导入游戏。

(1) 教师介绍布置好的场地，激发幼儿参与活动的兴趣。

师："上周，我们一起找到了可以用来代替三只小猪盖房子的材料，今天老师要把这些材料布置成三只小猪的家，我们一起来看看吧！"

(2) 师幼共同回忆故事中角色出场的顺序，熟悉大灰狼和三只小猪之间的对话。

① 师："故事刚开始时，谁先出场？猪妈妈对三只小猪说了什么？三只小猪是怎样回答的呢？"

② 师："大灰狼来了，它先找了哪只小猪？接着是谁？它对小猪们分别说了什么？"

③ 师："后来发生了什么事？大灰狼被打败了吗？"

2. 教师提出游戏要求，帮助幼儿做好游戏前的准备。

(1) 教师鼓励幼儿用协商的方式选出组长，并让组长按照组员们的意愿协调、分配角色。

(2) 教师先引导幼儿选择合适的道具装扮自己，然后开始游戏。

3. 幼儿分组开展表演游戏，教师在一旁观察和指导。

(1) 教师观察幼儿角色分配和道具的使用情况。

(2) 教师观察幼儿表演中角色出场的顺序和角色对话的情况。

4. 幼儿整理游戏场地，收拾游戏材料，与同伴交流游戏开展的情况。

(1) 在教师的提醒下，幼儿合作整理游戏场地，收拾游戏材料。

(2) 幼儿相互之间交流游戏开展的情况。

① 师："你表演了谁？你是怎样表演的呢？"

② 师："在今天的游戏中，你扮演的是什么角色？你是用什么道具来装扮自己的呢？你觉得还需要增加哪些道具来装扮自己？"

第二次游戏

[上次游戏情况分析]

因为在前期活动中幼儿熟悉了故事的情节及故事中的角色对话,所以在上次的游戏中幼儿能较为完整、连贯地表演,并能按照角色的顺序出场,大胆地进行对话,但是在表演时他们只顾着记住对话,表演得不够生动。针对这些问题,我在本次游戏中将引导幼儿通过思考角色的心理活动,帮助幼儿提升表演的质量,丰富游戏的情节。

[活动目标]

1. 幼儿能大胆地运用语言、动作、表情进行表演。

2. 幼儿能熟练掌握运用游戏材料布置游戏场地的技巧。

3. 幼儿能与同伴协商,轮流扮演角色,体验合作游戏的乐趣。

[活动准备]

1. 物资准备:新增草席、牛奶箱、头饰等。

2. 环境创设:布置游戏场地。

[活动过程]

1. 教师回忆上次游戏出现的情况,引导幼儿体会角色心理、情绪的转换。

师:三只小猪准备盖房子时,心情怎么样? 遇到大灰狼时,它们又是怎么想的呢? 我们应该怎样表演呢?

2. 教师提出游戏要求。

(1) 幼儿选择合适的材料与同伴共同创设游戏场景。

(2) 幼儿学会用协商的方式分配角色。

(3) 幼儿先选择合适的道具装扮自己,然后开始游戏。

3. 幼儿分组表演,教师观察指导。

4. 幼儿整理游戏场地,收拾游戏材料,与同伴交流游戏开展的情况。

(1) 幼儿自觉整理游戏场地,主动收拾游戏材料。

(2) 幼儿之间相互交流游戏开展的情况。

① 师:"你们在表演时有没有发现什么问题? 有什么困难需要大家一同来解决?"

② 请个别小组的幼儿再次表演精彩片段,引导其他幼儿关注角色的表情。

第三次游戏

[上次游戏情况分析]

在上次的游戏中,大部分幼儿都能比较生动地表现出动物的语言、动作、表情,在游戏中增添了各种道具,丰富了表演情节,但由于大灰狼是幼儿讨厌的动物,再加上故事结局是大灰狼死了,所以很多幼儿不愿意扮演大灰狼。针对这一现象,我们制定了这次活动的目标。

[活动目标]

1. 幼儿能综合运用语言、动作、表情,大胆地表现出自己所扮演角色的特征。

2. 幼儿与同伴协商,大胆地改编故事的结尾。

［活动准备］

1. 物资准备：角色头饰和道具。

2. 环境创设：布置游戏场地。

［活动过程］

1. 教师引导幼儿回顾上次游戏中出现的问题，商量解决的策略。

师："为什么大家不愿意扮演大灰狼呢？我们如何赶跑大灰狼，而不让它死掉呢？"

2. 幼儿分组讨论故事结尾的改编。

(1) 幼儿分组讨论，改编故事的结尾。

(2) 幼儿交流、分享改编后故事的结尾。

师："你想怎样改编故事的结尾？还有不一样的方法吗？"

3. 幼儿分组开展游戏，教师观察指导。

(1) 教师观察幼儿能否综合运用语言、动作、表情，大胆地表现自己所扮演角色的特征。

(2) 教师指导幼儿改编故事的结尾。

(3) 教师观察幼儿对改编后故事中的角色对话、动作和表情的把握。

4. 幼儿整理游戏场地，收拾游戏材料，与同伴交流游戏开展的情况。

(1) 幼儿自觉整理游戏场地，主动收拾游戏材料。

(2) 幼儿与同伴交流游戏开展的情况，并将讨论的结果分享给其他幼儿。

师："你表演的是谁？你是怎么表演的？你们这组是怎么改编故事的结尾进行表演的呢？你们是与同伴协商改编的吗？遇到问题时，你们会用什么方法解决？"

第八节　集体教学活动设计与组织

《纲要》指出：幼儿园的教育内容是全面的，具有启蒙性的，可以相对划分为健康、语言、社会、科学、艺术五个领域，各个领域的内容相互渗透，从不同的角度促进了幼儿情感、态度、能力、知识、技能等方面的发展。纵观近年来幼儿园教师资格考试面试，教学活动试讲是高频出现的考点，主要考查考生活动设计和组织的能力。常见的活动设计与模拟教学的类型有歌唱活动、律动活动、文学作品教学活动和体育活动。

一、仿真题与解析

【仿真题 1】

小 鸟

1=D $\frac{2}{4}$

♩=60 快乐地

和 平 词曲

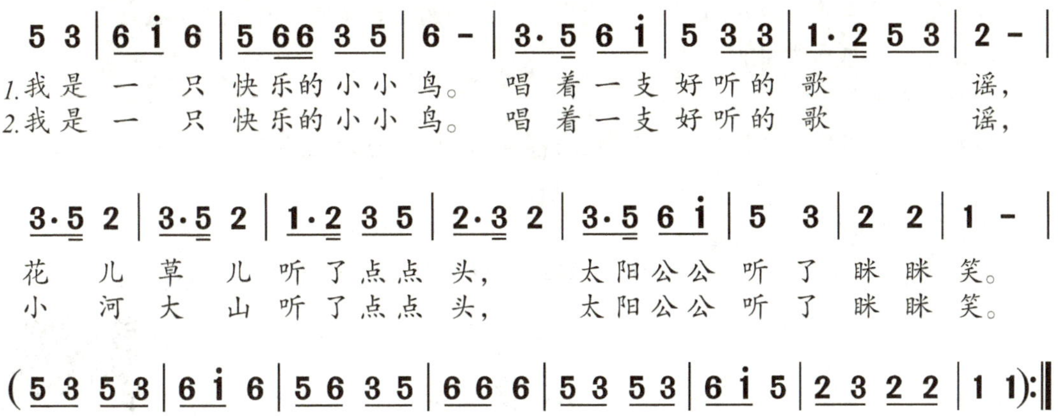

试讲题目

1. 题目:歌曲《小鸟》。

2. 内容:

(1) 弹唱歌曲。

(2) 模拟面对幼儿教唱歌曲。

3. 基本要求:

(1) 弹唱歌曲。

① 完整、流畅地弹奏,节奏准确。

② 有表情地歌唱,吐字清晰,把握准确的音高。

(2) 模拟面对幼儿教唱歌曲。

教唱基本符合 5—6 岁幼儿的特点,能激发幼儿的兴趣,适合幼儿的能力水平。

(3) 请在 10 分钟内完成上述任务。

答辩题目

如果组织幼儿学习弹唱歌曲应该注意哪些问题?

【解析】

1. 弹唱歌曲(略)。

2．模拟面对幼儿教唱歌曲。

（1）导入歌曲。

教师播放小鸟的叫声，向幼儿提问："你们听，这是谁在唱歌呢？你们觉得小鸟的声音动听吗？小朋友都很喜欢小鸟，觉得小鸟的叫声十分动听。今天，老师给你们带来一首好听的歌曲《小鸟》，让我们一起来听一听歌曲吧！"

（2）熟悉歌词。

教师向幼儿提问："刚才那首歌曲里说'我'是一只什么样的小小鸟，这是一首什么样的歌谣？谁听到了小鸟的歌唱，它们听了以后做了些什么呢？"（面试时，考生可以模拟出幼儿的答案，并梳理歌词顺序和大意）

教师出示涵盖歌词内容的配图，一边指着配图一边唱着歌曲。在巩固歌词内容的同时，教师可以让幼儿熟悉歌曲的旋律。

（3）学唱歌曲。

教师先唱一遍歌曲，用动作表现歌词内容，再请幼儿一边自己唱一边在座位上用双手做小鸟飞的动作。

（4）练唱歌曲。

教师请幼儿聆听琴音并轻声跟唱，之后组织幼儿分小组、分性别、分段落练唱。

【仿真题2】

小苗发芽了

1＝C $\frac{4}{4}$

中速

和　平曲

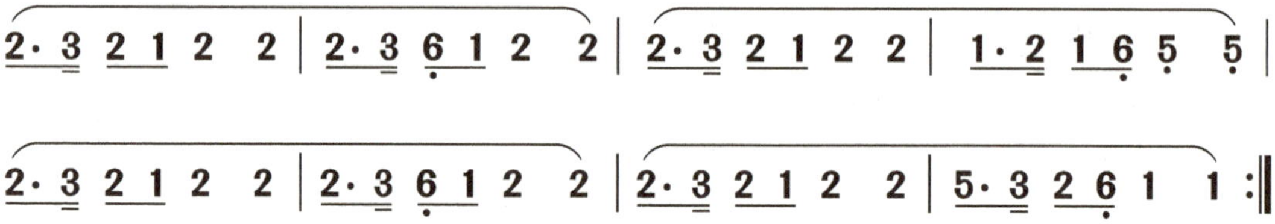

试讲题目

1．题目：律动《小苗发芽了》。

2．内容：

（1）弹奏音乐。

（2）模拟组织幼儿学习律动。

3．基本要求：

（1）弹奏音乐。

在指定的调内，完整弹奏音乐，节奏准确。

（2）模拟组织幼儿学习律动。

根据音乐表达的内容和情感，设计适宜的肢体动作，一边哼唱旋律一边做律动。

（3）请在 10 分钟内完成上述任务。

答辩题目

这首曲子的节奏特点是什么？

【解析】

1. 弹奏音乐（略）。

2. 模拟组织幼儿学习律动。

（1）教师根据歌曲主要形象和乐句设计好动作，按照每小节一个动作进行设计，总共设计四个动作（挖土播种、小苗生长、长成大树、欢快拍手）。

（2）教师引出音乐主题“小苗发芽了”，唤醒幼儿的生活经验，请幼儿说一说小苗是怎样一点点长大的。

（3）教师带领幼儿用肢体动作表现音乐内容，并对幼儿的动作进行优化。

（4）教师示范律动动作，讲解动作要领。

【仿真题 3】

试讲题目

1. 题目：剪纸《青蛙》。

2. 内容：

（1）运用对折剪的方法，制作剪纸《青蛙》，并运用此方法再剪出一种常见的动物。（图 3-8-1）

① 取一张正方形纸，沿它的对称中心线对折。 ② 在对折后的长方形纸上，画出青蛙图案的一半。 ③ 画出剪切线。 ④ 沿剪切线剪切图案，打开对折纸，完成制作。

图 3-8-1　剪纸《青蛙》制作步骤

（2）回答问题。

3. 基本要求：

（1）运用对折剪的方法，制作剪纸《青蛙》，并运用此方法再剪出一种常见的动物。

（2）回答问题。

该剪纸活动适合什么年龄段的幼儿学习？如何利用你的剪纸作品引导幼儿开展其他活动？

（3）请在 10 分钟内完成上述任务。

答辩题目

如何利用剪纸《青蛙》进行幼儿园区角环境布置？

【解析】

1. 技能展示。

运用对折剪的方法制作剪纸《青蛙》和另一种诸如蝴蝶、蜻蜓等具有对称特征的动物剪纸，向评委展示自己具备一定的手工技能。

2. 回答问题。

根据手工技能的难度要求，思考该剪纸活动适合在什么年龄段进行教学。4—5岁的幼儿需要经过较长时间的练习，才能自如地使用剪刀，并用对折剪的技能剪出轮廓清楚、结构简单的图案。因此，该剪纸活动适合中班和大班的幼儿学习。利用剪纸《青蛙》等作品可以设计开展的其他活动包括“中班科学活动——有趣的对称”“中班语言活动——青蛙和蝴蝶”等。（选择其中一个活动设计简单的教案，教案参见本节第三部分“优秀案例”）

3. 评分要点。

该剪纸活动主要考查考生的技能技巧、了解幼儿、思维品质三项能力。

(1) 具备手工的基本技能，作品富有童趣，符合活动的需要。

(2) 能回答出该剪纸活动适合的班级，符合幼儿发展的特点。

(3) 能回答出利用作品设计开展其他活动的名称和内容，活动合理可行，有一定的创意。

【仿真题4】

试讲题目

1. 题目：综合活动《大树》。

2. 内容：

(1) 现场展示图画《大树》（图3-8-2），并开展科学活动“观察大树”。

(2) 回答问题。

3. 基本要求：

(1) 现场展示图画《大树》，并开展科学活动“观察大树”。

(2) 回答问题。

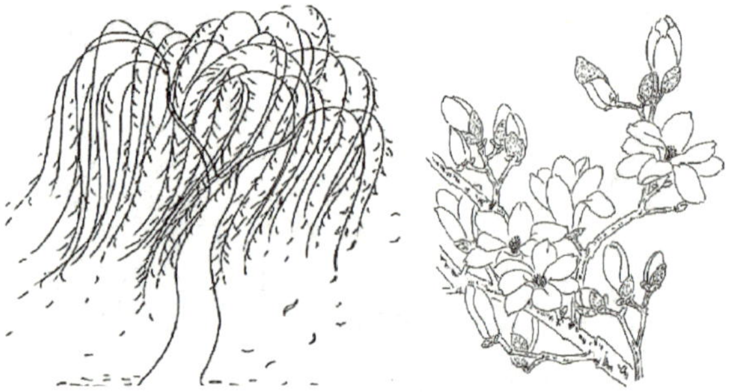

图3-8-2 图画《大树》

如何利用你的作品引导幼儿在大自然中观察大树？

(3) 请在10分钟内完成上述任务。

答辩题目

怎样开展科学活动才能让幼儿有所收获？

【解析】

1. 技能展示。

考生根据题目内容和基本要求答题。先画出2种不同品种和形态的大树，诸如柳树（落叶树）、广玉兰树（常绿树），再向评委展示自己具备一定的绘画技能，以及掌握一些关于大树的科学知识。

2. 回答问题。

利用你的绘画作品,思考如何开展科学活动“观察大树”。这个科学活动可以这样设计:每名幼儿准备柳树和广玉兰树的图片,拿着图片到大自然中寻找柳树和广玉兰树,说一说为什么认定那些树是柳树和广玉兰树,这两种树有什么区别。教师分别从树干、树枝、树叶三个方面引导幼儿观察与表达。

3. 评分要点。

该绘画活动主要考查考生的技能技巧、了解幼儿、思维品质三项能力。

(1) 具备绘画的基本技能,作品富有童趣,符合活动的需要。

(2) 能回答出利用作品引导幼儿开展活动的具体方法,方法合理可行,有一定的创意。

【仿真题 5】

别说我小

妈妈您别说我小,我会穿衣和洗脚。
爸爸您别说我小,我会擦桌把地扫。
奶奶您别说我小,我会帮忙把水浇。
爸爸妈妈工作忙,我会做的事情也不少!

试讲题目

1. 题目:儿歌《别说我小》。

2. 内容:

(1) 模拟面对幼儿表演儿歌。

(2) 模拟组织幼儿学习儿歌。

3. 基本要求:

(1) 模拟面对幼儿表演儿歌。

要求普通话标准,语气、语调、动作、表情符合儿歌内容,有感染力。

(2) 模拟组织幼儿学习儿歌。

活动有趣,能吸引 5—6 岁的幼儿参与,有利于幼儿熟悉、理解、朗读儿歌。

(3) 请在 10 分钟内完成上述任务。

答辩题目

利用儿歌能带领 5—6 岁的幼儿开展哪些活动?

【解析】

1. 模拟面对幼儿表演儿歌。

在准备过程中,先掌握儿歌表演的技巧,尽量脱稿朗诵,一边朗诵儿歌一边展示丰富的表情、动作，注意朗诵儿歌要尽量抑扬顿挫、生动流畅，设计的动作要与儿歌的内容相符，富有节奏感，容易记忆。

2. 模拟组织幼儿学习儿歌。

表演结束后分析儿歌，撰写简要教案“大班语言活动：儿歌《别说我小》”。教案包括教学名称、教学目标、教学重难点、教学准备和教学过程。在制定教学目标时，考生必须注意两点：一是符合5—6岁幼儿学习儿歌的能力水平，二是充分挖掘儿歌蕴含的语言特色和主题思想。教学重点是让幼儿理解儿歌并有表情地表演儿歌，教学难点是如何根据儿歌句式续编儿歌。教学准备是根据儿歌画一些图片，诸如衣服、脸盆、桌子、扫帚、浇水壶等。这种采用直观形象的教具帮助幼儿理解和掌握儿歌的教学方法叫作“直观教学法”，它能很好地展示考生设计和组织活动的优势。

3. 教学过程的控制。

教学过程是考生模拟教学的过程，时间控制在10分钟内。考生要控制好时间，可以这样安排时间：导入1分钟，分段教儿歌3分钟，运用多种方法引导幼儿练习儿歌2分钟，续编儿歌3分钟，结束部分1分钟。（教案参见本节第三部分“优秀案例”）

4. 模拟教学讲稿。（略）

【仿真题6】

试讲题目

1. 题目：绘图讲故事《蝴蝶的一生》。

2. 内容：

（1）现场绘制图画《蝴蝶的一生》（图3-8-3），并根据图画讲故事。

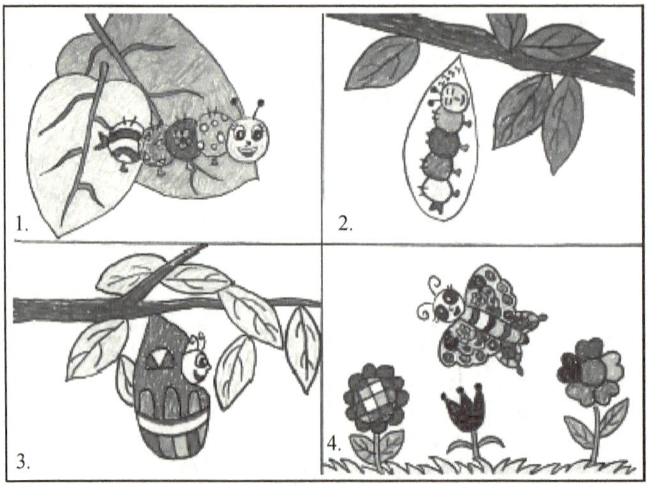

图3-8-3　图画《蝴蝶的一生》

（2）回答问题。

（3）模拟演示。

3. 基本要求:

(1) 现场绘制图画《蝴蝶的一生》,并根据图画讲故事。

(2) 回答问题。

如何利用你的图画作品去引导幼儿了解蝴蝶的成长过程?

(3) 模拟演示。

要求普通话标准,完整诠释图画的内容,有感染力。

答辩题目

如何让幼儿进一步了解蝴蝶的一生?

【解析】

1. 现场绘制图画《蝴蝶的一生》。

2. 回答问题。

利用图画《蝴蝶的一生》编成故事《蝴蝶变变变》,结合故事和图画,帮助幼儿了解蝴蝶的成长过程。

3. 模拟演示。

教师演示:"今天,老师带来了一位神秘的朋友,它有一对非常漂亮的翅膀,喜欢到花丛中飞来飞去的。它是谁?你们知道吗?哦,是蝴蝶呀!(出示图画《蝴蝶的一生》)。你们知道蝴蝶是怎么变出来的吗?老师来讲一个《蝴蝶变变变》的故事给你们听……故事讲完了,小朋友们,蝴蝶刚开始是什么?是虫卵,它长呀,长呀,变成了什么?它变成了毛毛虫。毛毛虫是什么样子的呢?它是怎么走路的呢?我们一起来学一学!后来毛毛虫到哪里去了?它把自己关起来了!这叫蛹,它就躲在里面睡觉,一边睡觉一边长大。等它睡醒了,就变成了什么?对,变成了蝴蝶!蝴蝶的一生要经过虫卵—幼虫—蛹的过程,最后才会变成蝴蝶呢!(结合图画《蝴蝶的一生》进行讲解)。现在,小朋友们都来扮演蝴蝶,把蝴蝶是如何从毛毛虫演变而来的表演一遍好吗?(教师运用语言引导,和幼儿一起用肢体动作来表现蝴蝶的转变)。毛毛虫都变成蝴蝶了,我们一起到外面的花园里玩一玩吧!"

【仿真题 7】

试讲题目

1. 题目:游戏《玩水》。

2. 内容:

(1) 提供玩具,使用现场物品。

(2) 模拟演示。

3. 基本要求:

(1) 提供玩具,使用现场物品。

教师为小班幼儿玩水提供至少2组玩具材料,并说明选取材料的理由。

（2）模拟演示。

教师利用其中1组材料，组织幼儿开展游戏《玩水》，要求语言讲解生动浅显，有条理，易于幼儿理解。

（3）请在10分钟内完成上述任务。

答辩题目

如何组织幼儿开展这类游戏活动，同时需要注意哪些问题？

【解析】

1. 提供玩具，使用现场物品。

第一组幼儿的玩具是积木、插塑、雪花片、橡皮泥、乒乓球，教师让幼儿观察哪些玩具沉入水底，哪些玩具浮在水面。第二组幼儿的玩具是纸杯、勺子和瓶子，教师让幼儿往瓶子里灌水，看看如何灌水速度最快。因为小班幼儿喜欢玩水，所以让他们把材料放在水里看看浮沉变化，能激发他们探究游戏的兴趣。

2. 模拟演示。

教师演示："今天，我们来玩水吧！老师给你们准备了好多玩具。第一组是积木、插塑、雪花片、橡皮泥、乒乓球，你们看看这些东西放入水中后会有哪些变化。第二组是纸杯、勺子和瓶子，你们可以往瓶子里灌水，看看灌水时会出现哪些有趣的现象。小朋友们要卷起袖子，注意不要把水洒到外面，不要把水泼到自己身上，也不要泼到其他小朋友身上。"

【仿真题8】

试讲题目

1. 题目：游戏《螃蟹运球》。

2. 内容：

（1）模拟演示，向幼儿介绍游戏的玩法。

（2）回答问题。

3. 基本要求：

（1）模拟演示，向幼儿介绍游戏的玩法。

（2）回答问题。

① 这个游戏适合3—4岁的幼儿吗？请说出理由。

② 游戏中可能出现什么问题？运球游戏还可以怎么玩？

（3）请在10分钟内完成上述任务。

答辩题目

这类游戏能锻炼幼儿哪方面的能力？活动时应该注意哪些问题？

【解析】

1. 模拟演示，向幼儿介绍游戏的玩法。

教师演示:“小朋友们,今天我们要玩一个游戏,它的名字叫作‘螃蟹运球’。请小朋友们根据老师的分组进行组队,每组由两名小朋友组成,每组小朋友先面对面站好,然后双手侧平举,握住对方的双手。哇!每组小朋友组成一只大螃蟹啦!大螃蟹是怎样走路的呢?对啦!是横着走的,那每组小朋友组成的大螃蟹就要横着走。小朋友们试一试吧!好了,每只大螃蟹都可以横着走了。接下来,老师要增加难度了,请组成大螃蟹的每组小朋友先将皮球夹在胸前,然后横着向前走,小朋友们再试一试吧!现在,我们来进行‘螃蟹运球’的比赛,这里是起点,那里是终点(起点至终点约 20 米)。比赛的小朋友用‘螃蟹运球’的方式从起点横着走到终点,皮球不落地的一组获胜。组成大螃蟹的每组小朋友一定要团结协作,尽量不要让皮球掉下来。如果皮球掉下来了,就要从头再来。小朋友们理解了吗?比赛的时候要注意安全哟!”

2. 回答问题。

① 不适合。因为这个年龄段的幼儿腿部肌肉力量仍然较弱,走路时步幅不均,速度不稳,肢体配合不够协调,缺乏节奏感。“螃蟹运球”这个游戏不仅需要小朋友们有较好的行走能力,还需要他们两两配合,横着行走,同时运球。这不符合 3—4 岁的幼儿动作发展、生长发育的特点和规律。因此,这个游戏不适合 3—4 岁的幼儿,适合年龄较大一些的孩子。

② 游戏中可能出现的问题主要有三点:一是小朋友们之间缺乏团队协作的意识,诸如夹不住球、步伐不一致;二是不能遵守游戏规则,诸如有的小朋友不愿意模拟“螃蟹运球”的动作,而是抱着球走;三是比赛时相互干扰,诸如两组小朋友距离较近,容易撞到一起导致摔跤。

运球游戏还可以用“螃蟹背对背运球”“袋鼠运球”(将球夹于两腿之间跳着运球)、“器械运球”(用棍子、呼啦圈等协作运球)、“边拍边运球”等方式进行。

二、答题技巧

(一)歌唱活动

1. 判断考题中的幼儿歌曲适合哪一个年龄段的幼儿。(具体判断标准详见本单元第一节内容)

2. 教学设计应体现歌唱活动的目标。

在新歌教学活动中,一般将熟记歌词、学会演唱歌曲作为主要的教学活动目标,具体包括这些方面:记忆歌曲名称、理解歌词和曲调所表达的内容及情感;能用自然优美的声音进行歌唱;能自然地运用声音、肢体动作、面部表情来表现歌曲中所蕴含的情感。

3. 掌握新歌教学活动的基本流程。

(1) 教师借助与歌词内容有关的情景、图片或讲述,引出新歌,激发幼儿学唱的兴趣。

(2) 教师用容易引发幼儿熟记的方法反复范唱新歌。

(3) 教师帮助幼儿熟悉、理解与记忆歌词。教师可以根据歌词有序地提问,运用教具和学具提示、动作辅助等方式帮助幼儿理解歌词。

（4）教师用全曲带唱的方法帮助幼儿初步掌握新歌的内容。在必要时，教师可以采用分句教唱的方法帮助幼儿掌握新歌中的难点。

（5）教师采用各种不同的演唱形式，不断调动幼儿的积极性，帮助幼儿在反复练唱过程中熟悉和掌握新歌的内容。

（二）律动活动

1. 根据音乐创编律动，采用的律动动作一般包括基本动作、模仿动作和舞蹈动作。基本动作是指幼儿在反射动作的基础上发展起来的日常生活动作，诸如走、跑、跳、摇头、点头、弯腰、屈膝、击掌等。模仿动作是指幼儿在音乐的伴随下，模仿特定事物的外在形态或运动状态，要求合乎音乐的节拍、节奏，具有艺术的美感，并能够表现出音乐的情绪特点。舞蹈动作是指经过艺术提炼、组织和美化了的人体动作，诸如踏点步、跑跳步等。

2. 按程序设计律动活动。

（1）故事指引。

故事能准确表达音乐节奏、基本结构与风格，要求简洁明了。

（2）感受并学习律动动作。

这既可以是教师编好的律动动作，也可以是幼儿自编的律动动作。律动动作学习可以结合节奏性语言提示与图谱，或借助道具辅助。

（3）熟悉音乐，匹配律动动作。

教师哼唱旋律，慢速匹配律动动作，待幼儿熟悉后变为较快速地匹配律动动作，教师可以尝试引导幼儿结合音乐进行练习。

（三）语言活动

语言教学活动属语言领域，《指南》中写道：语言领域的两大培养目标是倾听与表达、阅读与书写准备。因此，语言教学活动展示主要考查考生的技能技巧、了解幼儿、思维品质三项能力。

语言活动答题技巧主要包括以下几个方面：

1. 审题。

理解语言作品（儿歌、故事、图画书等）的主题思想，找出儿歌、故事、图画书中符合幼儿年龄特点和经验的字、词、句。

2. 表现语言作品。

有表情地讲述或朗诵，会用表演或绘画的手段表现语言作品。

3. 准备简单教案。

考官极有可能会问语言活动名称、活动目标、活动重难点、活动准备和活动过程。因此，教案准备须全面、简洁、一目了然。

4. 模拟授课流程：

（1）导入。

根据幼儿的年龄段特点，小班、中班可采用图片、玩偶、游戏、故事或谜语来导入语言活动主题,时间约为2分钟。

(2)教师示范讲述、朗诵或表演语言作品。

首先,教师要做到语言表达清晰流畅、声情并茂,普通话标准,口齿清楚,可配合肢体动作,更易于幼儿理解。

其次,教师要了解幼儿听到的语言作品内容是什么,提问可以言简意赅。例如,故事的名字叫什么?你听到故事里有谁?故事里讲了一件什么事?教师要根据幼儿的年龄段特点进行提问,小班幼儿概括能力差,可以简单作答,中班和大班幼儿可以学习概括回答。

(3)理解和学习语言作品。

教师充分利用自己现场准备的教具,引导幼儿理解和学习语言作品。例如,教师根据语言活动配图画,引导幼儿观察和理解图画,让幼儿用恰当的语言进行表达,并带领幼儿学习语言作品中的字、词、句;教师根据语言活动配肢体动作进行表演,引导幼儿一边表演一边朗诵或讲述。

① 完整练习语言作品。

教师可以采用多种形式引导幼儿表现语言作品,诸如采用全班练习、男女生分组练习、个别练习等形式,逐步提高幼儿的语言表达能力。

② 创编语言作品。

语言的学习是为了让幼儿更好地表达。教师可以根据语言作品的特点,依照幼儿学习能力的一般情况,引导他们对语言作品进行恰当地创编或者续编。例如,教师可以引导幼儿根据儿歌的句式进行创编,根据故事情节发展的规律进行续编,等等。

③ 突出语言作品主题思想。

语言作品大多符合美学要求,或趣味横生,或寓意深刻。例如,优美的儿歌、诗歌里蕴含着科学原理;有趣的故事里蕴含着做人、做事的哲理;等等。教师可以通过谈话、讨论等形式,揭示语言活动的主题思想,深化语言活动的内涵。

总之,在语言教学活动展示中,考生除了展示语言表达能力,还应恰当地运用画画、歌唱、舞蹈、游戏等直观类、实践类的教学方法帮助幼儿理解和学习语言作品,创设一个幼儿想说、敢说、喜欢说、有机会说的环境,并能得到幼儿积极的应答。

(四)美术活动

美术活动属于艺术领域,《指南》中艺术领域的两大培养目标是感受与欣赏、表现与创造。因此,美工教学活动展示主要考查考生的技能技巧、了解幼儿、思维品质三项能力。

美术活动答题技巧主要包括以下几个方面:

1. 审题。

能运用绘画、手工的基本技能表现作品,作品富有童趣,符合活动的需要。考生不仅要给儿童提供精美的作品,还要用语言、动作来表现美好事物的特征。

2. 表现美术作品。

能答出利用美术作品引导幼儿学习的活动名称、内容和具体方法。美术作品往往是教师引导幼儿进行其他领域学习的教具,因此考生不仅要注意表现美术作品本身的色彩,满足造型、构图方面的要求，还要注意发现美术作品中蕴含的科学性、思想性，能充分利用美术作品引导幼儿开展其他领域的学习活动。

3. 美术活动基本流程。

（1）欣赏美术作品。

（2）感受美术作品。

（3）掌握绘画或手工技能。

（4）教师提出绘画或手工要求。

（5）开展绘画或手工练习，注意激发幼儿的创造性。

（6）交流欣赏。

在整个美术活动中，教师要注意将直观教学法、语言教学法和实践教学法有机结合，体现艺术的创造力。教师制作的美术作品在活动中能起到引导幼儿进行艺术表现与创造的作用，幼儿能乐在其中，敢于表现所见所想。

（五）体育游戏

体育游戏是以体育运动为基本内容，以游戏为基本形式，以发展幼儿基本动作、增强其身体素质为主要目的，具有一定的情节、角色和规则的体育活动。体育游戏大多是有规则的游戏，也有一些是器械游戏，诸如球类、绳类游戏等。体育游戏内容广泛、形式多样，能培养幼儿勇敢、坚毅、守纪律等品质。在近几年有关体育游戏的考题中，通常会给出某种器械，不仅要求考生设计体育游戏并讲解游戏玩法，还要求考生以模拟表演的方式向幼儿讲解游戏玩法和规则。体育游戏一般以走、跑、跳、爬、钻、踢、投掷、平衡、攀登等基本动作为主要内容。因此，考生不仅要了解不同年龄班的幼儿在体育游戏中的发展目标，还要掌握体育游戏规则讲解的要点，以便合理组织活动。

1. 不同年龄班的幼儿在体育游戏中的发展目标。

小班幼儿能自然地走、跑、跳、爬、投掷。

中班幼儿能听信号、按节奏协调地走和跑；能按要求投掷、抛接球，能左右手拍球；能随音乐节奏做徒手操和轻器械操。

大班幼儿能轻松自如地走、跑、跳、攀登、滚爬；能挥臂投掷轻物并投准目标；能抛接高球；能熟练地听取多种口令和信号，并做出相应的动作；能跟随音乐节奏做徒手操和轻器械操，动作到位、有力。

2. 体育游戏玩法、规则的讲解。

在开展体育游戏时，教师要先向幼儿介绍游戏名称和玩法，让幼儿对游戏有一个全面、完整的印象，然后重点讲解游戏动作和游戏规则。对竞赛类、躲闪类、球类游戏等无主题游戏的动作和规则的讲解，应当简短、准确，有时可适当示范（教师或能力强的孩子均可），以便帮助幼儿理解。对于小班幼儿，动作和规则可以在体育游戏进行中讲解，即一边玩一边指导。对于中班幼儿，可以通过提问了解幼儿对教师讲解的理解情况。幼儿只有真正掌握了体育游戏的玩法和规则，才能在游戏中获得更多的快乐。

在讲解时,考生的语言要清晰,音量要适中。对有主题、有情景的体育游戏的讲解,考生要尽量生动形象,激发幼儿的想象力,让幼儿有一种身临其境的感觉。这样幼儿才能更有效地做好各种动作,完成游戏的任务。

3. 体育游戏模拟授课的基本思路。

(1) 导入部分。

该部分的主要任务是组织幼儿参与体育游戏,集中幼儿的注意力,激发幼儿参与活动的兴趣,让幼儿做好准备活动。教师可引导幼儿进行韵律活动、队列队形练习,同时唤起幼儿已有的经验。

(2) 基本部分。

该部分的主要任务是引导幼儿学习新的内容,增强幼儿已有的技能,从而加强幼儿的身体素质,发展幼儿的各项能力,培养幼儿良好的心理素质。教师要注意新旧搭配、急缓结合,游戏内容要活泼有趣,特别是游戏规则的讲解要符合幼儿发展的特点。

(3) 结束部分。

该部分的主要任务是降低幼儿的兴奋性,使幼儿逐步恢复安静的状态并放松肢体。教师可以进行简短的小结、评价,有组织地进行整理运动,注意收拾和整理好各项器材。

三、优秀案例

(一) 歌唱活动案例

中班歌唱活动——故事《五只小鸭》

活动目标:幼儿理解歌词内容,有表情地演唱歌曲,能初步根据歌词内容合作表演歌曲。

活动重点:幼儿有表情地演唱歌曲。

活动难点:幼儿能初步根据歌词内容合作表演歌曲。

活动准备:鸭子头饰、纱巾、木鱼、呼啦圈、大型积木布置的森林场景。

活动过程:

1. 教师进行故事导入。

鸭妈妈有五只小鸭宝宝,这五只小鸭特别淘气。有一天,五只小鸭嚷着要鸭妈妈陪它们去森林里玩,鸭妈妈说:“我正在干活,过一会儿再带你们去玩。”小鸭们太想出去玩了,它们着急地对鸭妈妈说:“妈妈,那我们自己去玩了。”鸭妈妈一听,马上摇头说:“森林里有许多野兽,没有妈妈带领你们,你们会有危险的。”可是小鸭们没有听鸭妈妈的话,趁鸭妈妈没注意,悄悄溜到森林里去了。它们出去以后,发生了什么事?

2. 幼儿听歌曲录音。

3. 幼儿理解歌词。

(1) 教师提问。

教师提问:“五只小鸭不听话,跑到哪儿去了?鸭妈妈怎样了?小鸭们出去之后都回来了吗？谁没有回来？鸭妈妈干什么去了？”

（2）幼儿结合手指游戏有节奏地朗诵歌词。

游戏建议：左手大拇指与其余四指一开一合表示鸭妈妈嘎嘎叫的形象。右手五指代表五只小鸭，结合歌词内容随时调整手指数量。

4. 幼儿学唱歌曲。

（1）幼儿用听唱法结合手指游戏学唱歌曲。

（2）教师引导幼儿有表情地演唱。

小鸭们出去玩，鸭妈妈心情如何？怎样才能唱出鸭妈妈着急、担心的样子？鸭妈妈找小鸭们时为什么一边走一边嘎嘎叫？如何用动作表现出来？

5. 教师表演歌曲。

（1）教师激发幼儿表演的兴趣。

教师引导：“今天我们就去森林里看一看，并演一演《五只小鸭》的故事吧！”

（2）师幼合作创设游戏环境。

用呼啦圈表示小鸭们的家，在离呼啦圈较远的地方用大型积木摆出森林的场景。

（3）幼儿选择角色。

一名幼儿头戴纱巾在呼啦圈里扮演鸭妈妈，五名幼儿戴着鸭子头饰在圈外排成一列，扮演五只小鸭。

（4）教师带领幼儿探索游戏玩法。（略）

（5）教师引导幼儿尝试进行自主游戏。

教师从以角色身份引导幼儿游戏，逐渐过渡到幼儿自主游戏。

（6）互换角色游戏。（略）

（7）点评。

教师从音乐的节拍、节奏、表情及与幼儿的合作等方面进行评价。

（二）科学活动案例

中班科学活动——剪纸《有趣的对称》

活动目标：

1. 幼儿能感知物体对称的基本特征，并正确地判断图形是否对称。

2. 幼儿探索问题、发现问题和解决问题的能力得到增强。

3. 幼儿了解数学和生活中的对称现象，并感受对称美。

活动重点：幼儿能理解对称的含义，掌握上下、左右对称剪。

活动难点：幼儿能找出多种图形，并说明其判断的依据。

活动准备：动物、植物、对称建筑、舞台表演、生活实物等图片；剪刀、彩纸等；幼儿观察到的对称物体。

活动过程:

1. 教师演示剪纸的制作过程,幼儿感知对称现象。

教师导入:“在这段时间里,小朋友们特别爱动脑筋,学会了西瓜棋、五子棋,真棒!今天老师现场演示剪纸《蝴蝶》的制作过程。”

教师提问:“老师在剪纸之前是怎样折纸的?剪纸《蝴蝶》有什么特别的地方?”

教师小结:“像剪纸《蝴蝶》这样从中间对折起来能够完全重合的现象,叫作‘对称’。两边的图形能完全重合,这样的图形叫作‘对称图形’。”

2. 教师展示闯关游戏,引导幼儿探索对称图形。

教师导入:“今天对称图形国王打来电话邀请小朋友们帮他闯关,你们愿意帮助他吗?”

(1) 第一关:找出蝴蝶另一半翅膀。

幼儿讨论:“这些蝴蝶的另一半翅膀在哪里?怎样帮助蝴蝶找到另一半翅膀?”教师根据幼儿的疑问,演示蝴蝶的翅膀是否对称。

教师小结:“今天,大家学习了对称图形和对称的概念,我将魔法棒(笔)作为奖励送给大家。”

(2) 第二关:自主探索——用魔法棒给各种图形画对称轴。

① 演示三角形对称轴的画法,并介绍对称轴。

② 教师提问:“怎样将图形对折,并画出对称轴?比一比,看看谁能想出多种将图形对折的方法,并能画出多条对应的对称轴。”(幼儿自由探索与操作)

③ 幼儿在操作时,教师可以提醒幼儿对折后的图形必须完全重合,才能在中间画出对应的对称轴。

④ 教师针对幼儿操作的结果进行小结,表扬有创新想法的小朋友。

⑤ 闯关奖励——图片欣赏活动。

对称图片欣赏:动物——蝴蝶、蜻蜓;植物——对称的树叶;对称建筑——房屋;舞台表演——京剧变脸;生活实物——对称的梳妆台、飞机;等等。

(3) 第三关:图形归类。

教师提问:“哪些图形属于对称图形?哪些图形不属于不对称图形?为什么?”

教师小结:“今天大家认识了对称图形,那么我就来验证一下大家今天的学习成果。”

(4) 第四关:找出自己或同伴身上大致对称的部位。

幼儿观察、寻找、比较对称图形,并进行讨论和发言。教师及时表扬观察仔细的小朋友。

3. 教师引导幼儿送礼物(分组操作材料)。

第一组:幼儿将画好的对称图形彩纸送给其他幼儿,并请他们剪出来。

第二组:幼儿将涂好一半颜色的对称图形送给其他幼儿,并请他们涂出另一半。

第三组:幼儿用橡皮泥捏出任意几种对称图形。

第四组:幼儿用积木拼搭出任意几种对称图形。

4. 教师总结活动情况。

大班科学活动——综合活动《大树》

活动目标：

1. 幼儿自主寻找柳树和广玉兰树，了解常绿树和落叶树的显著特征。

2. 幼儿能在植树中感受到各种排列的乐趣。

活动重点：幼儿能找出柳树和广玉兰树的区别。

活动难点：幼儿能记住常绿树和落叶树的显著特征。

活动准备：

1. 常绿树和落叶树的图片、柳树叶和广玉兰树叶。

2. 教师提前让幼儿熟知各种各样的树。

活动过程：

1. 教师导入。

教师提问："你们见过这两种树吗？它们叫什么名字？"（出示柳树和广玉兰树的图片）

教师小结："今天我们就来找一找大树的秘密。"

2. 教师引导幼儿观察柳树与广玉兰树。

教师提问："这两棵树的叶子、树干、树枝各有什么不同？"

教师小结："柳树的叶子小、薄、软，树干纤细，树枝较细且柔软。广玉兰树的叶子大、厚、硬，且正反面颜色不同，树干粗壮，树枝较粗。"

3. 教师带领幼儿区分常绿树和落叶树。

教师引导："呼呼呼，冬天来了，你们知道柳树和广玉兰树变得怎样了吗？"

教师分析："是的，常绿树和落叶树各有特点。你们要学会区分哟！"

教师拓展："小朋友们，你们知道我们周围有哪些树是常绿树，哪些树是落叶树吗？"

教师小结："常绿树有桂花树、黄杨树、香樟树等，落叶树有桃树、梨树、梧桐树等。"

4. 教师带领幼儿种树。

教师引导："常绿树和落叶树能美化我们的生活。花匠爷爷在操场边种树时，先种了一棵桃树，又种了一棵柳树……就这样种了一排树。一到春天，桃树红了，柳树绿了，桃红柳绿，很好看。你们也来种树吧！"

教师提醒："你们手上拿着的这几棵树可以种成一排吗？赶快和朋友们一起商量如何排列大树可以让环境更加优美！"

教师总结："小朋友们发现了好几种不同的种树方法和排列方法呢！我们可以在开展区域活动时进行尝试。"

(三)语言活动案例

大班语言活动——儿歌《别说我小》

活动目标:

1. 幼儿理解并朗诵儿歌,并发准“穿、种、说、桌”的音。

2. 幼儿能根据儿歌句式进行创编,以提高自身的创造力和表达能力。

3. 幼儿体验长大的自豪感,并能用愉快、自豪的声音朗诵儿歌。

活动重点:幼儿用愉快自豪的声音有表情地朗诵儿歌。

活动难点:幼儿根据儿歌句式创编儿歌。

活动准备:教师提供体现儿歌内容的相关图片。

活动过程:

1. 教师导入。

教师提问:“小朋友们,你们在家里会帮大人做事吗?你们会做哪些事呢?可是,也有大人说,小朋友还小呢,不会做事!你们同意吗?有一个小朋友叫明明(出示明明的画像),他和你们一样会做好多事情,还编了一首好听的儿歌,我们一起来听一听吧!”

2. 教师表演儿歌,并解释儿歌大意。

教师提问:“你们听到明明说了什么吗?”

教师小结:“你们听到‘会穿衣’‘会洗脚’‘会扫地’‘会浇水’了呀!小朋友们听得可真仔细呢!我们来仔细地看一看明明是怎么说的吧!”

教师提问:“(出示衣服、脸盆的图片)明明说‘妈妈您别说我小,我会穿衣和洗脚’。真棒!”

教师小结:“我们和明明一起说‘妈妈您别说我小,我会穿衣和洗脚’。”(教师带领幼儿一边说一边做动作)

教师提问:“(出示桌子、扫帚的图片)明明又说什么了?我们一边表演一边说(教师带领幼儿一边说一边动作)。哎呀,明明还对奶奶说了什么?(出示水壶、花盆的图片),谁会一边说这句儿歌一边表演?我们一边说儿歌一边表演——‘奶奶您别说我小,我会帮忙把水浇’。”

教师提问:“明明为什么会做这么多事情呀!明明是怎么说的呢?明明说得对不对?我们跟明明学一学这句话吧!”

教师小结:“小朋友们真的会做很多事情,可以帮爸爸妈妈好多忙呢!你们真是一群懂事的孩子!”

3. 教师带领幼儿朗诵儿歌。

教师导入:“我们一起看图片,并把儿歌完整地表演一遍!”(教师带领全体幼儿完整地一边朗诵一边表演儿歌)

教师导入:“小男孩和小女孩一同来参加儿歌表演比赛啰!看看谁表演得最好!注意朗诵儿歌的时候,声音不能太高或太低哟!”

教师分析："小女孩朗诵儿歌的时候声音很好听，不高不低。"

教师拓展："我刚刚看到×××表演儿歌的动作很特别，你来表演给大家看一看吧！"

教师小结："小朋友们表演得真好，明明为你们鼓掌！"

4. 教师让幼儿为儿歌命名。

教师提问："明明还有一个问题，这首儿歌还没有名称呢！你们能给这首有趣的儿歌取名吗？"

教师小结："《我会做事》《别说我小》这些题目真好！这首儿歌就叫作《别说我小》，好不好？"

5. 教师带领幼儿创编儿歌。

教师提问："除了上述明明会做的事情，你们还会做什么事情呀？"

教师提示："洗碗、洗手帕呀！真棒！你们能不能模拟儿歌中的句式说一说自己会做的事情？"

教师分析："阿姨您别说我小，我会洗碗、洗手帕。太好了！这句儿歌编得真好！"

教师提问："还有谁来编？怎样用儿歌里的话来说晾衣服这件事？"

教师拓展："我们一起说'叔叔您别说我小，我会帮忙晾衣服'。真棒！现在请每个小朋友动脑筋，把自己会做的事情编成一句儿歌，再告诉旁边的小朋友，将儿歌表演出来。"（教师指导幼儿自由续编并表演儿歌）

教师小结："小朋友们编了这么多好听的儿歌句子，还表演了自己编的儿歌，你们真棒！"

6. 总结。

教师总结："今天我们学了一首儿歌，它叫作《别说我小》。我们一起再来表演一下吧！大家回去可以表演给爸爸妈妈看哟！"

（四）体育活动案例

大班综合活动——游戏《好玩的皮球》

活动目标：

1. 幼儿讨论皮球一物多玩的方法，了解并掌握多种玩皮球的技能。

2. 幼儿在游戏中锻炼身体的协调性，并学会与他人合作。

3. 幼儿积极参与游戏，体验玩皮球的乐趣。

活动准备：皮球、易拉罐、音乐。

预设玩法：击地传球、你抛我接、夹球跳跃。

活动重点：幼儿能用皮球的新玩法进行游戏。

活动难点：幼儿掌握皮球的新玩法的基本动作。

活动过程：

1. 教师导入。

(1) 教师展示队列队形（两队变两圆、变太阳、变爱心、变四圆、变四队）。

(2) 教师带领幼儿进行热身运动。

(3) 教师帮助幼儿回忆已知的皮球玩法。

教师提问:“小朋友们,你们喜欢玩皮球吗? 谁能说一说皮球可以怎样玩呢?”(幼儿说出皮球的玩法,教师可以请幼儿示范)

2. 基本部分。

(1) 幼儿自由探索皮球的新玩法。

教师导入:“请小朋友们每人到队伍前面拿一个皮球,一边听音乐一边玩皮球,看看谁的玩法最多,但是不能让皮球跑出我们的场地。当老师吹哨子时,请小朋友们站在原地不动,我们一起看看大家是怎样玩的,好吗?”

教师小结:“小朋友们在游戏中展示的皮球玩法(幼儿站成两队将球放到球筐中)简单易行。我们可以在区域活动中尝试使用哟!”

(2) 教师展示皮球的新玩法。

① 击地传球。

教师导入:“刚才小朋友们表现得十分出色。今天,我们要学习一些皮球的新玩法。第一个皮球的新玩法,就是‘击地传球’。”

教师示范“击地传球”的基本动作,幼儿进行模仿练习。

教师讲解游戏规则:“小男孩、小女孩分别站成两条纵队,即男生队、女生队。每队幼儿采用‘击地传球’的方式,从每队的第一个人传至最后一个人,哪一队先传完,哪一队获胜。”

教师和一名幼儿先进行示范练习,练习了一遍之后,教师再请每名幼儿一边听音乐一边进行游戏。

② 你抛我接。

教师导入:“今天我们要学习的第二个皮球的新玩法,就是‘你抛我接’。”

教师先邀请一名幼儿与自己一起示范“你抛我接”的基本动作,再让每名幼儿以两人为一组进行练习。

教师讲解游戏规则:“小男孩、小女孩分别站成两条纵队,即男生队、女生队。每队幼儿采用‘你抛我接’的传球方式,从每队的第一个人传至最后一个人,哪一队先传完,哪一队获胜。”

教师和一名幼儿先进行示范练习,练习了一遍之后,教师再请每名幼儿一边听音乐一边进行游戏。

③ 夹球跳跃。

教师导入:“小朋友们,你们今天玩得开心吗? 我们一起来看看下一个皮球的新玩法吧! 那就是‘夹球跳跃’。”

教师讲解动作要领,请一名幼儿做示范。

教师讲解游戏规则:“幼儿站成四条纵队,每队幼儿须采用‘夹球跳跃’的方式先从起点出发,跳到对面的易拉罐处,再绕易拉罐一圈后以同样的方式返回起点处,然后将球传给本队的下一名幼儿进行接力。哪一队先完成,哪一队获胜。”

教师和一名幼儿先进行示范练习，练习了一遍之后，教师再请每名幼儿一边听音乐一边进行游戏。

3. 结束部分。

（1）教师总结。

教师提问："小朋友们，今天我们学习了哪些皮球的新玩法呢？"

幼儿回答完后，教师结合幼儿在游戏中的表现进行总结。

（2）教师带领幼儿进行整理运动。

教师小结："今天我们玩得真高兴，赶快一起来放松放松身体吧！"

教师播放舒缓的音乐，带领幼儿进行整理活动，并在音乐声中结束本次活动。

4. 教师引导幼儿进行活动延伸。

在晨练时，教师增加报纸、绳子、椅子等器材，引导幼儿想出更多的皮球玩法，开拓幼儿的思维，发挥幼儿的创造力。

第四单元 答辩与反思

第一节 答辩题型

答辩是幼儿园教师资格考试面试中的一部分，其主要形式是考官依据测评标准，参照考生的试讲表现进行提问，并通过考生作答，快速筛选适合的人才。与其他面试形式相比，答辩更具灵活性和随机性。答辩题型可以分为八类：基本信息类、专业知识类、题目要求类、活动设计类、活动展现类、教育评价与反思类、结构化类、补充类。只有了解考试题型，才能更有针对性地对不同的题型进行备考。

一、基本信息类

基础信息题是考官通过提问了解考生个人基本情况的一类题型。通过对考生的个人、家庭、教育和工作背景等方面进行设问，进一步了解并挖掘考生的真正求职动机和内心深处对幼儿园教师工作的热情。换句话说，即根据考生的回答，洞察其求职动机、价值取向、忠诚度、心态、品格、能力或缺陷等，从而选出与职位相匹配的应试者。

试题展示：你所学专业是什么？你在幼儿园工作过吗？工作了多少年？你是在什么类型的幼儿园工作的呢？

二、专业知识类

专业知识题是考官通过对幼儿园专业知识进行提问，从而考查考生是否具备相关知识素养的一类题型。这些知识素养有：幼儿发展的知识；领域教育与课程的知识；幼儿游戏、学习与教育活动的知识；等等。这类问题的提问通常较为直白，提问的方式类似简答题，解决“是什么”的问题。

试题展示：幼儿在游戏过程中会遇到什么困难？如何解决？幼儿园教师最重要的素养是什么？幼儿园环境创设的原则是什么？游戏的本质特征是什么？

三、题目要求类

针对有些本身自带答辩题目的考题，在考生进入考场后，不论其是否预知考题，考官在答辩环节上都会提出与题目要求有关的问题。

试题展示：这个题目的要求是什么？这个故事可以延伸出什么游戏？

四、活动设计类

活动设计题通常围绕活动设计的“活动重点”“活动目标”“活动环节”进行设计。考官需要了解考生是否清楚每个教学流程。

试题展示：活动目标和活动的重难点是什么？活动适合哪个年龄段的幼儿？活动属于哪个领域？如何突破活动的重难点？你选取了哪些教学方法？

五、活动展现类

活动展现题考查形式最为多样。考官更多是结合试讲中的某一个环节进行追问，既可以针对考生某个活动环节的组织形式进行质疑，又可以请考生对某一个环节进行设计。

试题展示：请你再把这首曲子弹唱一遍。你设计的这个环节，小班幼儿可以做到吗？你会用什么方法来帮助幼儿熟悉歌词？你觉得本次活动的重难点是什么？你会用什么方式达成活动目标？

六、教育评价与反思类

教育评价题通常考查考生对本次活动的评价和反思能力，即从对于此次活动的评价、反思等方面加以考查。这是答辩中较为常见的一类题型，考查频率较高。

试题展示：请反思一下今天你的试讲表现。你认为在组织本次活动过程中最大的优缺点分别是什么呢？在本次活动中，你忽略了什么地方？你对本次活动还有什么要补充的地方吗？

七、结构化类

有些考官会在答辩环节上提出结构化类型的面试问题，意图在于进一步考查考生的教育观、职业道德、求职动机等。

试题展示：你怎么看待幼儿园教师的转行？对于幼儿园大量的虐童案件，你怎么看？

八、补充类

有些考官在考生答辩结束后会询问考生是否需要对问题进行补充，一方面，可能是考生考虑和回答得不够全面，考官在给考生提供补充回答的机会；另一方面，可能是考官随口一问。考生应根据不同情况灵活应对。

试题展示：对于本次试讲，你还有什么要补充的吗？

第二节　答辩备考策略

一、不同题型及其应答思路

（一）基础信息类

案例：你有过与幼教相关的工作经验吗？请说说你的体会。

答题思路：针对上述问题，考生一定要把握好分寸，不但要诚恳地展现出自身的优势，同时也要客观地说出自身的不足，正确处理好优势和劣势之间的关系，向考官展示一个真实的自我。考生要本着谦虚、诚恳的态度如实回答，尽可能谈一谈与报考岗位贴近的工作经验。

模拟回答：尊敬的考官，您好！我本科学的是学前教育专业，并且有3年的工作经验。在工作中，我体会到了作为一名幼儿园教师需要拥有较为全面的综合素养，除了对孩子要有爱心、责任心、耐心，自身还要有过硬的专业素养。我会在今后的工作中继续完善自己，做一名优秀的幼儿园教师。

（二）专业知识类

案例：你认为家园合作应该注意哪些方面？

答题思路：对于专业知识类的问题，考生在听清题目后，应仔细回顾学过的相关知识和理论，在情况许可的条件下，可结合试讲的题目进行作答。这类题目要求考生具备扎实的专业知识。如果是熟悉的知识点，考生一定不要急着回答，要略作思考，理清答题思路，使回答更有逻辑性；要结合已有的专业知识理论，归纳梳理后作答。当我们遇到了比较陌生的题目时，切不可惊慌失措，可以坦诚地回答考官，切忌使用“我不会”“我不知道”等方式回答，而应使用“针对这个问题，我是这样看的……”“我对这方面涉猎较少，若有说错的地方，希望各位老师给我指导”等方式作答。

模拟回答：首先，幼儿园教师要尊重家长和他们正确的育儿方式。不同的家庭有不同的教育方式，幼儿园教师必须了解这种差异，从而了解家长对幼儿、对幼儿园的态度。其次，要注意幼儿园教师与家长及家长之间的相互作用。家长与幼儿园教师在教育幼儿的活动中是互动的关系，二者都有相同的目的，与家长直接沟通交流也可能影响到幼儿园的教育教学活动。最后，要开拓家长工作的深度和广度。幼儿园教师需要通过一些常规的沟通活动，取得家长的信任，如：针对幼儿的接送时间与家长进行交流，制作家长联系簿，等等。同时，还可以利用开放日请家长来参观幼儿园并参与教学活动，让家长理解幼儿园教师的教育理念，取得家长的支持与配合。

（三）题目要求类

案例：请你看一下题目要求。

答题思路：针对考生没有结合题目要求作答，或者遗漏了题目中的某些要求，有些考官会提出这样的问题。如果考官质疑考生偏题，此时考生应该谦虚、诚恳地回答问题，切忌强词夺理，应提出合理的补救方案或者建议，尽可能地挽回错误和损失。

模拟回答：题目要求为这个故事配画，由于时间关系，我在备考的时候只是将故事情节里的重要人物画了出来，并没有结合每个情节和场景把它们画下来，这有可能会影响幼儿对故事情节的理解，这是我审题的一个疏忽。如果可以弥补的话，我打算用五幅图来表现这个故事，并结合图画，引导幼儿更好地理解故事。

（四）活动设计类

案例：你认为本次活动的重难点是什么？你是如何突破重难点的呢？

答题思路：这个问题主要考查考生对活动设计结构的理解及其教学设计的能力，尤其是对活动重难点的把握。考生在抽到考题时，应该考虑好本次活动的重难点，对于考官的提问，考生应直截了当地加以回应即可，无须对考官提出的问题进行解释。最简单易行的方法就是将考官的提问转变为陈述句，并对其进行补充说明。

模拟回答：本次大班活动《梧桐树叶脉的秘密》的重点是让大班幼儿能够细致地观察梧桐树叶脉的结构特征，难点是让大班幼儿了解梧桐树叶脉的作用。在本次活动中，大班幼儿通过观察图片，亲自用放大镜观察实物、画叶脉等环节，观察梧桐树叶脉的结构，并通过一个动画短片，了解梧桐树叶脉输送养料的作用。

（五）活动展现类

案例：你认为孩子在活动中可能会出现哪些问题？

答题思路：针对以上问题，考生需要注意，考官一边在考查你对幼儿的了解程度，一边在考查你在幼儿活动中处理问题的能力。首先，要立足幼儿，将幼儿可能出现的问题归纳出来。同时，回答此类问题时注意不要把自己所有的缺点都说出来，可以稍微灵活一点，将说自己的缺点改为设计中出现的问题或者难点问题等，对可能出现困难的环节进行预设。其次，要做到谦虚，及时调整自己的组织方式，让考官看到考生及时改正的态度。

模拟回答：尊敬的考官，您好！在本次活动中，由于两人配合运球对于幼儿来说是有一定难度的，他们可能会出现掉球的情况。而出现这一现象的原因可能是配合运球除了需要具有一定的肢体协调性，还需要幼儿之间配合默契，这也是本次活动的难点，我没有进行特别强调，也没有预设出幼儿参与活动可能会出现的问题。这些都是我今天活动设计的不足之处，我会及时调整自己的设计，在今后的授课中避免此类问题的发生。

（六）教育评价与反思类

案例：请你结合本次活动的重难点，反思一下今天的试讲活动。

答题思路：针对这种类型的题目，考生在备考室写教案的时候就可以准备好，因此在平时的练习中要把目标写准确，把握每篇教案的重难点，并能对整个活动进行反思。在答题时，考生要紧扣问题，做到考官问什么，自己答什么，并强化答案与活动之间的关联，让考官"知其然知其所以然"，并让考官意识到，自己的设计并非随心所欲，而是在有条不紊地进行。

如果有考官质疑考生设计的活动重难点不符合幼儿的年龄段时，切记不可强词夺理，答题的态度是最重要的。同时，考生在讲解时，态度要端正，要告诉考官自己是如何解决这样的问题的，或是打算怎么做的，还有哪些考虑欠妥的地方。

模拟回答：尊敬的考官，您好！在刚刚的试讲中，我是根据幼儿的年龄特点制定了活动目标，并且依据活动目标选择了能够帮助幼儿理解故事的图片、手偶、头饰等材料，引导幼儿在说一说、演一演、编一编的过程中加深他们对故事的理解。但由于时间关系，最后在引导幼儿续编故事的环节中表现得有些仓促，以后我会改进。同时，我还可以多提一些问题，引导幼儿结合自己的生活经验，对故事进行进一步拓展。

（七）结构化类

案例：你怎么看待幼儿园的虐童案件？

答题思路：结构化类型的考题是考查考生的综合素质，而试讲部分是考查考生的表达能力，最后答辩部分是考生扭转局面的关键环节。如果考生在前面结构化类型的考题和试讲上都表现得特别好，那么通过答辩这一环节可以让考生的面试锦上添花；如果考生前面表现得不太好，那么在答辩环节可以进行弥补，解释自己之前表现不太好的原因。结构化类型的考题也会出现一些变化，除了让考生进行自我介绍，更多的是让考生对自己的表现进行评价。因此，考生在答辩的过程中，要有理有据。此外，考生还要结合幼教岗位所要求的基本素质展开回答，注意不要离题。

模拟回答：首先，在虐童案件中，教师的做法违背了幼儿园教师基本的职业道德。其次，大量虐童案件出现在民办幼儿园，说明其幼教的教学素质不高，国家和相关教育部门应该加强对民办幼儿园的监管。最后，作为幼儿园教师，要全面提升自身的素养。

（八）补充类

案例：请问你还有什么需要补充的吗？

答题思路：考官可能觉得考生有必要就某些问题进行补充，考生应迅速回顾自己在活动中可能疏忽和遗漏的环节，并简短地进行补充作答。

模拟回答：尊敬的考官，您好！在本次活动中，由于我没有预计到幼儿可能出现的情况，所以在游戏规则讲解部分中，讲得并不是十分清晰，没有针对孩子可能出现的问题，提前进行强调。我应该让一组幼儿进行示范，通过对这组幼儿示范活动的评价，加深幼儿对游戏规则的理解。

二、答辩备考注意事项

（一）认真思考问题，沉着应对提问

面对考官的提问，有时考生会出现大脑一片空白的现象，这属于正常现象，不必过于担心，这时候考生需要做的就是沉着冷静。当考官问完问题且不需要考生立即作答时，考生可以稍微在头脑中将题目回忆一遍，想一想自己需要从几个方面进行作答，将要点在头脑中清晰地梳理出来后再准备作答。

（二）逻辑思维要清晰

一般结构化类型的答辩除了考查考生的一些基本信息、专业知识，还要考查考生的综合能力，所以考生要尽力做到逻辑清晰，在作答的时候可以用一些逻辑顺序词。如：首先，其次，最后；第一，第二，第三；等等。通过使用这些逻辑顺序词，考生能够让自己的回答更有条理性，切忌想到哪里就答到哪里，以至于最后答完问题，考官也不知道考生想要表达的观点是什么。同时，考生要尽量避免使用口语。

（三）回答要真诚务实

真诚是最好的套路，对于问题的回答一定要发自肺腑，切忌假大空。例如，考生在谈到自己的优点时，除了要一一列举，还要尽量结合自己的生活加以辅证。同时，考生在回答时要实事求是。例如，在谈到自己的缺点时，可以说说自己的教学经验不足，并具体谈谈如何改变这种现状；或者可以说说自己在试讲过程中存在的问题，并具体谈谈如何解决这些问题，并逐步完善教学。因此，在答辩时，考生不仅要准确地定位自己，还要将问题落到实处。

（四）注意礼仪

俗话说，“细节决定成败”。因此，礼仪问题也是考生需要关注的地方。首先，从考生的仪容仪表说起。作为一名幼儿园教师，其整个精神面貌应该是积极向上、朝气蓬勃的，女生可以化一个淡妆，衣服尽量干净整洁。其次，在回答问题时，考生要注意自己的手势、站姿，身体挺直，自然放松。再次，在回答问题时，考生要尽量用礼貌用语，诸如感谢考官的提问等。这样既可以体现出对考官的尊重，也可以让考官对自己的印象更为深刻。在回答结束时，提考生可以提醒考官自己作答已结束，避免出现尴尬的状态，即考官在等考生继续作答，考生在等考官说话。最后，由于答辩是幼儿园教师资格考试面试的最后一个环节，当整场考试结束，考官示意离场时，考生可以主动对考官说“谢谢”“辛苦了”等礼貌的话语，可以加强考官对自己的认可。常言道，“细微之处见真情”。考生应把握细节，做好自己。

第五单元 模拟考题与解析

一、幼儿园教师资格考试面试模拟题 1 与解析

(一) 规定问题回答

1. 作为一名幼儿园教师,你如何看待幼儿园教育“小学化”的现象?

【解析】

(1) 幼儿园教育“小学化”的现象违背了幼儿身心发展的规律,其做法是不正确的。

(2) 幼儿阶段应以游戏为主要的教育方式。

2. 有人说,幼儿园教师的职业很崇高,也很辛苦。你如何看待幼儿园教师的幸福感?

【解析】

参考《标准》,从幼儿园教师职业道德建设方面作答。

(二) 活动试讲(或技能演示)

1. 试讲内容。

以冰糕棍为原材料制作 3 种以上的幼儿玩教具,并说明制作方法及游戏玩法。

2. 基本要求。

(1) 能利用冰糕棍制作 3 种以上的玩教具。

(2) 能利用自制玩教具组织幼儿开展游戏。

(3) 试讲时间 15 分钟左右。

3. 考核目标。

(1) 自制玩教具的动手能力。

(2) 利用玩教具组织幼儿开展游戏的能力。

(三) 答辩与反思

在游戏中幼儿可能会遇到哪些困难?你如何帮助幼儿解决困难?

二、幼儿园教师资格考试面试模拟题 2 与解析

(一) 规定问题回答

1. 有人说会玩的孩子聪明,你是怎么认为的呢?

【解析】

从幼儿认知发展特点，即“从玩中学、做中学、生活中学”等方面作答。

2. 班级中总有这样一些家长，他们对于班级里的各项工作不热心、不积极。例如，班级里的一些集体活动，常常不让孩子参加。对于这样的家长，你如何与他们沟通？

【解析】

（1）真诚与家长沟通，向家长说明集体活动的重要性。

（2）了解原因，合理安排，诸如安排该家长担任班级活动的组织者等，调动家长参与幼儿活动的积极性。

（二）活动试讲（或技能演示）

1. 试讲内容。

看图折纸，并现场示范折纸的过程。

2. 基本要求。

（1）观察图例，制作折纸《马》。（图5-1-1）

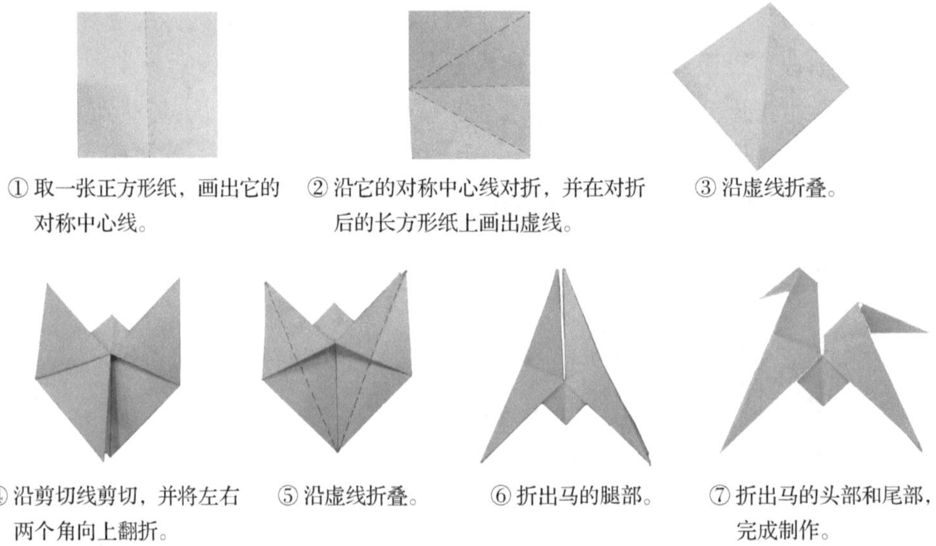

图5-1-1　折纸《马》制作步骤

（2）能清楚地示范折纸的过程。

（3）语言简练，生动活泼，能调动幼儿的积极性。

（4）试讲时间15分钟左右。

3. 考核目标。

（1）折纸范例规范、清楚。

（2）教学形式灵活多样。

（三）答辩与反思

（1）幼儿在折纸过程中的难点在哪里？

（2）如何指导幼儿顺利地完成折纸作品？

三、幼儿园教师资格考试面试模拟题3与解析

（一）规定问题回答

1. 明明总爱打其他小朋友。如果你是幼儿园教师，你该怎么办？

【解析】

（1）耐心地与幼儿沟通，了解原因。

（2）采取教育策略，诸如教会幼儿与人交往的方法等。

（3）及时与家长沟通，做好家园共育工作。

2. 一些家长希望幼儿园教师多关照自己的孩子，并主动向其赠送礼品。如果你是幼儿园教师，你该怎么办？

【解析】

（1）婉言谢绝家长的好意，并严肃地说明理由。

（2）公平、公正地关爱每一个孩子。

（二）活动试讲（或技能演示）

1. 试讲内容。

现场绘制一幅《我要上小学了》的主题墙饰。

2. 基本要求。

（1）构图合理，主题突出。

（2）体现幼儿的参与性。

（3）试讲时间15分钟左右。

3. 考核目标。

（1）具备一定的绘画技能。

（2）主题教学活动脉络清晰。

（三）答辩与反思

在主题墙饰创设上，如何体现幼儿的参与性？

四、幼儿园教师资格考试面试模拟题4与解析

（一）规定问题回答

1. 新宝宝入园总是哭闹不止。作为幼儿园教师，你该怎么办？

【解析】

（1）正确认识幼儿分离焦虑期的表现。

（2）采取教育措施。例如，幼儿园教师可以允许幼儿带喜欢的玩具来园，并为其准备丰富的游戏活动。

（3）与家长及时沟通，帮助宝宝顺利度过入园焦虑期。

2. 班上有一位幼儿经常迟到。作为幼儿园教师，你该怎么办？

【解析】

（1）及时与家长沟通，了解幼儿迟到的原因。

（2）制订方案。例如，幼儿园教师可以让家长认识到遵守幼儿园规章制度的重要性，给幼儿做出榜样，并叮嘱家长在日常生活中，注意培养幼儿良好的作息习惯。

（二）活动试讲（或技能演示）

美丽的小公鸡

小公鸡，真神气，戴着小红帽，穿着花花衣。

小公鸡说："喔喔，瞧我多美丽！"

一天清早，小公鸡跑啊跑，跑到树林里，碰见了啄木鸟。

小公鸡说："啄木鸟阿姨，啄木鸟阿姨，瞧瞧我的小红帽，瞧瞧我的花花衣，喔喔，谁也不能比！"

啄木鸟笑笑说："哈哈，小公鸡别夸口，树林里面走一走，看看谁个美谁个丑！"

小公鸡不服气，扑扑翅膀往前走，碰见小蜜蜂在采蜜。

小公鸡说："小蜜蜂，小蜜蜂，咱们比一比，到底谁美丽！"

小蜜蜂微微笑："我忙着采蜜，你去跟别人比吧！"

小公鸡脸一红，扑扑翅膀往前走，碰见小青蛙在捉虫。

小公鸡说："小青蛙，小青蛙，咱们比一比，到底谁美丽！"

小青蛙，叫呱呱："我忙着捉害虫，你还是跟别人去比吧！"

小公鸡挺生气，扑扑翅膀往前走，碰见小兔子在挖地。

小公鸡说："小兔子，小兔子，咱们比一比，到底谁美丽！"

小兔子摆摆手："我忙着种萝卜，你没事就赶快走！"

小公鸡发了火，扑扑翅膀往前走，碰见小松鼠摘松果。

小公鸡说："小松鼠，小松鼠，咱们比一比，到底谁美丽！"

小松鼠笑哈哈："我忙着摘松果，你东游西荡在干啥？"

小公鸡泄了气，拖着尾巴往前走，碰见白马背东西。

小公鸡说："白马哥哥，白马哥哥，瞧我长得多美丽，可是谁也瞧不起！"

白马笑眯眯，告诉小公鸡："小红帽，花花衣，没有什么了不起，谁最爱劳动，这才真的是美丽！"

小公鸡从此早早起，早起喔喔啼，告诉大家天亮了，大家都欢喜。

小公鸡从此再也不说"瞧我多美丽"，可是大家都夸它是"美丽的小公鸡"。

1. 试讲内容。

现场模拟给幼儿讲故事《美丽的小公鸡》。

2. 基本要求。

（1）普通话标准，语言规范，表达流畅。

(2) 声情并茂,肢体语言丰富,能引起幼儿的兴趣。
(3) 试讲时间 15 分钟左右。
3. 考核目标。
(1) 具备良好的语言表达能力。
(2) 具备现场组织教学活动的能力。

(三) 答辩与反思

在讲述故事时,总有个别小朋友注意力不集中。作为幼儿园教师,你该怎样做?

五、幼儿园教师资格考试面试模拟题 5 与解析

(一) 规定问题回答

1. 与其他行业相比,幼儿园教师工作辛苦、待遇低。如果你是一名幼儿园教师,你如何看待这种现象?

【解析】

从树立正确的人生观、价值观,具备良好的职业认知方面作答。

2. 你认为幼儿园教师应当具备哪些素质?

【解析】

依据《标准》作答。(略)

(二) 活动试讲(或技能演示)

1. 试讲内容。
现场组织 3 种以上的幼儿语言游戏。
2. 基本要求。
(1) 掌握一定数量的语言游戏。
(2) 顺利组织幼儿开展语言游戏。
(3) 试讲时间 15 分钟左右。
3. 考核目标。
(1) 具备良好的语言表达能力。
(2) 具备组织幼儿游戏的能力。

(三) 答辩与反思

在语言游戏过程中,遇到有的幼儿不说话时,你会怎样做?

六、幼儿园教师资格考试面试模拟题 6 与解析

(一) 规定问题回答

1. 午餐时,有个小朋友突然呕吐,其他小朋友纷纷躲避,现场一片混乱。作为幼儿园教师,你该怎么办?

【解析】

幼儿园教师要沉着冷静，分工合作。如果是我，我会及时处理好现场，并马上联系保健医生查找幼儿呕吐的原因。如果该名幼儿需要送医院就诊，必须及时送其就医并与其家长联系，同时上报幼儿园园长；另外，我会请保育员清理幼儿的呕吐物并清洁地面，再请另外一位教师安抚其他幼儿，保证班级活动正常进行。

2. 习近平总书记强调“四个自信”的具体内容是什么？

【解析】

2016年7月1日，习近平总书记在庆祝中国共产党成立95周年大会上明确提出：中国共产党人坚持不忘初心、继续前进，就要坚持“四个自信”，即“中国特色社会主义道路自信、理论自信、制度自信、文化自信”。

（二）活动试讲（或技能演示）

云儿哪里去了

我想知道云儿哪里去了，
我想知道风儿在说什么，
我想知道天上为什么下雨，
我想知道鸟儿怎样飞回，
我想知道花儿怎样生长，
才使世界上有这么多的颜色。

1. 题目：诗歌配画《云儿哪里去了》（图5-1-2）。

2. 内容：

（1）为诗歌配插图。

（2）回答问题。

3. 基本要求：

（1）为诗歌配插图。

插图符合诗歌的意境，造型生动，富有童趣，便于幼儿理解。

（2）回答问题。

利用诗歌和绘画作品，能带领4—5岁的幼儿开展哪些活动？（请说出2种活动）

（3）请在10分钟内完成上述任务。

图5-1-2　诗歌配画《云儿哪里去了》

【解析】

这道题主要考查考生为诗歌配画的技能，以及利用所学教育理论、教学方法设计有效活动的能力。

（1）为诗歌配插图。

具备绘画的基本技能，构图合理，色彩搭配得当；绘画作品符合诗歌内容与情节，富有童趣，能激发幼儿对诗歌的兴趣，易于幼儿熟悉、理解诗歌。

（2）回答问题。

利用诗歌和绘画作品，能带领4—5岁的幼儿开展一些充满趣味的活动，诸如猜谜活动、续编诗歌活动；根据自编的诗歌进行绘画活动。

（三）答辩与反思

如果让你为4—5岁的幼儿设计诗歌活动“云儿哪里去了”，你会设计哪些活动目标？

七、幼儿园教师资格考试面试模拟题7与解析

（一）规定问题回答

1. 今天突然下起了大雨，雷电交加，小朋友都很害怕。作为幼儿园教师，你该怎么办？

【解析】

这道题主要考查考生情绪管理的能力及是否熟知幼儿园的保育章程。要求考生能倾听并回应幼儿的恐惧，结合幼儿的身心特点调节幼儿的情绪，并提出切实有效的解决方案。

2. 你和小朋友一起玩篮球，可刚讲完比赛规则，自己却不小心犯规了，小明说“你犯规了”，你该怎么办？

【解析】

这道题主要考查考生对幼儿观、职业道德的理解。考生能够公平、公正地对待幼儿，以身作则，并提出切实可行的解决方案。

（二）活动试讲（或技能演示）

1. 题目：看图讲故事《小猴请客》（图5-1-3）。

图5-1-3 看图讲故事《小猴请客》

2. 内容：

（1）看图片模拟给幼儿讲故事。

（2）模拟提问。

3. 基本要求：

（1）看图片模拟给幼儿讲故事。

① 用普通话讲述，故事符合图意。

② 给故事命名。

（2）模拟提问。

根据图片内容模拟给幼儿提问，引导幼儿大胆地想象并续编故事。

（3）请在10分钟内完成上述任务。

小猴请客

有一天，小猴邀请大象、熊猫和兔子到它的家里做客，小猴热情地把客人们引进门，请它们坐下。

不一会儿，小猴拿出了一篮桃子，招待客人们吃。

小猴先拿出一个桃子递给大象，热情地说："请你尝一尝！"大象高兴地用鼻子吸住了桃子。

小猴又拿出一个桃子递给熊猫。熊猫高兴地品尝起来，一边吃一边开心地笑了。

小猴又把第三个桃子递给兔子。兔子接过桃子吃了起来。

三位客人都在津津有味地品尝美味可口的桃子，它们对小猴说："谢谢你的招待，桃子真好吃。你怎么还不吃呢？"小猴说："你们是客人，我当然要先招待好你们啊！"说完，它才拿起最后一个桃子，和朋友们一起吃了起来。

【解析】

这道题主要考查考生理解概括图片的能力，以及与幼儿交流沟通的能力。

（1）看图片模拟给幼儿讲故事。

普通话标准，口齿清楚，语速适宜，有感染力；故事内容符合图意；语言生动，富有情趣；故事有一定的概括性，符合故事的内涵。

（2）模拟提问。

设计的提问符合要求，具有启发性，能有效引导幼儿续编故事。

（三）答辩与反思

你认为上述看图讲故事活动适合哪个年龄段的幼儿？该年龄段的幼儿看图讲故事的难点是什么？

八、幼儿园教师资格考试面试模拟题8与解析

（一）规定问题回答

1. 在绘画教学中，王老师出示范画让小朋友模仿。有的老师反对，认为这样会限制小朋友的创造性。对此，你怎么看？

【解析】

该题主要考查考生的教育观、儿童观，是否尊重幼儿思维的独创性，是否尊重美术教育的创造性。考生可以这样回答："我认为虽然模仿是幼儿重要的学习方式，但是绘画教学的目的是要发挥幼儿的自主性和发展幼儿的创造能力，单纯地让幼儿模仿范画，会影响幼儿对绘画的兴趣及其自主性、创新思维的培养。"

2. 班上很多家长认为，"树大自然直"。幼儿期重在长身体，真正的教育从小学开始。对此，你怎么看？

【解析】

该题主要考查考生的职业认知、思维品质、教师观及分析问题的能力。考生可以这样回答："我认为幼儿期是幼儿形成良好行为习惯、培养创新意识、提升自理能力的重要阶段，这个阶段为人的终身发展奠定了重要的基础。毕竟'少成若天性，习惯如自然'，因而'树大自然直'的说法是不正确的。"

（二）活动试讲（或技能演示）

1. 题目：主题绘画《节日真欢乐》（图5-1-4）。

2. 内容：

（1）利用绘画配合开展"快乐过中秋"的主题活动。

（2）回答问题。

3. 基本要求：

（1）利用绘画配合开展"快乐过中秋"的主题活动。

根据主题活动需要作画，要求作品立意突出，富有童趣，有一定创意。

（2）回答问题。

如何利用作品引导4—6岁的幼儿开展"快乐过中秋"的主题活动。

（3）请在10分钟内完成上述任务。

【解析】

这道题主要考查考生的绘画技能，以及与幼儿交流沟通的能力。

图5-1-4 主题绘画《节日真欢乐》

（1）利用绘画配合开展“快乐过中秋”的主题活动。

现场绘画做到生动形象，构图合理，色彩运用得当，有一定的创意；主题活动要符合幼儿的年龄特征，方法多样、有效，能结合绘画推进主题活动的开展，帮助幼儿理解主题活动的内容。

（2）回答问题。

引导幼儿观察作品，讲述作品内容，再说一说自己想如何过中秋，打算与谁一起进行什么样的主题活动。

（三）答辩与反思

如果利用该绘画组织大班幼儿开展“快乐过中秋”的主题活动，你会采用哪些方法激发幼儿学习的兴趣？

九、幼儿园教师资格考试面试模拟题9与解析

（一）规定问题回答

1. 党的十九大报告指出，新时期我国社会的主要矛盾是什么？

【解析】

党的十九大报告指出，中国特色社会主义进入新时代，我国社会的主要矛盾已经转化为人民日益增长的美好生活需要和不平衡不充分的发展之间的矛盾。

2. 阳阳的妈妈好几次对李老师说，阳阳特别喜欢李老师，但不喜欢与她搭班的田老师，听了这些话，李老师很高兴。对此，你怎么看？

【解析】

这道题主要考查考生的幼儿观、情绪管理方面的能力。考生可以这样回答：“我认为被幼儿喜欢是值得李老师高兴的事情。当然，李老师还要及时与阳阳的妈妈沟通，了解阳阳不喜欢田老师的原因，并重点介绍田老师的优点，避免家长对田老师产生不信任感；同时，也要把这一情况委婉地告知田老师，提醒她注意与幼儿及其家长沟通。只有一个班的老师相互配合，家园良好合作，才能更好地促进幼儿的发展。”

（二）活动试讲（或技能演示）

1. 题目：主题绘画《打扫》（图5-1-5）。

2. 内容：

（1）利用绘画配合开展“宝宝讲卫生”的主题活动。

（2）回答问题。

3. 基本要求：

（1）利用绘画配合开展“宝宝讲卫生”的主题活动。

根据活动的需要进行绘画，活动开展具有适宜性与有效性。

（2）回答问题。

如何利用你的作品引导幼儿开展“宝宝讲卫生”的主题活动？

(3) 请在10分钟内完成上述任务。

【解析】

这道题主要考查考生的绘画技能,以及活动设计、语言表达的能力。

(1) 利用绘画配合开展“宝宝讲卫生”的主题活动。

图 5-1-5　主题绘画《打扫》

作品要富有童趣,能反映活动内容,易于幼儿理解,有一定的创意;主题活动要符合幼儿的年龄特征,方法多样、有效,能结合绘画推进主题活动的开展,帮助幼儿理解主题活动内容。

(2) 问答问题。

让幼儿欣赏作品,说一说打扫卫生要用到哪些清扫工具;谈一谈自己在家里是如何打扫卫生的;画一画美丽的肥皂泡泡等(考生能说出1种能力即可)。

(三) 答辩与反思

你认为“宝宝讲卫生”的主题活动适合哪个年龄段的幼儿? 除了绘画,还可以借助哪些材料优化教学活动效果?

十、幼儿园教师资格考试面试模拟题10与解析

(一) 规定问题回答

1. 党的十九大报告提出,到21世纪中叶,我国将建成什么样的国家?

【解析】

党的十九大报告提出,到21世纪中叶,我国将建成富强、民主、文明、和谐、美丽的社会主义现代化强国。

2. 习近平总书记在党的十九大报告中提出,“不忘初心、牢记使命”。请问“初心”“使命”分别是什么?

【解析】

“初心”即全面建成小康社会,而“使命”即实现中华民族的伟大复兴。

(二) 活动试讲(或技能演示)

想飞的乌龟

从前,有一只乌龟。一天,乌龟听见一群小鸟在喊:“我们走吧! 我们快走吧!”

乌龟问:“你们要去哪儿?”

小鸟说:“我们要去一个很美丽的地方。”

乌龟问:“我能和你们一起去吗?”

小鸟说:“可你不会飞啊!”

乌龟听完,十分伤心。

小鸟想出了一个办法。它们让乌龟叼着一根棍子,两只小鸟叼着棍子的两端。于是,小鸟带着乌龟飞起来了。

乌龟很高兴,它喜欢飞翔的感觉。小鸟越飞越高,白云在乌龟的身边飘着,风儿从它的耳边吹过。下面是绿色的田野、蓝色的小河,地上的房子都变得很小很小了。乌龟开心极了,忍不住喊起来:“太美了！啊……”

乌龟从天上掉下来了！它重重地掉在地上,光滑的壳上摔出了好多裂纹。

从此以后,乌龟的壳就成了现在的样子。

1. 题目:故事《想飞的乌龟》。

2. 内容:

(1) 模拟给幼儿讲故事。

(2) 模拟向幼儿提问。

3. 要求:

(1) 模拟给幼儿讲故事。

① 有幼儿意识,模拟面对幼儿讲故事。

② 用普通话讲述,语速适中,有感染力。

(2) 模拟向幼儿提出 2 个问题,提出的问题要有助于幼儿理解故事或吸引幼儿的注意力。

(3) 请在 10 分钟内完成上述任务。

【解析】

这道题主要考查考生讲故事的技能及与幼儿交流沟通的能力。

(1) 模拟给幼儿讲故事。

① 方法要适合幼儿的特点。如:用适度夸张的方式朗读来吸引幼儿的注意力,用适当的提问来启发幼儿思考问题,等等。

② 普通话标准,口齿清楚,语速适宜,有感染力。

(2) 模拟向幼儿提问。

提问要符合幼儿的理解水平,如:小鸟想出了什么办法让乌龟飞上了天？乌龟飞上了天后,它看见了什么？

(三) 答辩与反思

你认为故事教学的目标是什么？故事教学可采用哪些方法？

十一、幼儿园教师资格考试面试模拟题 11 与解析

(一) 规定问题回答

1. 请你说一说对“四有”好老师的理解。

【解析】

考生可以先回答什么是“四有”好老师，即“有理想信念、有道德情操、有扎实知识、有仁爱之心”的老师，然后具体谈谈个人的看法。类似的题目还有很多，考生要多关注相关问题。例如，教师要做好“四个引路人”。2016 年 9 月 9 日，习近平总书记回母校北京市八一学校看望师生时指出：广大教师要做学生锤炼品格的引路人，做学生学习知识的引路人，做学生创新思维的引路人，做学生奉献祖国的引路人。

2. 小明画的画总和别人画的不一样，李老师总是很和蔼地让他讲一讲他画了什么、想要表达什么。对此，你怎么看？

【解析】

这道题主要考查教师的儿童观与教育观，考生可以这样回答：“我比较赞同李老师的做法，原因主要有三点：一是李老师重视发挥小明的自主性，培养他的主体意识，让小明自己讲一讲画了什么、想要表达什么等；二是李老师和蔼的态度营造了宽松的教学氛围，有利于幼儿表达自己的愿望与想法，增强幼儿的自信心，锻炼了幼儿的胆量；三是李老师鼓励小明画和别人不一样的画，培养了幼儿独立思考的意识。”

（二）活动试讲（或技能演示）

小蜗牛上幼儿园

在很远的河边有一座城堡，里面住着一只很可爱的小蜗牛。它每天的生活舒适极了。

第一天，小蜗牛特别想去上幼儿园，天刚一亮，小蜗牛就背着书包出发了。走了不知道多久，小蜗牛好不容易走到了车站。“不好！等等！”小蜗牛叫住了已经发动的公交车。小蜗牛终于挤上了公交车。“嘟，嘟！”汽车到站了，为了节省时间，小蜗牛把自己缩了起来，骨碌骨碌地从车上滚了下来。不幸的是，等小蜗牛到了幼儿园的时候，幼儿园已经放学了。小蜗牛的心里十分难过。

第二天，小蜗牛起得更早了。“今天一定不会迟到。”小蜗牛信心十足地出发了。在路上，小蜗牛遇到了小兔子，小兔子说：“小蜗牛，你走得太慢了，我带你一起走吧！”小蜗牛高兴地说：“谢谢小兔子！”没过多久，小蜗牛和小兔子就到学校了。“老师好！”小蜗牛和小兔子齐声说。大象老师笑着说：“好！今天小兔子是第一名。哇！还有小蜗牛。”小蜗牛听后高兴极了。

第三天，大象老师在路口等着小朋友。“老师好！”原来是老鹰和小蜗牛。今天，它们是并列第一。走路慢腾腾的小蜗牛能天天得第一了，大家都为它高兴，小蜗牛的心里乐开了花。

1. 题目：故事配画《小蜗牛上幼儿园》（图 5-1-6）。

2. 内容：

（1）为故事配插图。

（2）回答问题。

3. 基本要求：

（1）为故事配插图。

插图符合故事的情节与动物的特征，造型生动，富有童趣，便于幼儿理解。

（2）回答问题。

利用故事和绘画作品能带领3—4岁的幼儿开展哪些活动？

（3）请在10分钟内完成上述任务。

图5-1-6 故事配画《小蜗牛上幼儿园》

【解析】

这道题主要考查考生的绘画技能，以及活动设计、语言表达的能力。

（1）为故事配插图。

具有绘画的基本技能，构图合理，色彩搭配得当；绘画作品符合故事内容与情节，富有童趣，易于幼儿理解，有一定的创意。

（2）回答问题。

引导3—4岁的幼儿观察作品，讲述作品内容，并开展看图说话、角色扮演等活动。

（三）答辩与反思

你认为为故事配插图的重点是什么？故事教学除了配插图，还可以采用哪些方式？

十二、幼儿园教师资格考试面试模拟题12与解析

（一）规定问题回答

1. 有些家长不注重幼儿园的游戏活动，认为自己支付学费就是让幼儿学习书本知识的。对此，你怎么看？

【解析】

这道题主要考查考生的教育观、儿童观及情绪控制能力。考生可以这样回答：这些家长的看法是不对的。游戏是幼儿园基本的活动之一，也是深受幼儿喜爱和有效的学习方式。游戏中蕴含着幼儿全面发展的价值，也符合幼儿的学习特点与年龄特征。同时，幼儿的教育重在启蒙性、奠基性和全面性，重在引导幼儿养成良好的行为习惯、学习品质及广泛的学习兴趣等，而不是让幼儿全面地学习知识。所以，我会通过家长会、家长开放活动、家长群、班级微博等方式，让家长了解到自己的孩子在游戏中的成长与收获，转变家长的教育观。

2.《论语》中有句话，“知之者不如好之者，好之者不如乐之者”。你对这句话是怎么理解的呢？

【解析】

这道题主要考查考生的古文功底及其学习观和教育观。首先，考生需要解释“知之者不如好之者，好之者不如乐之者”这句话的内涵，即对于学习，了解怎么学习的人不如爱好学习

的人;爱好学习的人又不如以学习为乐的人。其次,考生要做个总结,即幼儿园教师要把培养幼儿广泛的学习兴趣和良好的学习品质作为幼儿重要的发展目标。

(二) 活动试讲(或技能演示)

游戏情境

欣欣来到商店里,当起了商店老板。然而,到商店购买商品的顾客并不多,欣欣很失落,她无精打采地坐在超市门口。那么,如何帮助欣欣,让商店吸引更多的顾客呢?

1. 题目:角色游戏《没有人的商店》。

2. 内容:

(1) 模拟演示,引导幼儿解决游戏中的问题。

(2) 自制游戏材料。

3. 基本要求:

(1) 模拟演示,引导幼儿解决游戏中的问题。

演示和欣欣的对话,如何让商店的生意好起来。在演示过程中,用语言和动作配合讲解。

(2) 自制游戏材料。

利用考场上提供的材料,自制游戏材料,对吸引顾客有一定的作用。

(3) 请在10分钟内完成上述任务。

【解析】

这道题主要考查考生组织游戏的技能,以及语言表达的能力。

(1) 模拟演示,引导幼儿解决游戏中的问题。

能充分利用问题调动幼儿的积极性、主动性。在游戏过程中,表情亲切自然、语调柔和、语速适中,易于幼儿理解。

(2) 自制游戏材料。

自制材料要能真正吸引顾客,并且符合游戏场景的需要。

(三) 答辩与反思

你如何看待角色游戏中幼儿自主游戏与教师指导游戏之间的关系?

十三、幼儿园教师资格考试面试模拟题13与解析

(一) 规定问题回答

1. 小明入园时,不愿意与其他小朋友一起玩。对此,你会怎么做?

【解析】

这道题主要考查考生的儿童观与应变能力。考生可以这样回答:“我认为幼儿园教师要冷静地看待小明不愿意与其他小朋友一起玩这一现象,要持续地观察与引导,不能给小明贴

标签，或把这一现象过度夸大，避免给小明带来不必要的压力。因为每一个孩子都是不同的个体，有的孩子就是喜欢安静，不能强求孩子与他人交往。入园时，许多孩子都会对陌生人产生恐惧的心理，有的孩子需要较长时间去适应和熟悉园内环境，欲速则不达。幼儿园教师要对小明这类孩子，给予更多的关注和关心，并创造宽松的情感氛围，提供更多的交往和游戏的机会给这些孩子，让他们自然地融入集体，慢慢地愿意与其他小朋友一起游戏。"

2. 子曰："学而不思则罔，思而不学则殆。"请你谈谈对这句话的理解。

【解析】

这道题主要考查考生的古文修养，以及对学习的认识。考生可以先解释这句话的意思，然后再谈谈如何看待学习、如何教育幼儿。子曰："学而不思则罔，思而不学则殆。"这句话指的是如果一味地读书而不思考，就会因为不能深刻理解书本的意思而不能合理有效地运用书本上的知识，甚至会陷入迷茫之中；如果一味地空想而不去进行实实在在的学习和钻研，则终究是沙上建塔，一无所得。这句话告诫我们，只有把学习和思考结合起来，才能学到切实有用的知识，否则就会收效甚微。

（二）活动试讲（或技能演示）

蝴蝶和小狗

在地上画一个直径约为5米的大圆圈作为"花园"，在"花园"中央画一个直径约为1米的小圆圈作为"小狗的家"。请一名幼儿扮演"小狗"，蹲在"小狗的家"里，再请其他幼儿扮演"蝴蝶"，分散地站在"花园"外。游戏开始后，"小狗"睡着了，"蝴蝶"飞到"花园"里去玩。当老师拍一下手说："'小狗'醒了。""小狗"马上去捉"花园"里的"蝴蝶"。"蝴蝶"一边飞一边躲闪。被捉到的"蝴蝶"必须站到"小狗的家"里去。待"小狗"捉到三只"蝴蝶"后，游戏结束。老师再另选一只"小狗"，游戏重新开始。

1. 题目：规则游戏《蝴蝶和小狗》。

2. 内容：

（1）模拟演示，向幼儿介绍游戏的玩法。

（2）回答问题。

3. 基本要求：

（1）模拟演示，向幼儿介绍游戏玩法。

（2）回答问题。

① 这个游戏能发展4—5岁的幼儿什么能力？

② 幼儿在游戏中可能会出现什么问题？有什么办法可以解决这些问题？

（3）请在10分钟内完成上述任务。

【解析】

这道题主要考查考生组织游戏的技能技巧，以及语言表达的能力。

(1) 模拟演示,向幼儿介绍游戏玩法。

讲解清楚,游戏玩法简单,动作示范到位,易于幼儿掌握。

(2) 回答问题:

① 这个游戏能发展幼儿的灵活性、协调性,以及反应能力。

② 幼儿在游戏中容易出现碰撞、不遵守规则等方面的问题。在游戏过程中,提醒幼儿注意安全,并提供自我保护的方法;根据幼儿的实际情况,适当地调整游戏规则。

(三) 答辩与反思

你认为如何才能让幼儿更好地理解和遵守游戏规则?

十四、幼儿园教师资格考试面试模拟题 14 与解析

(一) 规定问题回答

1. 小明今天表现不好,在体育活动中,张老师罚他重做了 10 遍动作。对此,你怎么看?

【解析】

这道题主要考查考生的儿童观与教育策略。考生可以这样回答:"我认为张老师的做法是不正确的。因为幼儿园教师应当尊重儿童的合法权益,保护儿童的身心健康,不能体罚幼儿。同时,惩罚幼儿并不能解决问题,张老师应该去了解小明今天表现不好的原因,并采取积极有效的策略去解决问题。幼儿需要正面教育和积极鼓励,一味地批评和惩罚只能使幼儿丧失自信心、自尊心和上进心。只有正面表扬表现好的孩子,为表现不好的孩子树立良好的榜样,并营造宽松的氛围,才能更好地促进幼儿健康快乐地成长。"

2. 小明妈妈认为小明胆小、内向,希望老师能尊重他,不强迫他做其不愿意做的事情。对此,你该怎么办?

【解析】

这道题主要考查考生的儿童观及其应对问题的能力与沟通技巧等。考生可以这样回答:"首先,我会与小明妈妈进行细致、深入的沟通,了解小明胆小、内向的具体表现与原因,以此初步判断小明是否存在这样的问题;其次,我会让小明妈妈明白,幼儿园教师会尊重幼儿的个性特征和生活习惯,不会强迫孩子做其不愿意做的事情;最后,我会让小明妈妈知晓孩子是需要成长的,我们既要尊重小明的个性特点,也要家园共育,想办法采用小明喜欢的方式和活动内容锻炼其胆量,发展其交往能力,使其更加全面地发展。"

(二) 活动试讲(或技能演示)

小玩偶

我是一只小玩偶,
抬头挺胸走。
我是一只小小鸟,
飞呀飞得高。

我是一只小小象，
甩着鼻子走。
我是一只小白兔，
轻呀轻轻跳。
我是一只小花猫，
喵，喵，喵。

1. 题目：儿歌《小玩偶》。

2. 内容：

（1）模拟为幼儿表演儿歌。

（2）模拟组织幼儿学习儿歌。

3. 基本要求：

（1）模拟为幼儿表演儿歌。

普通话标准，语气、语调、动作、表情符合儿歌内容，具有感染力。

（2）模拟组织幼儿学习儿歌。

教学方法适当，能吸引幼儿参与。

（3）请在10分钟内完成上述任务。

【解析】

该题主要考查考生朗诵儿歌的技能技巧，以及语气、语调、动作、表情是否符合儿歌内容，富有感染力。

（1）模拟为幼儿表演儿歌。

普通话标准，表演儿歌的方式符合幼儿的年龄特点。

（2）模拟组织幼儿学习儿歌。

组织教学的语言要吐字清楚，符合逻辑，易于幼儿熟悉、理解、朗诵儿歌；教学方法要符合幼儿的年龄特点，诸如通过角色扮演、选择挂图和播放动画片等辅助手段，都有助于幼儿理解儿歌内容。

（三）答辩与反思

你认为儿歌《小玩偶》适合哪个年龄段的幼儿？为什么？

十五、幼儿园教师资格考试面试模拟题15与解析

（一）规定问题回答

1. 有人认为，“三寸粉笔，三尺讲台系国运”。对此，你怎么看？

【解析】

这道题主要考查考生对教师价值的认识。考生可以这样回答：“这句话讲出了教师、教育对国家发展的重要价值，我非常赞同。因为教师是人类灵魂的工程师，承担着教书育人的

重要职责,可以为国家培养建设者和接班人;国际竞争的根本是人才的竞争,只有通过教育培养出各行各业的优秀人才,国家才能在激烈的国际竞争中立于不败之地。”

2. 静静的妈妈生了一个弟弟,静静认为妈妈不再爱她了,所以静静情绪低落。对此,你该怎么办?

【解析】

这道题主要考查考生与幼儿沟通的能力。考生可以这样回答:“静静身上出现的这种现象在很多二胎家庭的幼儿身上都可能出现,只是表现程度不一样。对此,幼儿园教师需要冷静地分析这一现象,同时也要积极引导和干预。作为幼儿园教师,我会与静静的家长沟通,请他们关注静静的情绪变化,给静静更多的关爱和关心,并积极引导静静与他们一起照顾小弟弟,让她感受与弟弟一起玩的乐趣,以及作为姐姐的责任感。此外,我会在幼儿园活动中多多关照静静,给予其更多的关心与关注,并让她明白她的妈妈依然爱她,只是小弟弟年幼需要更多的照顾,鼓励她与她的妈妈一起照顾小弟弟。”

(二)活动试讲(或技能演示)

小鸡出壳

1=G 2/4

天真地

陈玉庭 词
刘书先 曲

1. 题目:歌曲《小鸡出壳》。

2. 内容:

(1)弹唱歌曲。

(2)模拟组织幼儿学唱歌曲。

3. 基本要求:

(1)弹唱歌曲。

在指定的调内,有表情地一边弹一边唱,把握旋律的音高,做到吐字清晰,节奏准确。

(2) 模拟组织幼儿学唱歌曲。

教学方法基本符合幼儿的特点,能激发幼儿的兴趣,适合幼儿的能力水平。

(3) 回答问题。

① 这首歌适合哪个年龄段的幼儿演唱?

② 在歌唱教学中,你会选择哪些方法引导幼儿抒发情感?

(4) 请在10分钟内完成上述任务。

【解析】

这道题主要考查考生儿歌弹唱的技能,以及设计、组织幼儿歌唱活动的能力。

(1) 弹唱歌曲。

弹唱流畅、节奏准确、旋律正确、声音清晰,带有一定的感情。

(2) 模拟组织幼儿学唱歌曲。

教态自然,亲切地示范唱歌曲;通过表情、语言、动作、图片等帮助幼儿理解歌曲内容。

(3) 回答问题。

① 这首歌适合小班和中班的幼儿演唱。

② 在歌唱教学中,我会选择讲故事、看图片、念歌词、听音乐及情景表演法引导幼儿抒发情感。

(三) 答辩与反思

你认为幼儿歌唱活动《小鸡出壳》的重难点是什么?

附录 1 中小学教师资格考试暂行办法

第一章 总 则

第一条 为建立国家教师资格考试制度,严格教师职业准入,保障教师队伍质量,依据《教师法》《教师资格条例》和《国家中长期教育改革和发展规划纲要(2010—2020 年)》,制定本办法。

第二条 中小学教师资格考试(以下简称“教师资格考试”)是评价申请教师资格人员(以下简称“申请人”)是否具备从事教师职业所必需的教育教学基本素质和能力的考试。

第三条 承担教师资格考试改革试点的省(区、市)组织实施教师资格考试,适用本办法。

第四条 参加教师资格考试合格是教师职业准入的前提条件。申请幼儿园、小学、初级中学、普通高级中学、中等职业学校教师和中等职业学校实习指导教师资格的人员须分别参加相应类别的教师资格考试。

第五条 教师资格考试实行全国统一考试。考试坚持育人导向、能力导向、实践导向和专业化导向,坚持科学、公平、安全、规范的原则。

第二章 报考条件

第六条 符合以下基本条件的人员,可以报名参加教师资格考试:

(一) 具有中华人民共和国国籍;

(二) 遵守宪法和法律,热爱教育事业,具有良好的思想品德;

(三) 符合申请认定教师资格的体检标准;

(四) 符合《教师法》规定的学历要求。

普通高等学校在校三年级以上学生,可凭学校出具的在籍学习证明报考。

第七条 申请人应在户籍或人事关系所在地报名参加教师资格考试。普通高等学校在校生可在就读学校所在地报名参加教师资格考试。

第八条 试点省份试点工作启动前已入学的全日制普通高校师范类专业学生,可以持毕业证书申请直接认定相应的教师资格。试点工作启动后入学的师范类专业学生，申请中小学教师资格应参加教师资格考试。

第九条　被撤销教师资格的，5 年内不得报名参加考试；受到剥夺政治权利，或故意犯罪受到有期徒刑以上刑事处罚的，不得报名参加考试。曾参加教师资格考试有作弊行为的，按照《国家教育考试违规处理办法》的相关规定执行。

第三章　考试内容与形式

第十条　教师资格考试包括笔试和面试两部分。

第十一条　笔试主要考查申请人从事教师职业所应具备的教育理念、职业道德、法律法规知识、科学文化素养、阅读理解、语言表达、逻辑推理和信息处理等基本能力；教育教学、学生指导和班级管理的基本知识；拟任学科领域的基本知识，教学设计实施评价的知识和方法，运用所学知识分析和解决教育教学实际问题的能力。

第十二条　笔试主要采用计算机考试和纸笔考试两种方式进行。采用计算机考试和纸笔考试的范围和规模，根据各省（区、市）实际情况和条件确定。

第十三条　幼儿园教师资格考试笔试科目为《综合素质》《保教知识与能力》2 科；小学教师资格考试笔试科目为《综合素质》《教育教学知识与能力》2 科；初级中学、普通高级中学教师和中等职业学校文化课教师资格考试笔试科目为《综合素质》《教育知识与能力》《学科知识与教学能力》3 科；中等职业学校专业课教师和实习指导教师资格考试笔试科目为《综合素质》《教育知识与能力》《专业知识与教学能力》3 科。

中等职业学校教师的《专业知识与教学能力》科目测试，暂由各省（区、市）自行命题和组织实施。

第十四条　面试主要考查申请人的职业认知、心理素质、仪表仪态、言语表达、思维品质等教师基本素养和教学设计、教学实施、教学评价等教学基本技能。

第十五条　面试采取结构化面试、情境模拟等方式，通过抽题、备课（活动设计）、回答规定问题、试讲（演示）、答辩（陈述）、评分等环节进行。

第十六条　国家确定笔试成绩合格线，省级教育行政部门确定面试成绩合格线。

第十七条　考生在笔试和面试成绩公布后，可通过教师资格考试网站查询本人的考试成绩。考生如对本人的考试成绩有异议，可在考试成绩公布后 10 个工作日内向本省（区、市）教师资格考试机构提出复核申请。

第十八条　笔试单科成绩有效期为 2 年。笔试和面试均合格者由教育部考试中心（教育部教师资格考试中心）颁发教师资格考试合格证明。教师资格考试合格证明有效期为 3 年。教师资格考试合格证明是考生申请认定教师资格的必备条件。

第四章　考试实施

第十九条　笔试一般在每年 3 月和 11 月各举行一次。面试一般在每年 5 月和 12 月各举行一次。

第二十条　省级教师资格考试机构按照《中小学教师资格考试考务工作规定》《中小学教师资格考试机考考务细则》组织实施笔试考务工作；按照《中小学教师资格考试面试工作规程》，制定面试实施细则，组织实施面试工作。

第二十一条　省级教师资格考试机构使用教师资格考试考务管理信息系统进行笔试和面试的报名受理、考点设置、考场编排等考务管理工作。

第二十二条　笔试和面试考生通过教师资格考试网站进行报名后，需携带省级教师资格考试机构规定的相关材料，到指定考点进行报名审核，并现场确认报考信息。

考生笔试各科成绩合格并在有效期内的，方可报名参加面试。

第二十三条　省级教师资格考试机构组织开展本省（区、市）考务相关人员的安全保密教育和考务流程培训工作。

第二十四条　笔试和面试机考软件系统的使用实行首席技术负责人制度，采取分级培训方式进行。

第二十五条　面试一般按学科分组进行。每个考评组由不少于3名考官组成，设主考官1名。

第二十六条　面试考官由高校专家、中小学和幼儿园优秀教师、教研机构专家等组成。面试考官须具备以下条件：

（一）熟悉教师资格考试相关政策；

（二）具有良好的职业道德，公道正派，身体健康；

（三）具有扎实的专业知识，较强的分析概括能力、判断能力和语言表达能力；

（四）从事相关专业教学或研究工作5年以上，一般应具有副高级以上专业技术职务（职称）；

（五）参加省级或国家级教师资格考试机构组织的培训并获得证书。

第二十七条　各级教育行政部门及教师资格考试机构不得组织教师资格考试培训。

第五章　考试安全与违规处罚

第二十八条　省级教师资格考试机构根据《中小学教师资格考试应急处置预案实施办法（试行）》处置和应对考试期间的突发事件。

第二十九条　对试题命制、考务管理、监考等考试相关人员发生的违规行为按照《保守国家秘密法》《国家教育考试违规处理办法》进行处罚。情节严重，构成犯罪的，由司法机关依法追究刑事责任。

第三十条　对考生违规行为按照《国家教育考试违规处理办法》认定和处理。

第六章　组织管理

第三十一条　教育部依据教师专业标准和教师教育课程标准，制定教师资格考试标准，组织审定教师资格考试大纲。教育部考试中心（教育部教师资格考试中心），负责教师资格考试的组织实施。主要职责是：

（一）依据考试标准拟定考试大纲；

（二）组织命制笔试和面试试题，建设试题库；

（三）制定考务管理规定，研发和维护考试管理系统；

（四）组织考务工作，培训技术人员；

（五）组织阅卷，负责考试成绩管理与评价；

（六）指导、监督、检查各省、自治区、直辖市考试实施工作。

第三十二条　省级教育行政部门全面负责本行政区域内教师资格考试工作。可成立教师资格考试领导小组，由省级教育行政部门的主要领导兼任领导小组组长。指定专业化教育（教师资格）考试机构，在省级教育行政部门领导下具体负责考务组织工作，主要职责是：

（一）制定本地区考务管理具体措施；

（二）组织本地区考务工作；

（三）组织面试考官及考务工作人员培训；

（四）管理、指导、监督本行政区域各考区工作；

（五）负责本行政区域教师资格考试安全保密工作。

第三十三条　教师资格考试以市（地、州、盟）为单位设立考区。各考区的教师资格考试的组织实施由市（地、州、盟）教育行政部门和教师资格考试机构负责。

第三十四条　教师资格考试费用按照财政部、国家发展改革委《关于同意收取教师资格考试考务费等有关问题的通知》规定收取。

第七章　附　则

第三十五条　省级教育行政部门可以依据本办法制定实施细则，并抄送教育部。

第三十六条　本办法自发布之日起实施。

附录 2 幼儿园教师资格考试面试大纲(试行)

一、测试性质

面试是中小学和幼儿园教师资格考试的有机组成部分,属于标准参照性考试。笔试合格者,可参加面试。

二、测试目标

面试主要考查申请幼儿园教师资格人员应具备的基本素养、职业发展潜质和保教实践能力,主要包括:

1. 良好的职业道德、心理素质和思维品质。
2. 仪表仪态得体,有一定的表达、交流、沟通能力。
3. 有一定的技能技巧,能够恰当地达成保教目标。

三、测试内容与要求

(一) 职业认知

1. 爱幼儿,尊重幼儿。
2. 对幼教工作有热情,有责任心。

(二) 心理素质

1. 具有一定的情绪调控能力。
2. 乐观开朗,有自信心。

(三) 仪表仪态

1. 行为举止自然大方,有礼貌。
2. 服饰得体, 符合幼儿园教师职业特点。

(四) 交流沟通

1. 有较好的语言表达能力。口齿清楚,普通话标准,语速适宜,表达比较准确、简洁、流畅、有条理,有一定的感染力。

2. 善于倾听、交流,有亲和力。

（五）思维品质

1. 能正确地理解问题，条理清晰地分析思考问题。

2. 有一定的应变能力，在教育教学上表现出一定新意。

（六）了解幼儿

1. 具有了解幼儿兴趣、需要、已有经验和个体差异的意识。

2. 能通过观察来了解幼儿。

（七）技能技巧

1. 熟悉一些幼儿喜欢的游戏和故事。

2. 具有一定的弹、唱、画、跳、手工制作等幼儿教育所必需的基本技能。

（八）评价与反思

1. 能对录像或资料中的教育活动、教育行为进行评价；或能对自己的面试表现进行评价。

2. 能根据评价结果提出进一步改善的意见。

四、测试方法

采取结构化面试和展示相结合的方法。通过展示、回答问题、陈述等方式进行。考生按照有关规定进行准备，时间为 20 分钟；接受面试，时间为 20 分钟。考官根据考生面试过程中的表现，进行综合性评分。

五、评分标准

考试姓名：__________　准考证号：__________　科目名称（代码）：__________　考试时间：__________

序号	测试项目	占比	分值	评分标准	考官评分（0～10分）
1	职业认知	10%	5	爱幼儿，尊重幼儿	
			5	有热情，有责任心	
2	心理素质	10%	5	能较好地调控情绪与情感	
			5	开朗、乐观、善良	
3	仪态仪表	10%	6	五官端正，行为举止大方，有礼貌	
			4	服饰得体，符合幼儿园教师职业特点	
4	交流沟通	15%	8	有较好的语言表达能力，普通话标准，口齿清楚，表达流畅，语速适当，有感染力	
			7	善于倾听、交流，有亲和力	
5	思维品质	15%	8	能条理清晰地分析、思考问题	
			7	有一定的应变能力，在活动设计与实施、环境创设上表现出一定的新意	

续表

序号	测试项目	占比	分值	评分标准	考官评分(0~10分)
6	了解幼儿	10%	5	有了解幼儿兴趣、需要、已有经验和个体差异的意识	
			5	能通过观察来了解幼儿	
7	技巧技能	20%	10	熟悉一些幼儿喜欢的游戏和故事	
			10	具有弹、唱、画、跳、讲故事、手工制作等基本技能	
8	评价与反思	10%	5	能对教育活动和教育行为进行较为客观的评价	
			5	能根据评价结果提出改进意见	
考评组意见				组长签名：　　日期：	总分

六、试题示例

例1：

请你给小班幼儿讲一个故事。(故事自选)

例2：

请用绘画的方式为大班主题活动“动物的冬眠”设计一面主题展示墙。

参考文献

[1] 刘智勇. 世界儿歌钢琴公式化即兴伴奏[M]. 太原:山西人民出版社,2008.

[2] 黄忠,林剑. 钢琴弹唱简易教程[M]. 苏州:苏州大学出版社,2016.

[3] 山香教师资格考试命题研究中心. 2017 年国家教师资格考试专用教材:面试实战技巧与真题演练(幼儿园)[M]. 北京:首都师范大学出版社,2016.

[4] 中公教育教师资格考试研究院. 中公版·2018 年国家教师资格考试专用教材:幼儿园面试一本通[M]. 北京:世界图书出版公司,2018.

[5] 刘焱. 幼儿园游戏与指导[M]. 北京:高等教育出版社,2012.

[6] 宗岩. 声乐技巧在学前教育专业学生弹唱能力培养中的作用[J]. 继续教育研究,2013(5):137 - 138.

[7] 杨如燕. 以人为本,促进幼儿的歌唱能力发展:论不同年龄段的幼儿歌唱教学的实践探究[J]. 文理导航(教育研究与实践),2014(4):188.

[8] 王娜. 声乐技巧在学前教育专业学生弹唱能力培养中的应用研究[J]. 北方音乐,2017(24):199.

[9] 胡元峰. 高等幼专学校钢琴即兴伴奏课教学改革与创新的研究[D]. 哈尔滨:哈尔滨师范大学硕士学位论文,2012.

[10] 张琴. 儿歌弹唱教学中音、手协调的处理[J]. 新课程(下),2011(4):90 - 91.

[11] 陈寄. 幼儿歌唱能力发展的基本内容分析[J]. 北方音乐,2015(2):214.